麦读
MyRead

U

中国民主法制出版社
全国百佳图书出版单位

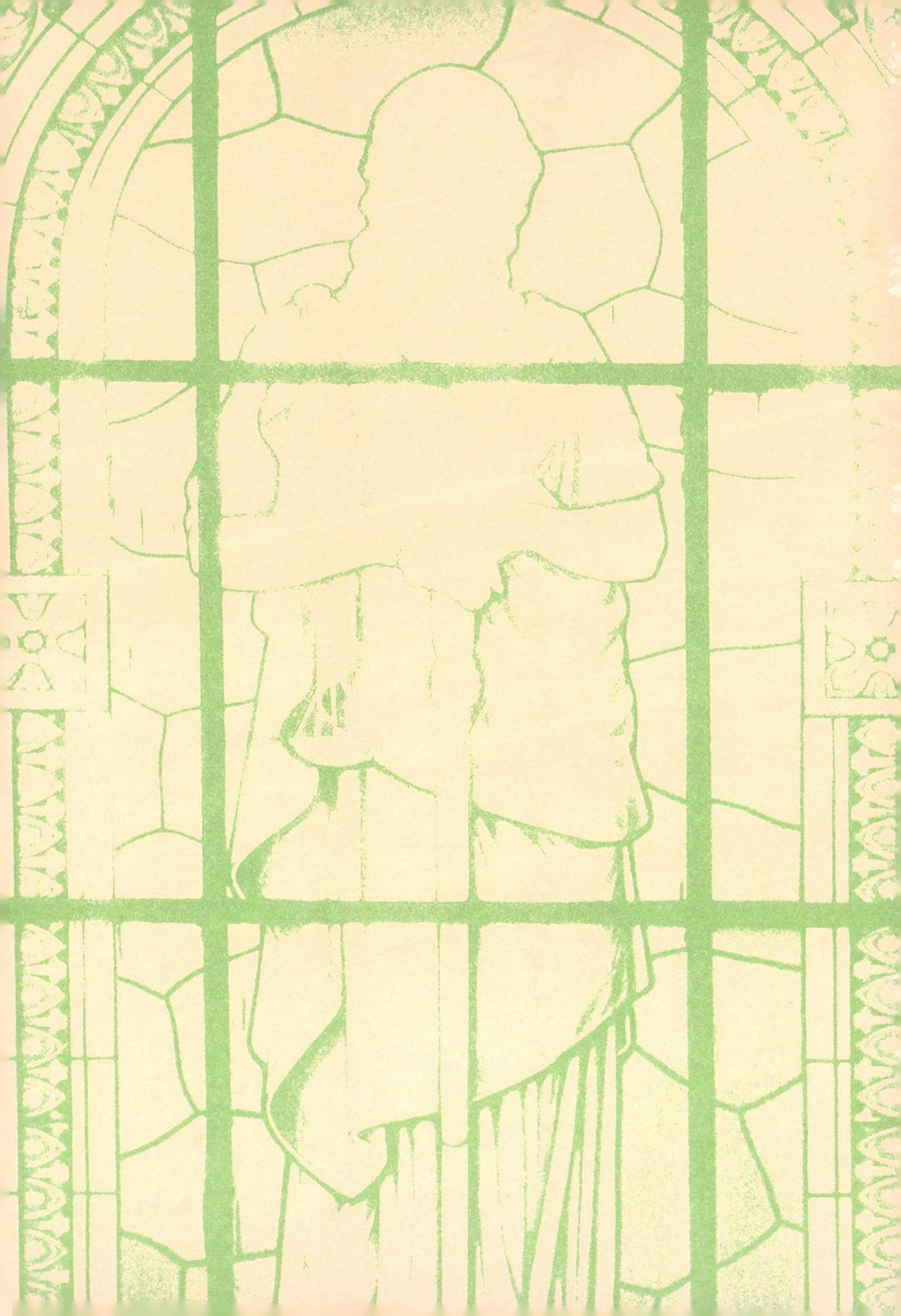

目 录

导言 如何实现公正？／刘静坤 ··· 001

序言 ··· 001

第一部分　侦　查 ·· 001

　　第一章　被害人：无处不在的身份标签 ·················· 003
　　第二章　警察：危险的供述 ································ 033
　　第三章　犯罪嫌疑人：犯罪心理 ·························· 053

第二部分　审　判 ·· 081

　　第四章　检察官：违反规则 ································ 083
　　第五章　陪审团：旁观者的视角 ·························· 111
　　第六章　目击证人：记忆的偏差 ·························· 133
　　第七章　专家证人：如何编造谎言 ······················· 161
　　第八章　法官：裁判员还是激进派 ······················· 189

第三部分　刑　罚 ·· 217

　　第九章　公众：以牙还牙 ································· 219
　　第十章　罪犯：扔掉监狱的钥匙 ·························· 245

第四部分 变 革 ……………………………………………… 279

第十一章 挑战:我们要克服哪些困难………………… 281
第十二章 未来:我们将何去何从……………………… 303

鸣谢 ……………………………………………………… 337
关于资料来源的说明 …………………………………… 341

导言
如何实现公正？

刘静坤

公正是司法永恒的主题。如何看待司法不公？如何实现司法公正？对这些从古至今困扰着人们、持续考验制度能力和司法智慧的终极性问题，《公正何以难行：阻碍正义的心理之源》一书从心理学、神经科学等全新视角，展开了切中时弊的多维深层思考。本书既有对司法历史的纵深考察，也有对司法现状的深刻检讨；既有对宏大主题的评判论述，也有对典型案例的细致剖析；既有对制度问题的科学诊断，也有对未来变革的合理前瞻；特别是其中蕴含的理性精神和司法洞见，极具智识性和启发性。

这是一本行销美国法律界的畅销书，因其探讨的主题意义重大，知识含量丰富，视之为一部专业著作亦当之无愧。无论你是普通公众、诉讼当事人、法学研究人员还是法律工作者，只要你关注司法、关注公正，都能够从这本书中获得知识增益和智慧启迪。

公正之所以难行，涉及司法过程的各个方面，唯有以问题为导向，系统审视司法系统的实际运行状况，才能充分凝聚改革的理论共识、政策共识和制度共识，进而脚踏实地改革完善司法制度。这本书从全新视角,对司法不公进行了科学分析,这些主题应当引起我们的高度重视。

被害人的身份标签。著名记者戴维·罗森鲍姆在夜晚外出散步途中遭遇抢劫,被打倒在地后躺在路边。因无法言语,警方和救助人员将其视为醉汉,未予及时采取医疗措施,导致戴维因贻误抢救时机而身亡。后来,警方发现这是一起抢劫案件,才启动调查并侦破案件。在戴维的身份由"醉汉"到"名记"的转换过程中,司法与媒体展现出截然不同的两种姿态,对比之下,难免使人感慨万千。这是人性使然还是制度使然?心理学研究显示:人们通常不是冷静和审慎地看待事物,而是习惯于根据最初有限的证据线索仓促得出结论。这种先入为主的"标签化"的行为方式,既不理性,也十分有害。在司法实践中,一旦被害人被贴上特定的身份标签,就将对办案机关对待被害人的方式、案件性质的认定以及整个诉讼程序的运行轨迹造成严重的负面影响。尽管给被害人贴上身份标签的做法明显违背法律面前人人平等的原则,但研究显示,身份标签一旦形成,就很难予以剥离。因为我们在确证心理驱动下,往往会努力寻找证据证实这种身份预期,并通常会选择无视相反的证据。这种确证偏见极易误导诉讼、扭曲事实。即使是一些存在 DNA 证据的案件,也可能因此而导致诉讼结果偏离事实真相。反思侦查取证的重大失误,问题并不仅仅在于办案人员带有偏见地寻找线索,而在于他们可能仅仅关注那些选择性收集的证据,并认为既定的事实假说非常可信,进而摒弃与已有假说不符的事实和证据。鉴此,司法系统必须采取措施避免对被害人身份的标签化做法，通过切实可行的程序机制防止具有特定身份特征的被害人遭到不公正的待遇。

讯问与虚假供述。被告人胡安·里维拉被指控实施一起强奸杀人案件，他两次被判处终身监禁不得假释。尽管案发后法医就已提取被害人的阴道拭子，但始终未对其进行鉴定。胡安的律师时隔12年后才找到这份证据，经鉴定确认DNA证据不是胡安所留。尽管该案中没有其他物证建立胡安与犯罪之间的关联，DNA证据也显示胡安无罪，但陪审团在第三次审判后却仍然认定胡安有罪。究其原因，就是因为胡安曾经作出三页附有本人签名的认罪供述，控诉方仅凭这份证据就赢得了对他的有罪判决。人们通常认为，一个无辜者怎么会作出认罪供述，虚假的有罪供述简直让人不可理解。但冷酷的司法现实表明，虚假供述不仅普遍存在、成因复杂，并且是导致错案的主要原因。在美国，这一问题的根源来自盛行全美的"雷德讯问法"。这种讯问方法尽管不主张刑讯，但却极具内在的强迫性。办案人员一旦通过试探性询问认定犯罪嫌疑人有罪，就努力通过高压讯问逼取口供，甚至通过诱供或欺骗等方式获取口供，并致力于防止犯罪嫌疑人翻供或者作出无罪辩解。出于人之常情，无辜者往往坚信自己无罪，因此倾向于放弃沉默权和讯问时律师在场权，并努力试图自证清白；但他们遭遇"雷德讯问法"后，很容易被迫作出虚假供述，深陷司法窘境。"胡安案"就是典型例证。实践显示，绝大多数虚假供述都是长时间疲劳讯问的产物，当犯罪嫌疑人是未成年人、精神疾病患者或者智力低下者等弱势群体时，情况更加明显。一旦犯罪嫌疑人作出认罪供述，所有人都开始基于有罪推定的心态去看待案件，这就是胡安之类的无辜者面临的司法困局。鉴此，司法系统必须正视侦查讯问方法内在的强迫性，并审慎对待犯罪嫌疑人的认罪供述。考虑认罪案件往往伴随着诉讼程序的简化，如果没有制度保障犯罪嫌疑人认罪的自愿性，那么，以之为基础建立的辩诉交易等制度就将缺乏正当性。

犯罪嫌疑人的犯罪心理。人们通常说，某人看起来就像个罪犯。龙勃罗梭的天生犯罪人理论，是早期识别罪犯体貌特征的初步尝试。这种以罪犯面部照片和体貌特征为代表的罪犯原型理论，容易使我们忽视导致犯罪的复杂社会原因。"菲尼亚斯·盖奇案"等案件显示出，人的大脑遭受创伤或者发生病变，就会影响其性格、心理和行为方式。现代神经科学可以帮助我们识别大脑结构与特定行为之间的内在关联，并解释各种反社会行为和精神病行为的科学机理。科学证据显示，基因、人生经历、社会环境等因素对大脑发育有重要的影响，这些因素之间还存在叠加效应，决定着特定个体实施犯罪行为的可能性。这意味着，对未成年人、精神病患者等特殊群体，司法系统应当予以区别对待。研究还显示，枪支、面罩等犯罪工具以及社区状况等社会因素都会对犯罪行为产生重要影响，鉴此，枪支管制战略和破窗理论应运而生。为了避免以貌取人，防止对罪犯进行简单画像，我们要认识到犯罪是各种复杂的自然和社会因素综合作用的产物，每个人都可能成为罪犯。唯有如此，才能科学认识犯罪的根源，积极开展犯罪预防的社会事业。

检察官的不法行为。检察官盖瑞·迪根在他癌症晚期时向好友忏悔，他曾经在一个重大案件中隐匿关键证据，让无辜的被告人身陷囹圄。检察官违背法律职责和道德义务，进行隐匿证据等诉讼欺诈行为，并非孤立的个别现象，而是具有其深层次的制度原因。研究显示，欺诈行为作为一种普遍存在的社会现象，无法用传统的"成本—收益"方法作出解释。相比之下，为违反道德的行为寻找正当理由，这种自欺欺人的做法可能是深层次的心理原因。在对抗制诉讼模式下，检察官以成功追诉为职业宗旨。然而，实践表明，检察官越是关注诉讼输赢而非实现正义，就越容易实施不法行为。同时，对于隐匿证据这类不作为形式的不法行为，检察官很容易找到正当托辞或者加以粉饰。此外，如果整个群体盛行弄虚作假的职业文化，身处其中的个体也容易受到职业环境的负面影响，进而导致严重的系统性道德滑坡。在司法实践中，一旦检察官能够为不法行为找到正当理由，在以恶制恶等心理的影响下，加上来自各方面的职业压力，就很容易实施诉讼欺诈行为。值得注意的是，司法系统的欺诈行为往往是隐迹藏形、秘而不宣的，只有引入有效的审核监督机制才能予以有效遏制。

陪审团的制度定位。在"陪审团—法官"二元审判模式下，陪审团是决定事实的主人。尽管法律界长期对陪审团制度持质疑态度，但维克多·哈里斯因超速驾车而被警方追逐撞击事件反映出，人们的意识形态、文化背景等因素对案件事实的认定确有重要影响。这种认知现象表明，多元化的陪审团可能是更加合理的裁判模式。同时，录像时代的到来，并不意味着陪审团制度不再重要。科学证据显示，因拍摄角度等因素所导致的偏见效应，可能会影响人们对录像证据的评估判断。这就要求我们注意录像设备的规范运用，重视录像证据的采信规则。除了反思录像证据自身的证明价值外，我们还有必要审视陪审团的决策偏见问题。尽管陪审团站在旁观者的视角观察案件，但是他们也可能存在因观察者角度所导致的偏见效应。目前，在陪审团群体中，美国白人等特定群体占据绝大多数，这使被告人接受公正的陪审团审判的宪法权利成为无法兑现的司法承诺。鉴此，司法系统有必要借助神经科学等现代科技更好地识别文化因素对陪审团的影响，完善陪审团遴选程序，既实现陪审团组成的多元化，又排除那些存在特定偏见的不适格的陪审员。

目击证人的错误辨认。在一起强奸伤害案件中，被害人错误地指认杰里米·怀特就是作案人，使他在狱中度过接近半生的时光。离奇的是，当年被害人进行指认时，真凶就在五名嫌疑男子中间，被害人却张冠李戴地将怀特指认为罪犯。因错误指认导致的司法悲剧不胜枚举。有人可能说，这不是恶意陷害，只是当事人不幸犯了错误而已。但实际上，此类错误并非随机性的偶然错误，而是司法系统对证人脆弱的记忆施加影响的结果。研究显示，人类的感知力和注意力存在各种局限，对客观事物的记忆受到动机、期望和经验等因素的影响，这使记忆能力根本无法与摄像机相提并论。同时，记忆形成之后，并非稳定不变，而是具有很强的可塑性，会经常发生程度不同的改变。那些所谓虚假的记忆并不是凭空捏造的，只不过是契合我们预期并合乎逻辑的描述而已。如果司法系统不能对影响记忆的各种因素进行有效的管理，任由各种暗示性的指认、辨认程序存在，就可能导致错误指认情形发生。在办案人员暗示下，证人对自身记忆的确信度不断提高，但记忆的准确性却严重减损。一旦事实裁判者没有注意到这些问题，就很容易轻信证人的证言或者指认，导致事实认定出现偏差。心理学研究一再表明，证人记忆极易犯错，询问和辨认程序急需改革。如果任由证人记忆被办案人员歪曲，不仅容易办错案，还会误导执法机构，浪费宝贵的司法资源。鉴此，司法系统有必要积极借鉴各国的成功经验，规范辨认程序和询问方法，准确评估证人证言的证明价值，系统地改革完善证人证言的处理程序。

专家证人的谎言。臭名昭著的"罗德尼·金案"充分表明，即便案件中已有确凿证据，专家证人仍有可能凭借所谓的专业知识扭曲裁判结果。这种该信专家时不信专家、不该信专家时却轻信专家的"专家悖论"，是困扰司法审判的一大难题。研究表明，尽管我们对自身识别谎言的能力非常自信，但实际表现却非常糟糕。测谎技术作为识别谎言的科学方法，在执法领域得到了普遍的应用。尽管测谎技术不断完善，但由于缺乏标准化方法等问题，测谎结论始终不能作为指控犯罪的证据使用。实际上，我们一直担心陪审团可能高估科学证据的证明价值，大量研究也显示，神经科学证据很容易对陪审团产生强烈的影响。尽管美国法院一直不准许基于神经科学的测谎结论作为证据使用，但一些国家已有这方面的尝试，而且美国一些法官也已允许当事人借助此类证据对证人证言提出质疑。目前的科学证据采信标准过于抽象，考虑到科学创新不断涌现，科技手段的复杂程度与日俱增，有必要强化对法官审查判断专家证言的技能培训，让法官掌握新型科学证据领域的基本知识，更好地处理各种新类型的专家证言。此外，现代神经科学在司法领域的应用还涉及复杂的隐私权等法律问题。立足司法实际，对测谎技术等尚未达到绝对确定性的新科学证据，有必要对控辩双方设置不同的证据门槛，即不宜将之作为指控的根据，但可以将之作为辩护的理由。

法官的角色。约翰·罗伯茨在接任联邦最高法院大法官过程中，将法官的角色界定为裁判员而非激进派，从而有效地规避了前辈和同行曾经面临的窘境。但实际上，法官的个人背景和生活经验难免会影响他们的认知和判断，他们也容易受到各种潜在的偏见影响。研究显示，法官的专业技能和经验并不能使他们免于思维定势和司法偏见。在裁判过程中，法官要根据案件情况对法律条文的含义做出解释，并为自己的解释寻找正当依据。尽管法官并不负责认定案件事实，但他们在适用法律时也需要对案件事实进行调查研究。在筛选各种证据材料过程中，他们难免受到各种主客观因素的影响。就连自视客观的"法庭之友"——专家，他们向法庭提供的意见也往往存在潜在的偏见。值得注意的是，影响法官决策的许多偏见非常微妙和隐蔽，但通过对法官的裁判数据进行监测和分析，能够发现其中一些潜在的司法偏见。心理学研究发现，一旦法官认识到哪些偏见会影响自己的行为，并反思既定的裁判方式，就能够通过自我监督摒弃各种偏见。法官身披法袍并不能免除各种偏见的影响，为了避免直觉判断和司法偏见，有必要谨记的是：怀疑和反思并不是正义的敌人，盲目确信才可能导致非正义。

公众的"以牙还牙"观念。早期的动物审判反映出，人类"以牙还牙"的报复心理是惩罚的真正动机。尽管一些人给惩罚披上更加高尚的道德外衣，但研究显示，相对于威慑或者剥夺犯罪能力，报复心理才是我们诉诸惩罚的终极原因。在报复心理的影响下，我们精心设计的法律制度，如对未成年人或者精神病患者的法律保护，都可能在实践中遭到变相规避。即便是宁纵勿枉的司法共识，也可能在报复心态的影响下被搁置一旁。在司法实践中，我们的惩罚动机可能受到被害人的种族、相貌等无关因素的影响。即便是在死刑案件中，法官对死亡问题的看法、对罪恶的认知，都会影响死刑的具体适用。尽管现代司法制度宣称：我们已摒弃了血亲复仇的旧有传统，刑罚执行方式也变得更加文明人道。但扪心自问，客观审视刑罚的效果，我们就会发现司法实践与理性预期存在很大的差距。鉴此，如何确保司法制度的知行合一，仍然是我们必须正视并致力解决的根本问题。

监狱系统的运作。作为现代监狱的开端，东州监狱一度被视为监狱制度的楷模，但其中最关键的创新举措——单独监禁制度，却成为罪犯的梦魇。美国罪犯的羁押率很高，还有各种加重处罚制度和强制最低刑规则，然而，这种青睐监禁手段和单独羁押的做法在实践中并未实现预期的效果。特别是早期被视为人道待遇的单独监禁制度，尽管与肉体惩罚相比并不那么触目惊心，但确如狄更斯所言：这是一种极少数人能够体会的可怕的刑罚，这种精神折磨比任何肉体酷刑都更加痛苦。有人可能认为，即使监狱的环境非常残酷，但罪犯是罪有应得。但如果注意到监狱内部暴力肆虐，单独监禁等特殊惩罚措施的适用缺乏规范，就会发现刑罚执行过程存在严重的不公。心理学家还发现，那些患有心理疾病的群体，因为很难自觉遵守规则，在实践中更加容易遭到监禁处罚。尽管我们设计了许多确保量刑公正和刑罚均衡的法律制度，但刑罚制度仍然存在极大的随意性，并且经常有悖常理。此外，现有的刑罚制度并未让我们更有安全感，犯罪数量的减少实际上有着非常复杂的社会原因。从心理学角度来看，我们对刑罚威慑功能的认识存在严重偏差，严厉刑罚本身对犯罪的影响是极其有限的。相比之下，提高破案率和诉讼效率既有利于威慑潜在的罪犯，也有利于消除监禁的体制化效应。同时，一旦刑罚制度陷入低效率和不公正，不仅会导致刑罚机构成为暴力的孵化器，还将导致人们对司法制度产生严重的不信任感。如果认真反思刑罚制度的社会成本，就会发现：重刑制度与我们所珍视的价值观并不契合，刑罚的目的不应是恫吓、威慑或者隔离，而应当是改造罪犯并促使他们顺利回归社会。

当前面临的挑战。首先，我们所设计的诉讼程序，如陪审团遴选程序，目的是为了识别和消除偏见，但实际效果却往往适得其反。只有保持怀疑精神，理性地看待各种司法偏见，才能真正推动进行科学有效的变革。其次，为规范司法人员的自由裁量权，确保他们基于理性和良知作出决定，法律程序和证据规则日趋复杂化和精密化，但这些法律制度在实践中往往遭到规避，非但未能实现实质正义的目标，反而可能损害这一目标。更加棘手的是，由于复杂的程序规则造成一种公正的假象，不仅减损了变革的必要性，还增加了推进变革的难度。最后，由于法律制度存在一些隐性的不公正问题，这使社会公众很难平等地了解司法的真实运行情况。无论是司法研究资料还是审判顾问制度，往往成为少数人能够享有的资源，这在实践中造成了一种新的不平等。反思科学知识在司法领域的歧途，我们应当警惕：正义，绝不应当成为商品。

变革前瞻。任何变革，都要坚持问题导向，这无疑要以理解和把握现状为前提。我们首先要克服对司法现状的定见，保持一种开放的心态，客观理性地认识各种司法偏见，并努力消除这些偏见。反思司法不公的各种致因，包括证人辨认程序、陪审团遴选程序等可能产生司法偏见的制度机制，都有变革完善的现实必要。既然依赖不可靠的人类感官可能导致错误，我们就有必要通过现代科技减少这种依赖。如果秉承开放的心态，就会发现，对于一直困扰我们的犯罪控制等问题，也有必要改变思维定势，提出一些创新的思路和方法。为了规范司法人员的自由裁量权，既可以进一步完善执法规程，也可引入计算机程序提供智能办案辅助。为了减少对人类认知的依赖，甚至可以探索将诉讼置于虚拟环境之中，通过虚拟审判消除各种司法偏见。为了减少对抗制内在的弊端，可以考虑调整警察的职责角色，强化理性的诉讼原则，规范取证程序、辩诉交易制度和刑罚制度，特别是摒弃归责本位的传统模式，将社会资源由惩罚犯罪转向预防犯罪。

正义是奢侈品吗？答案应当是否定的。但通往正义之路往往并非坦途，而是布满荆棘。在追求正义的路途上，需要极大的执着和热情；但仅有执着和热情并不足够，还要有科学理念和方法的武装。现代的新科学，包括心理科学和神经科学，能够更加深刻揭示非正义、不公正的深层原因，进而使我们在科学知识指引下，以一种更加理性、更加客观的方式看待正义，实现公正。现在，问题就在那里，解决之道就在那里，我们应当作出正确的选择！

序　言

神判池的水面平静而幽深。

此刻，神判池早已为克莱门特和埃弗拉德兄弟准备多时。但他们仍然身在教堂，伫立在人群前方，像是俯首在风中的秸秆。

这是1114年的冬季，白昼变得越来越短，法国北部即将迎来雨季。克莱门特和埃弗拉德都是农民，住在距离苏瓦松东部数英里一个叫作布西的小村庄。

他们被指控为异端。正因为如此，他们现在赤足立在主教李斯亚德、修道院院长吉伯特和众人面前等待审判。但是，这对兄弟并不是那种公开捍卫错误信仰，满口邪说、不可救药，脸上仿佛刻着"背叛"二字的邪教异端。他们是另类的罪恶使者，就像从墙缝窜入村庄的恶鬼，他们私下秘密传播邪恶，侵袭着人们脆弱而麻痹的头脑。这些异端向麻木的民众散布邪恶说辞：耶稣的出生根本就不是神圣的，婚姻只是一场闹剧，幼儿的洗礼根本没有用处。他们在暗中违背上帝的律令和人世的法律。

在修道院院长吉伯特的记录中，他们并未将公墓隔离开来作为神圣之地，拒绝食用自然繁殖的食物，奉行同性恋，还参加邪恶的仪式。还有传言说，他们的宗教聚会地点是在地下密室或布满蜘蛛网的秘密据点，他们在那里举行狂欢宴会，任何在狂欢中孕育的孩子都将被做成面包，当作圣餐享用。

这就是在主教李斯亚德面前接受审判的两个人的本来面目。

这对兄弟是被他们的邻里告发的：一个是据称被克莱门特长期洗脑而不堪忍受的妇女，另一个是听闻克莱门特发表反对教会言论的执事。

但是，这些控诉人此时都没有到场。当主教大人和修道院院长吉伯特开始询问时，兄弟俩却给出了最像基督教徒的回答，并否认所有针对他们的指控，这带来了一个所有司法制度都必须面对的问题：尽管有重大犯罪嫌疑，但却缺乏确凿证据。

不过，在12世纪的法国，对这种问题有一套现成的解决方案。

举行弥撒庆典后，主教大人和圣吏长皮埃尔将克莱门特和埃弗拉德带到神判池。当他们站在池水前面时，主教大人进行礼拜驱魔。仪式过程中，主教甚至流下了泪水。克莱门特和埃弗拉德似乎也深受触动，他们发誓自己不是异教徒，从未违背、也从未教唆他人违背基督教信仰。

但就在此时，克莱门特被投入水中。

这并不是宗教净化仪式，而是审判程序的关键环节，也是克莱门特一生中最为重要的时刻。这种名为"驱魔水考验"的审判，其实完全取决于人的浮力。克莱门特究竟是浮出水面，还是像石头一样沉入水底呢？

对此，9世纪法国兰斯市的神学家亨克马尔有他的一番解释："试图用谎言掩饰真相的人，不能在上帝之声回响过的水中下沉。"纯净的洗礼之水自然会拒绝充斥着谎言的躯壳。

杀人凶手、通奸者和异教徒都会浮起；而无辜者却会沉入水中。

像克莱门特这样的被告人，通常会被剥去衣服，用绳索捆绑起来，再被投入神判池。在亨克马尔看来，原因有二：第一，可以防止有罪者在衣服里面放置重物，或者在水下拉拽身体，从而欺瞒审判；第二，可以在无辜者溺水之前迅速将其打捞起来。在此类审判的其他一些版本中，被告人需要下沉到一定深度，例如，下沉到没过头发的深度，并用一根系有绳结的绳子帮助测量。

在"克莱门特案"中，完全用不着绳结来证明。结果一目了然，所有人都看到，他像木头一样浮了起来。

对于在苏瓦松围观的男女老少来说，这并不是一场闹剧，而是真实、公平的审判。这场审判是官方弥撒庆典活动的一部分，其执行者亦是万人敬仰、声名煊赫的宗教大人物。这个流程也是公平的，看起来能够避免其他审判方法存在的偏见。证人可能会说谎，法官可能会屈服于政治压力，但上帝的裁决必定是准确和值得信赖的。在宗教无处不在的时代，无论是从沸腾的锅中捞出一枚戒指，还是托举铁块穿过火焰，抑或是被投入一池水中，各种"冷热考验"，似乎都显得非常合理，也非常公正。

为了实现公正的结果，控制自然元素的万能的神，将引导这些元素以不同寻常的方式予以呈现：炙热的铁块不会烧伤无辜者的双手，冰冷的池水能够阻止有罪者下沉。所以，如果你真的沉入水底，整个社会都会接受这个结果。在欧洲中世纪大多数时期，由于没有权威的政府机构来解决各地社区民众之间的冲突，所以，执法行为的正当性很容易遭到质疑，但神明裁判却能够令人信服。

此外，通过"克莱门特案"这样的神明裁判，判决的正义性既能让所有人都亲眼目睹，也能让那些尚未开化的民众理解和认同。人们要想在无序的世界中寻求秩序（以及共识），在非正义的时代里寻求正义，神明裁判简直就是一种福音：它不但被广为接受，而且是解决争端和消除谜团的最佳方法。当缺乏实物证据和可靠的证据，无法进行有效的证明时，还有哪些办法可以查明隐秘的罪行呢？显然，在当时并没有其他选择。

时至今日，900多年过去了，随着历史不断演进，我们很容易就发现了神明裁判存在着缺陷。在水与火的考验中，判定被告人有罪与否的审判机制并不是以事实为根据。无辜的男女自然也会被烙铁和沸水烫伤。决定被告人是否在水中下沉的主要是他的肺活量，当然，被告人的体重也至关重要。女性和体重较重的男性，自然会处于不利地位，这是不公平的。

即使审判过程是有效的，神明裁判的适用标准也根本不具有一致性。犯罪嫌疑人接受讯问时，究竟要如何回答才能免受神明裁判？铁块需要在炭火上炙烤多久？如果将犯罪嫌疑人揭去纱布的双手的溃烂程度作为有罪证据，那么裸露的双手应当溃烂到什么程度？

对于今天生活在西方民主国家的人来说，宗教领袖主持刑事审判的做法压根就不妥当，完全是为了惩罚异端。针对那些诋毁儿童洗礼、认为"儿童在洗礼时还懵懂无知"的人提起指控，对社会能有什么益处呢？

最令人吃惊的是，当时居然认为，把人投入水中，就可以透视人的头脑，发现头脑中亵渎上帝的想法，这种观念该有多么荒诞！这简直就是一场闹剧。在无厘头喜剧电影《巨蟒与圣杯》（Monty Python and the Holy Grail）的一个场景中，村民把一个所谓的女巫拖到智者贝德维尔爵士面前受审，他对裁决过程作出如下解释：女巫和木头都能燃烧，木头和鸭子都能漂浮；因此，如果这个女人和鸭子一样重，她就一定是个女巫。电影演到这里，观众全都捧腹大笑。人们之所以发笑，是因为这简直荒谬透顶。这是令人震惊的不公正。这是令人震惊的非理性。

但是再过 900 年以后，那时的人们又会如何看待我们今天的司法制度呢？

在我看来，我们的后代也会对今天普遍存在的司法不公感到惊讶，惊讶程度可能丝毫不亚于我们对祖先神明裁判的评断。他们将审视我们的法官和陪审团制度，并发现其中的偏见与我们从几个世纪前主持审判的主教和修道院院长那里看到的偏见一样显而易见。他们也将审视我们的刑法，并认为我们的法律如同对异端的禁令一样冥顽不化且有失公正。他们还将审视我们的诉讼流程和司法程序，看到我们是如何严格地遵守法定程序，以及如何发自内心地把它看作司法公正的制度保障，然后，就像我们嘲笑智者贝德维尔爵士胡言乱语的审判一样，尽情地嘲笑我们的幼稚。如果13世纪就有"巨蟒组合"①的话，其成员撰写的滑稽小品也会流行开来，就像现在的流行剧《法律与秩序》一样。

我们满怀信心地认为自己非常了解现行的司法制度。我们知道人们犯罪的原因，知道如何识别罪犯，也知道如何成为一名好法官。同时，我们知道现行制度仍有改革完善的空间，也认识到还有许多棘手的问题与缺陷，例如，说谎的警察、带有种族倾向的陪审员、懒惰的侦探、腐败的法官、带有偏见的证人和夸夸其谈的律师，这些问题都严重影响着司法公正。

我们对自己的直觉深信不疑，很难想到它也可能会犯错。但事实上，我们据以审理案件和作出裁判的那些依据，即使往好处说，也不过是极不完善的要素清单而已。如果往坏处说，这些要素清单还大多与司法公正没有关联。即使我们消除了所有可能导致司法不公的普遍性问题，即使我们的制度完全按照既定的目标运作，仍然可能导致冤假错案，仍然难以禁绝司法偏见、侵犯人权和差别待遇等问题。不公正已经扎根在我们的司法体制当中，每时每刻都在影响着诉讼结果。司法不公的根源，并不在于某个偏执的警察或狡诈的检察官的黑暗内心，而是深藏于我们所有人的意识之中。

---

① 巨蟒组合（Monty Python）是英国六人喜剧团体，喜剧界的披头士。他们创作的英国电视喜剧片《蒙提·派森的飞行马戏团》，于1969年10月5日在BBC上公开播出，共播出了4季计45集。

在这本书中，我借鉴了心理学和神经科学的最新研究成果，试图揭示那些损害刑事司法公正的潜藏因素。这些研究成果所展现的洞见令人惊讶、违反直觉，甚至让人感到深深的不安。通过深入研究大脑的运行机制，科学家们发现，我们根本就不了解自己，也并不像我们所想象的那样能够有效控制自己的行为。当我们认为自己在运用理性和意志时，实际上往往受制于自动化的思维程式。即便当我们认为自己按照预期目的改变了外在环境时，事实也往往截然相反，实际上是那些周遭世界中看似无关紧要的因素正在有力地塑造着我们的行为。

就拿准确评估风险的能力来说——这是法律制度的核心所在，我们认为自己已经掌握风险决策的决定性因素，包括警察在何种情况下应当拔枪执法，警察机构和检察官办公室应当如何有效配置司法资源，法官应当如何设定保释金的数额，以及立法机关是否应当通过更加严厉的犯罪法案。我们还认为自己在评估风险时，已经充分考虑事件发生的可能性及其后果的严重性；并且认为人们基于相同的信息，也会得出相同的风险评估结论。

但越来越多的科学证据显示，我们并不能像计算器那样保持一致性和客观理性。在一项研究中，研究人员分别询问两组经验丰富的法庭科学医师，让他们判定，具有暴力行为史的精神病人琼斯先生是否应该被释放。两组医师都审阅了由一位权威心理学家提供的临床评估报告。唯一的区别是，心理学家对琼斯先生的人身危险性作出了两种不同的表述：

一种是概率（"类似琼斯先生的患者，实施暴力行为的概率约为20%"）；另一种是相对频率（"在每100名类似琼斯先生的患者中，约有20人会实施暴力行为"）。人们可能想当然地认为，这两种不同的表述不会对评估结果有什么影响：两种表述的信息基本上是相同的，也很好理解。然而，实际情况恰恰相反，这对医师们产生了很大的影响。以相对频率为依据评估风险的医师，与以概率为依据评估风险的医师相比，决定将琼斯先生继续关押在精神病院的医师数量要多出一倍左右。通过深入分析这一现象，研究人员发现，当人们看到以概率表述的人身危险性水平后，对琼斯先生的印象相对较好；但当人们看到相对频率的表述后，就会立即想到"有人疯了，正在杀人"，这种联想让他们觉得琼斯是个非常危险的人物。

不过，威胁的实际可能性，通常并不是最重要的考量因素。如果我们对某些事情（例如，恋童癖者实施的犯罪行为）有强烈的反感情绪，就会把它视为一种重大风险，不再考虑其实际发生的可能性。五百万分之一的可能性与五万分之一的可能性相比，尽管存在很大差异，但在我们看来完全是一样的。其实我们不仅不重视概率，对原始数据也并不敏感。有时候即便很多人都处于危险之中，我们也不会怎么在意。正如特蕾莎修女所言："如果我面对的是一群人，就永远不会采取行动。但如果我面对的是某一个人，就会立即采取行动。"研究显示，为说服立法者通过一项"将刑期已满的性犯罪者无限期拘留"的法案，如果向他讲述某个儿童受害的具体经过，而不是泛泛地说这个法案能够拯救上千条人命，你的成功率要高得多。难怪一些重要的法案，例如，"梅根法案"和"亚当·沃尔什法案"，都是因为儿童遇害而被呼吁通过的。

我们一直认为，风险评估是一项基本上不受情绪影响的活动，但在大多数场合下，我们都是以直觉感受而不是确凿事实作为评估的依据。在这方面，恐惧可能会扮演着非常重要的角色。但问题在于，我们经常害怕的事情，事实上并不是主要的威胁；而那些被忽视的事情，却存在重大的风险。我们经常浏览网上性犯罪登记中心，担心自己的儿子在骑车前往游泳池的路上会途经性侵者的住宅，却很少注意驾车接送儿子存在的车祸风险。实际上，您的孩子遭到性变态绑架杀害的风险，与他被闪电击中的风险一样低，而相比之下，车祸和溺水则是导致儿童死亡的主要原因。不过，恋童癖者的威胁极易触发内心的恐惧：这种感觉似乎难以控制、难以适应、难以平复。因此，我们投入巨资建设登记中心，采取其他严厉的惩罚措施，尽管研究显示这些举措不仅对再犯率没有显著影响，还会危及"法律面前人人平等"的核心价值。

新闻媒体进一步扭曲了我们的认知，因为我们对威胁的识别机制往往严重依赖于那些触手可得的信息。我们记忆中的重大事件，在实践中发挥着极大的作用。我们回想某个事件的难易程度，不仅影响我们对该类事件发生频率的判断，还会影响我们对该类事件重要性的认知。结果导致，与糖尿病致人死亡的消息相比，媒体对系列强奸犯和儿童绑架事件的报道要多得多。类似地，由于地方媒体偏重报道年轻非裔男性实施的犯罪行为，增加了人们对黑人男子的恐惧感，结果导致人们高估黑人男子带来的威胁，进而影响警察、检察官、法官和陪审员对待他们的态度。

目前，我们的法律制度在很大程度上忽视了这些心理过程以及其他因素的存在和影响。在接下来的章节中，我们将基于真实的案例和事件探讨犯罪心理、目击证人记忆、陪审团评议、警察执法程序和有关刑罚的直觉等问题。本性正直的检察官为什么要向被告方隐匿关键的证据？没有遭受刑讯逼供的犯罪嫌疑人为什么要供认其没有犯过的罪行？展示嫌犯面部照片能够改变证人对作案人的记忆吗？仅凭外表能够预测被告人可能被判处多重的刑罚吗？我们在不久之后能够通过扫描罪犯的大脑判断其是否会再次犯罪吗？

当我们了解警察、法官、罪犯和其他人的秘密世界后，就将面对许多极具挑战性的问题。假如我们的法律规则和司法惯例无视人类行为的实际影响因素，却继续满足于那些早已被神经科学家和心理学家证伪的司法迷信，将会导致怎样的结果？如果我们据以消除偏见的刑法结构和制度框架，在实践中却适得其反，我们应当如何应对？如果大多数人都不熟悉人类心理的复杂性，那么，会不会有些人将利用这些专业知识牟取私利，置弱者的利益于不顾呢？

我进入法学院不久就开始意识到，我们对法律人士思想和行为的认知方式是不正确的,并且通常是有害的。从那时起,我就开始关注这些问题。我阅读和思考的东西越多,就越是相信,我们需要构建一个基于神经科学的新思维模式,让我们的法律制度彰显真正的公正。过去10年间,我一直致力于剖析这些制度缺陷,并探索变革之路。

我在本书中援引的素材很多,包括我和其他法律学者和心理学家共同进行的研究成果,以及我在法学院课堂和校外讲座中开展的研究成果。虽然现代科学非常强大,但我们仍需谨慎处之。我们需要谨记:实验室与现实世界并不一样,事物关联并不等于因果关系,并非所有的科学发现都是那么确定和颠扑不破。

如果律师、法官和法律决策者对有关科学知识的理解存在偏差,或者轻信尚未得到确证的研究成果,并在此基础上轻率地对法律制度进行改革,就必然会面临失败的风险。

与此同时,我们也要认识到,如果非要等到新的科学洞见成为公认的信条再加以应用,也将因此而付出巨大的代价。当我们等待5年、10年甚至50年,直到某项科学发现成为颠扑不破的真理后,人们的生活或许早已被完全没有科学基础的法律规则、原则和规范所颠覆了。

在意大利科莫市,路易莎·罗加托法官将被告人施特瓦尼亚·艾伯塔尼的刑期从终身监禁减为20年,主要理由是:其脑部结构图像显示,前扣带回和脑岛两个区域的灰质含量显著低于健康女性均值。对于这一裁决结果,许多学者和记者都表达了强烈的担忧。施特瓦尼亚被指控谋杀她的妹妹后焚尸，随后又试图杀死她的父母，在诉讼过程中，她作出认罪答辩。减刑裁决的批评者强调指出，将大脑特定区域的缺陷与自制力降低、进攻性增加等现象结合起来的神经科学，远未达到发达的水平，据此来解释特定个体的行为，这个步子迈得确实太大了。此外，他们还指出，法官只是将施特瓦尼亚的大脑与其他十个女性的大脑进行比较而已。

这些顾虑都是有道理的。然而，几乎没有人注意到，有必要对"施特瓦尼亚案"初审量刑的依据提出质疑。

大家理所当然地认为，被告人强迫她的妹妹服用达到致死剂量的精神药物，然后将其焚尸，这种罪行应当受到严厉的惩罚。但是，有哪些研究成果能够证实这种刑罚观念的基础——犯罪意图、罪恶、自由意志等——真的存在吗？我们的思想、信仰和行为只是上千亿个神经元的产物，每个神经元都有相关的突触来负责发送和接收神经递质。如果这些电化学反应过程发生紊乱，例如，患有肿瘤或创伤性脑损伤，当事人就可能会缺乏同情心、出现幻听或者难以记住身边发生的事情。如果一个人生来具有紊乱的基因，体内就会发生一系列错误的电化学反应，这将会显著增加他的犯罪概率。那么，个人意志和可归责性等理念是否能解释得通呢？

秉承怀疑精神，是改革完善法律制度的重要前提；但对最新研究成果的某些怀疑，不单纯是对科学应有的审慎，还反映出对变革的恐惧以及对现状的盲从。我们不能过于谨慎，否则就无异于对一个建立在迷信和神话基础之上的制度听之任之。

我们的司法制度具有很大的灵活性，完全能够吸收神经科学领域的最新成果。这些成果能够揭示我们的法律和程序存在的各种缺陷，我们也有能力找到解决方案和救济措施。其中一些解决方案，例如，重新界定我们所应惩罚的行为，显得非常宏大且影响深远，应当成为长期努力的目标。而其他一些措施，涉及警察培训、程序规则、法庭设计和法律文本等具体问题，都可以在不久的将来得以实施。我们是否选择进行上述改革，实际上并不取决于资源因素，而是取决于我们是否能够坚定不移地致力于实现法律的公平正义。

当我们努力消除司法不公时，我们是否愿意认真研究大脑的深层结构？即使这意味着，我们需要面对那些原本不愿看见的真相，并且需要采取措施改变千百年来一直存在的陈规陋习。

由于警察、陪审员和法官存在认知偏见，司法制度对一些人是难以逾越的荆棘坎途，而对其他人却是畅通无阻的康庄大道，我们对此是否在意？有些人从一开始就因为大脑构造或者面貌特征而处于劣势地位，我们对此是否关心？

时至今日，每25名罪犯之中就有1个人蒙冤受屈，被关入死囚牢房，这一事实难道不令人感到非常苦恼吗？

20世纪80年代DNA鉴定技术的飞速发展，让我们得以审视困扰司法制度的种种问题。如同在一个广阔而又晦暗的大厦中燃起一支蜡烛，身处昏暗的灯光之下，我们发现刑事诉讼程序原来存在如此惊人的缺陷，目前已有 300 余人因为基因不匹配而被改判无罪，其中有 95% 以上的人被错判为杀人凶手和强奸罪犯。令人景仰的法学家勒尼德·汉德曾经告诫我们，"被错误定罪的无辜者的幽灵"并不是"虚幻的梦"。

如今，司法危机的严重程度与日俱增。目前仍然有大量案件等待复查纠正，然而，许多案件没有提取可能证明被告人无罪的 DNA 证据，称职的好律师也是一人难求，还有一些错误的定罪判决难以依法推翻。走出晦暗的房间，我们将看到另外一番不堪的景象：有罪者逃避法律惩罚，被害人遭到社会忽视，囚犯默默忍受痛苦，无辜者遭受执法者的无端侵犯。在长廊中，我们也将遇到各种从未想象过的非正义。当我们最终迈向漆黑的地下室，就会发现，我们所关注的一切都不过是海市蜃楼，我们的法律制度对人性、善与恶、诚实与欺诈所做的基本假设，根本得不到真实世界的支撑。

只有当我们认识到导致司法不公的人类心理之后，才能深刻理解法律殿堂的严重不公，才能努力寻求司法不公的解决方案。这就是本书的使命。现在，让我们点起照亮法律殿堂的明灯！

第一部分 侦查

第一章｜被害人：无处不在的身份标签

寒冬一月的一天夜晚，杰瑞·普利切特推开家门。当时是星期五晚上9点多，杰瑞穿着拖鞋走到自家车边，想从车里取些物品。他突然怔在那里。

不远处，在光秃秃的银杏树中间，在路灯晦暗的光线下，有一名头发灰白的老年男子仰面躺在地上。这是位于格拉莫西区北侧的一片住宅区，鳞次栉比的房屋整洁有序地排列在道路两旁，此时的人行道上空空如也，只有那名男子孤零零地躺在那里。杰瑞壮着胆子凑上前去，这里无疑发生了什么事情，但那名男子已经说不出话来。杰瑞试着询问，他只能回以呻吟。那名男子身上没有钱包，但杰瑞看见他手上戴着婚戒和手表。

杰瑞的妻子克劳德赶紧拨打911报警电话，随后陪丈夫在现场等候警察到来。她发现那名男子看起来有些神志不清、眼神涣散，问他也没有反应。他想尝试着自己坐起来，但只有左侧身体尚有知觉，力气也很快被耗尽，最终头部重重地撞在坚硬的地面上。杰瑞见状连忙将自己的一只拖鞋垫在他的头部下方。

警方接到报警后立即指派消防员①赶赴现场。不到10分钟，4名消防员就赶到了现场，当他们开始施救时，那名男子突然开始呕吐。

克劳德以为那名男子患了中风，但消防员在现场闻到了酒精的味道。"这不是中风或者心脏病的症状，"其中一名消防员说，"十有八九是酒精作祟。"消防车司机在那名男子头部接近右耳上方的部位发现了一点血迹，但那里并没有明显的肿胀，消防员使用药棉在该处稍微按压后就起到了止血的效果。在场的消防员决定不再对该男子的心跳、呼吸、血压进行评估或记录。

随后，一名执法警察赶到了现场，并向消防员询问情况，消防员说该男子"可能喝醉了"，以至于"倒在地上摔到头部"。由此，警察们未作进一步的深入调查。根据执法规范的要求，警察原本应当马上保护现场并开展初步调查，确定是否有犯罪发生，但根据本案情况，警察认为上述工作看起来并无必要：这只是一起醉酒事件而已。

救护车接到报警后，也在20分钟左右搭载急救医师赶到现场。救护队长询问："到底发生了什么事？"其中一名消防员回答："有人喝醉了。"救护队长很不高兴："我们大老远赶来难道就是为了一个醉汉？"

实际上，消防员当时已经注意到一些反常情况，如该男子的瞳孔出

---

① 在美国，大多数消防局都承担紧急医疗服务，消防员需接受专业训练并达到紧急医疗救护初级技术水平，部分消防员可达到护理师水平。在许多辖区，消防局承担的紧急医疗服务工作量已经超过灭火行动。

现收缩，但是他们并未向急救医师提示这些情况，急救医师也没有问。从现场情况看，他外套上的呕吐物散发着难闻的气味，该男子的状况似乎显而易见。随后，他们把该男子放到担架上，但没有加放垫板或者颈套。救护队长虽然接受过专门培训，理应负责看护病人，但她却直接去驾驶救护车，并没有对该男子进行检查。

助理医师在救护车内对该男子进行了神经状态评估，他发现该男子已经神志不清，基于总分15分的格拉斯哥昏迷评分标准，[1] 该男子仅能达到6分，对这种情形理应进行一级优先救助。然而，助理医师却将之划定为三级优先救助情形，这意味着，该男子被认定处于稳定状态。该男子的不能言语、眼睛无法睁开、运动反射逐渐消失等一系列表现，都被视为醉酒的征象，无需大惊小怪。助理医师草草进行了其他几项认知测试，连检测表的相关栏目都没有填写。

尽管消防和急救部门的工作规范要求，对于精神状态异常的病人，应当就近送到合适的医院，但急救医师却决定将该男子送到霍华德大学医院。与距离现场最近的锡博利医院相比，前往霍华德大学医院的路程整整远出一倍。然而，救助队长想要办些私事，而霍华德医院更加顺路。

---

[1] 格拉斯哥昏迷评分标准（GCS, Glasgow Coma Scale）是医学上评估病人昏迷程度的方法，由英国格拉斯哥大学的两位神经外科教授格拉汉姆·特斯达尔与布莱恩·詹尼特于1974年发明。该方法用于评定神经系统病人的神经功能状态，包括睁眼、语言及运动反应，三者相加表示意识障碍程度，最高15分，表示意识清醒，8分以下为昏迷，最低3分，分数越低表明意识障碍越严重，脑死亡或预后极差。

在他们看来，病人在救护车上睡觉和在医院休息并没有什么两样。

当他们驾车到达霍华德医院后，急救医师将该男子抬上轮床，并告知分诊护士，该男子处于醉酒状态。该男子被推到医院走廊位置后便无人问津。很快，15 分钟过去了，30 分钟过去了，一个小时过去了。医院工作人员并不知道该男子的格拉斯哥昏迷评分结果或者其他任何细节信息，他们也想当然地按照醉酒对其进行诊治。事后，分诊护士解释说，她认为该男子曾向急救医师说明情况，在被送往医院后只是昏睡而已，所以她就"继续让他睡着"。

在医院里，没有人对该男子进行必要的收诊评估，随后分诊护士发现该男子的体温过低，但她对此并未加以关注，而是听之任之。毕竟，那是一个寒冷的夜晚。她也没有检查病人的瞳孔，因为那样可能吵醒他；大家都知道，一些醉酒的病人醒来时可能会闹事并且吵着要离开医院。检查此类病人的瞳孔，就意味着可能使原本人手紧缺的医院陷入混乱之中。分诊护士对此解释说："我看见他并没有显露出痛苦，就没有叫醒他。"

当分诊护士将该男子送至护士长处时，她说："我们这又来了个醉汉。"随后，急诊室 C、D 诊区主管也得到同样的信息，都决定"听之任之"。由于没有显示呼吸系统症状，所以他"当时并未得到优先救助"。除此之外，医生也并未着急进行检查，而是先让护士清理该男子的呕吐物。

随后发生的事情，使局面出现了逆转！

当晚 11 时 30 分许，另一名护士过来帮助诊区主管在 D 诊区区走廊为病人清理呕吐物。当他们移动轮床时，这名护士注意到该男子的呼吸有些异常：他呈现出哮喘式的鼾声。这是不好的征象，他们随即对病人进行胸部按压，检查他的反应，结果发现病人"手臂和腿部内曲"。他们再次进行胸部按压，病人还是作出同样的反应。

护士们简直不敢相信眼前的情况：病人正在做出的反应是头部损伤的常见征象。这难道不是一个醉汉吗？没有任何人曾经提到病人遭到头部损伤的情况。

医生在诊区察看病人的征象后，立即将该男子送往急诊室，并召集创伤专家组对他进行治疗。

就在刚才，大家还认为病人只不过是一个普通的醉汉，转眼之间，整个事件突然进入争分夺秒的抢救状态。医生对该男子进行插管治疗，发现病情更加紧急。病人的瞳孔大小不一，对光线的反应异常；他的呼吸很浅；头部有一个小肿块，该侧头部还有一些血迹。

毫无疑问，他们对病人的预判完全是错误的。病人所表现的症状是神经损伤所致，并非醉酒情形。他们已经浪费了宝贵的救治时间。

次日 5 时 50 分许，该男子被送到手术室接受治疗，此时距离急救医师在现场进行初次诊断已经超过 8 个小时。令人遗憾的是，病人原本是能够得到及时救治的。

屡获殊荣的《纽约时报》记者——戴维·罗森鲍姆离开人世，死因是头部损伤引发血栓导致头部肿胀，最终不治身亡。这位 63 岁的老人刚刚退休一个多月，他此前在《纽约时报》华盛顿分社工作长达 40 余年，报道了大量国会重要的政治纷争。他身后留下一位遗孀——维吉尼亚，两个孩子——多萝西和丹尼尔，还有两个外孙女。他生前就住在普利切特夫妇家附近的哈里森大街。

问题在于：戴维头部的损伤究竟是怎么形成的？

这个案件被侦破完全是靠运气。星期五晚上，当戴维被送到救护车上之后，现场执法的警察碰巧轮岗后继续值班，他接到了警察局指令：寻找一名失踪人员。他随即赶到报案人家中调查，女事主称其丈夫晚上外出散步至今未归，并向警察出示其丈夫的照片，真是无巧不成书——照片中的人就是当晚在格拉莫西大街上发现的那名男子。

然而，直至星期六的晚些时候，信用卡公司通知警方，戴维的信用卡有几笔可疑交易，警方才意识到此前对案件的处置存在重大差错。这极有可能是一起抢劫和人身伤害案件，但警方的判断出现严重失误，甚至连犯罪现场都没有进行保护。这还意味着，作案人有一整天的时间逃避侦查。

不过随后，警方得到了一个重要的线索。迈克尔·哈姆林，23 岁的维修工，在新闻上看到戴维的死讯后，前往第七辖区警察局反映情况。哈姆林此后坦言，此举纯粹是出于悔罪心理，这件事"触及他的良知"，尽管有迹象显示，他这么做是由于其原本认为能够逃避追究，至少可以避免更大的麻烦。

据哈姆林称，案发当晚，他驾驶绿色的卡迪拉克轿车，接上他42岁的堂兄珀西·乔丹。他发现乔丹背包里有一根硬塑料管，就随口问这根管子的用途。乔丹嚷道："你应该知道这是用来干什么的！"在行驶过程中，乔丹说，"我们去抢一票吧（指抢劫）"。随后乔丹又说，我们应该"找那些漂亮房子，那边有钱人多"。乔丹所指的就是戴维·罗森鲍姆居住的特区东北位置。他们停车后，盯上一个戴着耳机沿街散步的人，乔丹躲在普利切特街区一栋房子前面的树后。当戴维经过该处时，乔丹抓住他，用管子击打他的头部和腰部，口中嚷道，"求饶吧，老家伙"。乔丹的重击导致戴维两根肋骨骨折，头骨破裂。戴维倒在地上后，哈姆林从戴维的后兜中抢走钱包并逃离现场。

这次抢劫收获不菲：共有约270美元现金。乔丹和哈姆林将钱平分，此外钱包中还有各种信用卡和借记卡。离开现场后，二人使用抢来的一张信用卡给汽车加油，还买了一些零食。直至戴维被普利切特夫妇发现之前，他们一直待在车上享用薯条和饮料。

众所周知，正义女神始终遮住双眼。无论是造访位于巴西首都巴西利亚的联邦最高法院，还是到处于田纳西州孟菲斯市的谢尔比县法院，你都会见到正义女神像：她一手持着宝剑，一手持着天平。诚如伟大的自由卫士威廉·佩恩所言："正义女神以遮住双眼的方式公正地示人，因为她对当事人一视同仁。她公正无私，不分贫富，不论贵贱。"这句名言不仅适用于犯罪嫌疑人和被告人，也同样适用于被害人。被害人的身份并不会影响警方侦查、起诉决定或者量刑结果。在法律的眼中，每一个人都是平等的。

至少，这是我们习见的主流论调。17岁的非裔美国人特雷沃恩·马丁，在佛罗里达州奥兰多市一个封闭小区中被邻里守望①主管乔治·齐姆曼枪杀后，全国许多公众对齐姆曼没有被立即逮捕而表达愤慨。毫无疑问，这是一起典型的种族歧视案件：当年轻的黑人被杀害时，官方没有多少人表示关切。但是，安吉拉·科里，那个与众不同的检察官，对此发出了呐喊，"作为检察官，我们只关注一类人，那就是以'V'字母开头的一类人。记住，不是'B'，不是'W'，也不是'H'。而是大写的'V'——被害人（victim）。他们就是我们为之不懈努力的对象。我们所做的一切都是为被害人实现正义"。对此无论你是去询问检察官、警察或者法官，都会得到同样的答案，这俨然是官方的基本立场。

然而，对公平正义所作的这种解读是司法实际的真实写照吗？

回顾刚刚探讨的这起案件，我们可以将之分为两个截然不同的阶段：

---

① 邻里守望（neighborhood watch），也被称为犯罪守望（crime watch），发端于美国殖民地时期，是指社区内市民为预防犯罪和故意破坏行为而建立的民间组织。邻里守望的目的包括教育当地市民注意安全问题，维护邻里平安。不过，当犯罪行为发生时，并不鼓励市民主动干预，而是鼓励市民向警方报案。

第一阶段，被害人是无名氏；① 第二阶段，被害人被证实是戴维。当被害人是无名氏并被视为醉汉时，消防员、急救医师、护士和医生毫无例外地忽视规则和程序，漠视其工作职责，只是走走过场而已。审视警察在现场的行为，他们没有调查潜在的证人，没有确定被害人的身份，没有走访周围群众，没有收集任何证据，也没有对明显醉酒的人身上竟然没有钱包等反常情况产生疑问。警察在被害人身边的草丛中发现了耳机，但并未对此引起重视，而是任其遗留在现场。当现场主管的警察被问及是否按照规定填写事件报告时，他干脆地回答，"没有，对醉汉不用填报告"。

然而，一旦"醉汉"的身份得到确认，他竟然是著名的记者戴维·罗森鲍姆，事情立即朝着相反的方向发展。当媒体和警方知悉，格拉莫西大街上的那个被害人原来是美国最有声望的一家报刊的记者和编辑时，新闻媒体的报道突然铺天盖地而来，官方也立即对紧急救助工作是否存在失误启动调查。阿兰·斯贝克特（美国参议员）、奥林·哈奇（美国参议院金融委员会主席）和泰德·肯尼迪（美国参议员）等大腕在内的700余名公众参加了他的追悼会，前阿肯色州参议员戴维·普莱尔还称"戴

---

① 在美国司法界，经常提到"John Doe"，这不是一个人名，而是身份不明的人的代称。该词发端于英国爱德华三世统治时期，在当时《驱逐法案》的讨论中，虚构了两个人名，一个是 John Doe，代表土地所有者；另一个是 Richard Roe，代表租地的人，他将租来的土地据为己有，赶走 John Doe。此后，John Doe 和 Richard Roe 被广泛用于诉讼程序中对不知姓名当事人的假设的称呼，John Doe 现在常用来指"诉讼程序中不知真实姓名的当事人"，也常指代"某人或普通人"，在凶杀案现场，死者身份尚未确认的情况下也可以称作 John Doe。

维的脚步声和高贵心灵的回响将永远流传"。在此种背景下，这起案件瞬间成为与最初完全不同的一起重大案件。

鉴于被害人戴维的特殊身份，特区政府着手考虑对紧急救助和警察执法等程序进行全面、彻底的改革。检察官们在实现正义的巨大压力下，促使哈姆林作出认罪答辩，并以出庭证实乔丹有罪为条件换取较轻的二级谋杀罪指控。最终，哈姆林被判处 26 年监禁刑；乔丹因犯一级谋杀罪被判处 65 年监禁刑。

我们不禁会问：如果正义女神手中的宝剑意在保护戴维，为何当他被当作无名氏倒地呻吟求助时，正义女神却呆坐原地袖手旁观？问题并不是剧作家戴维·马梅特调侃的那样，正义女神不仅蒙住双眼，而且双耳失聪；问题在于，即使正义女神真的相信自己眼中无物，她的双眼实际上也戴着有色眼镜，有选择地接收了大量的信息。一旦她在头脑中形成了既定的图像，就将对她接下来的行为产生深远的影响。

心理学领域近期对该问题的研究已有一定建树，相关研究成果有助于解开"戴维案"中的谜团：从戴维在案发现场被发现时起，直至他在医院被创伤专家组进行急救时为止，那些以帮助公众和挽救生命为天职的职业人士，包括警察、消防员、护士、医生和急救医师，为何会接连犯下如此多的错误？这起事件结束后，特区检察长发布了一份长达 69 页的调查报告，称之为"一连串令人无法接受的错误"。值得反思的是，究竟是哪些因素导致相关人员无视既定规范，忽视显而易见的问题，疏于职守并且无视证据？答案就在于犯罪发生后我们看待被害人的方式。通常认为，我们借助感官收集信息，然后经过仔细的分析推理，最终形成关于某个人的完整图像。当这个图像具有相关性时，我们就会使用这个图像；当图像不具有相关性时，我们就会弃之不用。

事实上，我们并非冷静和审慎的侦探；而不过是基于极为有限的证据仓促得出推理结论的冒牌专家。我们大脑中固有的这种自动化流程，促使我们快速处理现场信息，然后基于当前掌握的信息得出有关被害人的结论，但我们却极少去考虑我们可能遗漏的信息。至于其中的模糊和疑问之处，则统统被抛在一边。

在特定情形下，我们更为审慎和认真的思维过程能够超越这种最初印象，并对结论的确定性提出质疑；但通常情况下，这种思维过程都是缺位的。我们知道得越少，越容易提出一个融贯的假说；同时，我们对假说的确信程度往往取决于假说链条的一致性程度。不幸的是，恰恰当我们只掌握少量或者薄弱的证据时，我们会变得过于自信。

让我们来分析下面两个句子：

1. 当一位老年妇女登上火车时，卡尔立即给她让座。

2. 当一位老年妇女登上火车时，埃里克斯仍然坐在自己的位置上看书。

请问：哪个人更有可能对犯心脏病的乘客提供帮助？看起来好像毫

无疑问，显然是卡尔。

但是，让我们再来看看这两个句子。它们实际上几乎没有提供任何信息能够帮助我们准确预测二人可能实施的行为。卡尔可能根本就没看到那名妇女；他也可能突然意识到自己已经到站，或者他是为了远离旁边哭闹的孩子，从而让出自己的位置。同时，埃里克斯之所以没有让座，可能是由于列车上还有许多空座；或者他看到当其他人让座时，那名妇女予以拒绝；或者他并未看到那名妇女。可见，我们只是获取了少量信息，随后便快速填补了信息空白，从而得出一个融贯的假说，促使我们评估二人的品性，并预测他们可能实施的行为。我们通过这一系列的思维过程得出了此前的答案。实际上，我们每天都在成百上千次地重复这种思维模式。

当你了解格拉莫西大街发生的这起案件的整个来龙去脉之前，你的头脑中也一定在忙于填充各种细节，思考现场情况和相关人员的对话，分析人物性格，摸索破案思路。我们习惯于充当神探的角色，对此甚至还有充分的理由：例如，我们已经读过 6 部约翰·格里森姆（美国知名畅销犯罪小说作家）的犯罪小说，看过十几季《犯罪现场调查》电视节目，了解数以百计的谋杀案和强奸案轶事。但是，正如当时接到报警后赶赴现场的执法人员一样，我们经常基于眼前有限的、并且通常是无关的信息，仓促地认定被害人的身份和犯罪的性质。

曾有这样一个实验。实验对象先要观看两段视频，再对一名小学女生的学术能力进行评估：第一个视频展现的是该学生所在的学校外景，第二个视频是关于该学生参加口头测试的情况。随着第一个视频展现情景的变化，实验对象的评估结果存在巨大的差异。当该学生身处城市、低收入群体的环境时，人们通常会更加关注其测试表现的不稳定性。例如，她虽然答对一些较难的题目，但却答错一些简单的题目，进而认定其学术能力较低。同样是这个女生，当她身处城郊、中产阶级的环境时，人们却倾向于认定其学术能力较高。同样的女孩，同样的表现，但是结论却完全不同。实际上，当我们在评估她的智商时，依据的是她家的住宅面积和社区绿化情况等无关因素。

在"戴维案"中，我们同样能够看到，这种情景环境直接影响着人们看待戴维的方式。当克劳德·普利切特在高档街区人行道上发现戴维躺在地上时，她认为戴维"衣着得体，外表整洁"。然而3个小时后，当急救医师将戴维送到医院过道上时，却形容他"衣衫不整，蓬头垢面，不是很讲卫生，身上很脏，看起来是个典型的醉汉"。

这种现象也有助于解释警察为何对案件作出如此草率的处理：对一个陌生人躺在人行道上的反常情形，竟然没有认真考虑他可能是一起严重犯罪的被害人。据了解，该辖区包括3800个格拉莫西大小的街区，多为豪华住宅和庭院，被誉为特区最安全的地区，上一年度甚至未曾发生过命案。尽管在特区所辖的45个巡逻辖区月均发生4000余起抢劫案件，但戴维所处的社区月均只有2起抢劫案件。

面对突如其来的案件，我们需要快速分析现场情况，并且尽快决定下一步的应对措施。此种情况下，被害人的衣着、发型、肤色、眼镜和香水都将成为现场分析的依据。在"戴维案"中，最为重要的线索就是戴维夹克上的呕吐物。在事后访谈过程中，几乎所有相关人员，包括普利切特夫妇、消防员、警察和急救医师以及医院员工，都不约而同地提到这一点。而这一点看起来直接影响着人们看待戴维的方式，因为人们看到呕吐物后最强烈的反应就是：厌恶！

厌恶，作为一种情感，对我们生活的影响程度甚至超出了我们的想像。例如，当我们在人行道上散步，看到令人厌恶的东西就会躲避；当我们在地铁上，看到令人厌恶的人就会选择换个位置。尽管每个人对厌恶都有不同的体验（有趣的是，越是持保守信仰的人，对厌恶的事情越是敏感），但毫无疑问，这是一种普遍性的情感。例如，一些人会厌恶哈萨克人、秘鲁人、越南人抑或他的邻居，等等。同时，你会发现，厌恶总是体现为类似的面部表情：紧皱的鼻子、噘起的嘴角和张大的嘴巴。在各种文化中，儿童到了特定的年龄段都会有厌恶的反应。如有实验显示，2岁的儿童通常不会拒绝那些看似小狗粪便的食物（实际上是花生黄油和奶酪的混合物），但4岁的儿童则会表示厌恶并加以拒绝。

如果你刚才读到，"小狗粪便为食"的文字时，感到恶心，这再正常不过了；甚至只是想到厌恶的事情，都会有类似的反应。实际上，除了成堆的蛆虫、腐烂的脓疮和变质的热狗，大千世界中存在大量令人厌恶的事情。哪怕只是想到变态性行为、虐待儿童或者数百年前詹姆士敦的同类相食的恶习，我们都会感到厌恶不已。

一些科学家认为，厌恶这种情感在人类进化过程中发挥了重要作用，有助于我们的祖先躲避那些通过身体接触或者食物进行传播的寄生虫和微生物。同时，它也有助于构建我们的社会体系，告诉我们哪些群体和行为是适当的，哪些是应当规避的。时至今日，在几乎所有的文化体系中，我们都会发现两类厌恶情形：一类是基于本能的厌恶，如腐肉、老鼠屎等；另一类是对社会越轨行为的厌恶，如从教堂偷窃祭祀用品等。这些都有助于我们保持诚实或者纯粹的品性。不过，由于两种不同的厌恶感产生于大脑的相同区域，有时两者可能会被混为一体：**那些起初基于本能的厌恶，最终可能会引发道德上的厌恶感**，反之亦然。这种情感混同，对我们评价他人的方式具有令人意想不到的影响。

让我们做个假设，你走进心理实验室接受一项测试，测试内容是评估各类行为的适当性。例如，朋友在求职时说谎，近亲之间发生性行为，空难幸存者杀害并分食重伤的旅客，等等。不过，你接受测试时所处的环境很糟糕，桌子上都是脏东西，塑料杯子里面残留着沙冰和铅笔，垃圾桶里面堆满了肮脏的纸巾和油腻的比萨盒。你可能会像大多数人一样，感到有些恼怒，甚至认为资助这项研究的学校应当将清洁工开除，但尽管现场环境一团糟，你认为这并不会影响你的测试结果，毕竟在一般人看来，人的是非观念是不容易改变的。

然而，当科学家们按照上述场景进行实验时，他们发现，脏乱的房间（或者类似的臭气弥漫的场景）导致人们的道德判断趋于更加严格。相应地，人们对实验场景的厌恶会转化为对饥饿难耐的空难幸存者的厌恶。

回顾"戴维案"，同样能够发现这种心理倾向可能存在的影响。人们对戴维身上的呕吐物及其难闻气味的厌恶，难免会导致他们对戴维唯恐避之不及。在案发现场，警察决定不对现场进行处理，医生在戴维身上的呕吐物被清理前也拒绝施救。为了准确评估戴维的身体损伤，需要近身认真检查；同理，只有仔细分析相关线索，才能准确判断犯罪是否发生。然而，尽管相关人员在案发现场与戴维近在咫尺，原本可以及时挽救他的生命，尽快将作案人绳之以法，但却没有人认真对待现场情况并作出准确判断。

基于上述分析，戴维的呕吐物很可能促使消防员、急救医师、警察、护士和医生产生道德上的厌恶感。具体言之，对呕吐物本身的厌恶感，可能使他们倾向于对事件性质进行道德层面的解读，即这个人缺乏教养、品格不佳，以至于烂醉如泥，进而忽视可能造成呕吐的其他原因，包括中风、病情发作、糖尿病、头部损伤或者药物不良反应。实际上，当戴维被贴上醉汉的身份标签时，他就已经陷入危境。

我们加于被害人的身份标签，将严重影响案件的处理方式。被害人是穷人还是富人，黑人男子还是白人妇女，退休老者还是襁褓婴儿，诸如此类的身份标签直接会对从接警、出警直至审判的整个诉讼流程造成影响。

让我们设想另一幅场景，假设警方赶到案发现场时，并非只有戴维一人躺在人行道上，另有一个年幼女孩也躺在一边，二人同样奄奄一息，但只有一人能够获救。如果你是赶到现场的消防员，你究竟是抛硬币作出决定，还是倾向于选择挽救其中某个被害人？

尽管我们通常会说，对被害人应当一视同仁，但许多人都会选择抢救那个女孩。原因在于，年幼女孩正处于人生花季，更加牵动人心。曾有研究者对这种悲剧场景进行测试，受访者大多倾向于挽救女孩而非老者（如63岁的戴维）或婴幼儿。面临生死抉择，公众之所以偏向年轻生命，实际上隐含着内在的价值观念，即年长者已经经历了丰富多彩的人生，而年轻人还有更多机会对社会做出贡献。不过，这种观念也有例外情形：相对于年龄略大些的年轻群体，婴幼儿并未得到足够的关注，由于他们的社会关系并非如此重要，以至于人们倾向于认为他们的死亡并非举足轻重。

我们赋予年轻生命的重要价值，这种价值观同样也体现在刑事司法领域：一旦年轻人被害，我们通常更加急切地为其实现正义。研究显示，当老年人被害时，警察破案的动力要小得多；即使是在遥控爆炸案件中，作案人并未刻意选择作案对象，每个人都面临被害风险的情况下，情况亦是如此。

就"戴维案"而言,消防员、急救医师和医院员工等人面对戴维时,与"年龄"标签相比,"醉汉"这个标签对他的命运具有更加致命的影响。在大多数人看来,吸毒或者酗酒成瘾的人,完全不同于患有动脉瘤或者不幸被陌生人持铁管击中头部的人。前者看似已经无可救药,这种观念也导致我们不愿帮助那些吸毒成瘾者。曾有这样一项研究,受访对象需要对一个假想的艾滋病患者作出评价,当他们被告知患者因输液而感染艾滋病毒时,往往给予极大的同情;但当他们被告知患者因注射毒品而被感染时,则很少给予怜悯。

更加复杂的是,一旦戴维被贴上"醉汉"的标签,即使人们没有注意到他身上的呕吐物,也往往对他产生道德上的厌恶感。这一现象在所谓的异类群体中经常出现:在不同的历史时空中,女性曾被认为污秽,犹太人曾被比作蟑螂,吉卜赛人曾被视为病夫,同性恋者曾被斥为人渣。由于道德上的厌恶感与非人性化[①]紧密相关,因此,这种关联将会产生极大的负面影响。

一项神经实验显示,当人们因看到流浪者和吸毒者而产生强烈的厌恶感时,他们大脑的岛叶和杏仁核区域会有明显的神经活动。但更令人惊奇的是,大脑内侧前额叶皮质作为评估他人和社会交往的神经区域,

---

[①] 非人性化(Dehumanization),是指贬损人格的行为或者过程。从行为层面看,非人性化表现为贬低他人的人格。从过程层面看,非人性化表现为人格化的对立面。理论上通常将非人性划分为两种类型:一种是动物性的非人性化,主要体现于群体之间;另一种是体制性的非人性化,主要体现于个体之间。

此时却没有明显反应。具体言之，当人们观看奥林匹克运动员、中产阶级群体和残疾人等人的照片时，大脑内侧前额叶皮质都会有神经活动。但是，对于那些品行不端的情形，大脑内侧前额叶皮质则几乎没有反应。例如，当人们看到马桶溢出的秽物或者呕吐物时，就会发现类似的神经模式。通俗地讲，当我们经过一个无家可归的醉汉身边时，通常并未将其视为拥有意识、情感、需求和观念的人类个体，而毋宁将其看作一堆垃圾，这种心理极大地影响着我们对待他的方式。对于"一堆垃圾"，当然可以放在走廊上置之不理；警察没有必要对其进行调查；将其从人行道上拾起后，也没有必要对他悉心进行照理。当被害人无名无姓、不能言语、只能偶尔发出呻吟时，遭遇这种非人性化的对待也就不足为奇了。

加于被害人的身份标签，不仅影响我们对待被害人的方式，也决定着事件性质的认定。在一项经典的实验中，研究者发现，仅仅通过改变强奸案件被害人的身份，就能够显著影响人们对被害人是否存在过失的认定。考虑到我们的法律宣称以维护平等为宗旨，这个实验结果确实令人惊讶，但真正令人震惊的却是被害人身份对结果产生影响的方式。相对于"离异妇女"，当研究者将被害人描述为"处女"或者"已婚妇女"时，受访者却认为后者应当对强奸承担更大的责任。大家难免对此产生疑惑：在性犯罪案件中，那些更加值得社会尊重的被害人，为什么要面临更多的指责？

要想解答这个疑问，我们需要深入了解人类行为的真正动机，特别是我们将世界视为公正之域的内心驱动。举例言之，当某个看起来良善的社会个体，如处女，遭遇恶劣的人身侵犯时，我们会感受到一种强烈的不和谐（认知失调）。为消除这种心理不适，维持我们对公正的感知，我们就会转而指责被害人。我们自欺欺人地认为，被害人一定不会真正那么无辜。她自身一定有行为不当之处，才最终导致悲剧发生。

前段时间，我妻子的一位同事在酒吧看完"周一足球之夜"节目后，徒步返回家中，在我家住处附近不幸被人持枪射中颈部。这起案件在当地引起恐慌、令人震惊，而我的第一反应却是寻找被害人当晚行为的瑕疵，从而试图对案件作出合理解释。我当时想：他不应该那么晚才徒步回家，那是自找麻烦。当遭遇抢劫时，他一定进行了反抗，否则罪犯为什么向他开枪？我简直无法面对冷酷的现实：那些危险分子整天都在物色被害人，一旦选定作案目标，还没等被害人有所反应，他们就会扣动扳机。

令人吃惊的是，这种心理倾向竟然如此根深蒂固：我一直殚精竭虑地思考这些事情，直到我妻子善意作出提醒，我才认识到自己究竟在干什么。实际上，这种思维定式甚至能够导致我们责备最无辜的被害人群体：儿童。宾夕法尼亚州橄榄球队前防守球员杰瑞·桑达斯基，因性侵儿童被提起指控，当该案被曝光后，大家原本以为舆论会一边倒地同情被害人，但实际情况并非如此。桑达斯基有次在更衣室淋浴间强奸一名10岁儿童时被人发现，事情马上被捅到俱乐部主教练乔·帕泰尔诺那里，但帕泰尔诺获悉后未予制止,他因此被俱乐部解雇。你猜结果怎样:宾夕法尼亚州的学生们得知帕泰尔诺被解雇后竟然发生了骚乱。该案的一名被害人,勇敢地站出来指证桑达斯基,详细描述自其十一二岁以来多次遭受桑达斯基性侵的事实经过。正是由于他的指控,才促使警方启动调查并最终将桑达斯基绳之以法,但是,该被害人此后遭到了严重恐吓,不得不离开原来所在的高中。

我们可能认为,虐待儿童比虐待成人更加残忍,强奸处女比强奸离异妇女更加恶劣;然而,这种更为严重的伤害意味着,即使我们严厉地惩罚犯罪,也不足以恢复一个"公正的世界"。为了求得内心的安宁,我们就可能枉顾事实,偏执地认为被害人也有一定责任。

毫无疑问,当我们基于强烈的内心驱动,意图修改被害人的身份标签时,最终会使它发生改变,即便遭遇严重犯罪侵害的是无辜或者良善的被害人,类似情况也会发生。那么,接下来的问题在于,为什么有些身份标签难以被剥离呢?

研究显示,一旦我们给某人贴上身份标签,我们就会努力寻找证据确证这种身份,并选择无视或者贬低与之相反的证据。当然,在具体行为过程中,我们并不认为我们这样做了。相反,我们倾向认为,自己只是在客观地筛选相关细节情况。然而,实际上,我们是在扭曲事实,通过回避费力的调查,摒弃矛盾的信息,确保最终的结论符合我们预期的假设。

假如你刚得知,好友的室友原来是一名女服务员。基于这一身份标签,当你想到过去的一些关于她的画面时,你就可以毫不费力地将她与服务员职业相称的相貌、行为和生活方式联系起来;相比之下,如果你被告知她是一名图书管理员,你所回忆的相关细节将截然不同。类似地,当她在隔壁打电话,而你在隔壁聆听时,如果你事先知道她在接受电话采访,而不是在与律师通话,两种情形下你听到的话语细节也将存在显著差异。在一个类似的实验中,实验对象收听一段音效不佳的录音记录,当他们认为录音带中的声音来自一名犯罪嫌疑人而非求职者时,他们更有可能将"我看到它(it'd)对他造成的后果时,我非常害怕",误听为"我看到我(I'd)对他造成的后果时,我非常害怕"。

身份标签具有令人惊异的自我强化能力,即使该标签看起来并不可信,结果仍是如此。在一项著名的测试中,实验对象是两组学生,他们一边观察一名年轻男子的照片,一边给该男子绘制头像;不过,一组学生被告知该男子是黑人,而另一组学生则被告知该男子是白人。令人难以置信的是,这个身份标签严重影响了一些人的绘画:当他们认为种族之类的特征无法改变,并且有助于进行行为预测时,他们就按照臆想画出一些歪曲原貌的特征,以便与他们被告知的种族身份相适应(请看下图)。

这种追求融贯性和确证性的心理,可能在实践中导致灾难性的后果。

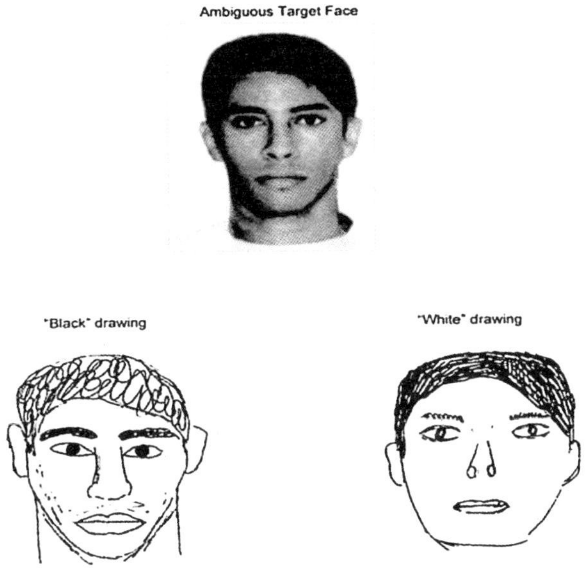

Ambiguous Target Face

"Black" drawing   "White" drawing

例如，医学研究显示，医疗失误的一个主要原因就是，医生基于其早期对病人的诊断便得出一个结论，随后他会倾向于坚持自己的判断，即使在面对相反证据时也是如此。不幸的是，这种心理动机也对刑事司法制度造成了严重影响。在侦查领域，"视野狭隘"① 已经成为普遍性问题，甚至影响到指纹鉴定等看似客观的领域。

事实上，DNA 鉴定，这颗法庭科学领域璀璨的明珠，在实践中也容

---

① 视野狭隘(Tunnel vision)，原指因保持中心视野而忽视周边视野，最终导致环形地道状的视野。在司法领域，视野狭隘一般是指思维短浅,观察问题和思考问题不全面,只及其一而不及其他,以至于产生确证偏见等问题。

易受到确证偏见的影响。令人难以想象的是：即便在充满猜测和臆断的电视剧中，DNA 鉴定结果也被刻画为案件中不可或缺的铁证。在办案过程中，如果你认为犯罪嫌疑人没有如实供述，就可以将他的 DNA 输入联邦调查局的综合指纹识别系统，那其中包含约 1200 万犯罪嫌疑人、被告人和 50 万犯罪现场检材的 DNA 图谱；只需等待短暂的插播广告长短的时间，你就能得到想要的准确的结论。

但是，现实情况要复杂得多。近期一项研究显示，研究者向专家提供一份 DNA 检材，并告诉专家，这是一起轮奸案件的重要物证，该案中，一名被告人已经认罪并指证其他同伙参与作案。他们希望专家能够确认，其中一名否认涉案的被告人实际上参与实施了强奸行为。不出预料，专家最终确认被告人的 DNA 与现场提取的 DNA 检材吻合，进而佐证了证人的证言，并强化了控诉方的指控。不过随后，研究者又将该份生物证据提交给其他 17 位 DNA 鉴定人员，但并未提供任何背景信息。猜猜结果如何？在 17 位专家中，只有一位专家认定检材与被告人的 DNA 吻合。DNA 不会为迎合控诉方指控而重排序列，但这并不意味该领域不存在偏见。在办案过程中，总有人需要对鉴定的结论进行解释。不难发现，研究者最初找到的专家在事先了解案件信息情况下，不由自主地受到相关信息的影响。

确证偏见在"戴维案"中可能扮演了关键的角色。当戴维被贴上醉汉的标签后，警察和医生看起来都在集中精力寻找证据支持这种假设。值得注意的是，最先在现场发现戴维的普利切特夫妇，并未在戴维身上闻到酒精的气味。原因何在？可能是由于他们并未意图寻找这方面的证据，因为他们认为人行道上的这个人可能患了中风。然而，对于那些推定戴维是醉汉的人而言，酒精的气味就变得非常明显了。就如当时在场的一位消防员所言："我能闻到他身上酒精的气味，仿佛酒精正从他的毛孔中散发出来。"

这反过来又强化了最初的假设，即这个人之所以躺在地上，就是因为酒精中毒，尽管事实上酒精的气味根本就不明显。根据联邦健康和福利部的统计，在哥伦比亚特区，半数以上的成年人会经常饮酒。在星期五晚上的正餐，成千上万像戴维一样的城市居民都会饮酒。如果你在晚班时守候在霍华德医院急诊室，就会发现包括心脏病人、遭到枪击的伤者、过敏反应或肺炎患者，他们中的绝大多数呼吸中都隐隐透着酒气。

但是，问题并不仅仅在于警察带有偏见地寻找线索，而是在于他们仅仅关注那些选择性收集到的证据，并认为支持已有假设的事实非常可信，同时又摒弃了与已有假说不符的事实和证据。例如，一位消防员指出，他当时立即排除了被害人是糖尿病患者的可能性，因为他在现场寻找过医疗诊断手环，他经常"在当事人不能言语时"例行这种检查，但该案现场未能找到手环。现场没有手环的事实，似乎强化了醉酒的假设，但实际上却并未排除被害人是糖尿病患者的可能性：被害人可能压根就没有手环，或者可能事先已把手环摘掉，也有可能是被害人尚未接受医疗诊治。

同理，普利切特夫妇、警察、消防员和急救医师都注意到，戴维佩戴着贵重的手表和婚戒。在第二辖区警长罗伯特·孔蒂看来，这一证据表明，"没有理由认为这是一起抢劫案件"。当然，这种推断是错误的。抢劫犯可能已经抢走了他的钱包，随后因害怕而立即逃离现场，也可能是由于抢劫犯根本没有注意到他的戒指和手表。

实际上，如果警察在处置现场时假定这是一起刑事案件，他们将会很快发现重要的证据。例如，在现场附近的一名证人刚好见到了袭击戴维的罪犯，并且发现他们看起来很可疑（该证人甚至记下罪犯所驾车辆的车牌首字母）。如果调整工作思路，警察可能会注意到戴维的裤兜口袋呈撕裂状，这一迹象表明他的钱包很可能已被人抢走。在该案中，第一个发现戴维裤兜口袋被撕开的人是霍华德医院负责清理戴维身上秽物的护士。由于她并不知晓戴维在现场最初的状态，因此，她不可能联想到这与抢劫案件有关。

被害人的身份标签之所以难以被剥离，主要原因在于，在许多案件中，我们甚至并未意识到这种身份标签的存在，或者并未想到这个身份标签可能是错误的。**我们极少反思最初的假定，极少验证这些假定在情势发生变化时是否仍然正确**。在"戴维案"中，人们在现场见到戴维后，几乎未加思索地就给他贴上了醉汉的身份标签。即使面对有力的相反证据，他们也没有改变最初的观念。试想：如果他是一个醉汉，那么酒在何处？如果他真的烂醉如泥，怎么可能在他身上没有钱包或者现金？在他已经无力从地上起身的情况下,他为什么会躺在这个富人区的人行道上?实际上,现场的诸多证据表明,这并非一起简单的醉酒事件,情况远比想象的更为严重:他已经不能言语,对氧气没有反应,出现呕吐症状,运动反射能力极弱,瞳孔缩小,脉搏加快,头部流血,右侧身体不能自控,等等。但是,由于这些征象都与最初的假定不符,因此,未能引起人们的重视和关注。

由于警察和急救医师都没有对戴维的状况进行独立的评估,导致相反的证据注定被忽视。如果他们分别对戴维进行身体检查,认真调查事件真正的原因,就可能会得出与最初假定不同的结论,进而促使他们更快地发现戴维头部的损伤。在该案中,警察没有对被害人状况进行独立评估,这一点实在令人费解。众所周知,警察在询问证人方面拥有丰富的经验,他们都知道,无论基于何种原因,一旦某个证人事先公开阐述自己目击的情况和结论,其他证人都会面临迎合该证人证言的心理压力。正是有鉴于此,假定有6名证人同时目击一起银行抢劫案件,警察也通常会分别对各名证人进行询问,并分别进行列队辨认。

在"戴维案"中,基于"后见之明",我们很难不去设想其他的场景。如果罪犯使用的作案工具是刀而不是塑料管;如果戴维携带着自己的身份证;如果戴维的妻子出门进行寻找,并在救护车赶到时已经出现在现场,或者在霍华德医院遇到医护人员;如果普利切特夫妇驾车将戴维送到医院,随后直接向分诊护士说明现场情况,情况将会怎样?

无疑，所有这些情形都将直接改变案发当晚戴维的命运，不幸的是，这些都只是凭空设想而已；但同时，这并不意味着，整个悲剧只能归因于戴维运气不佳。在该案中，各种错误原本都是可以预见的，也是可以避免的。反思整个案件，导致戴维·罗森鲍姆死亡的原因特别具有悲剧意味，但同时也带来一线希望。戴维的家人与哥伦比亚特区达成了一项协议：他们可以不再对特区政府提起诉讼，前提是特区政府成立专门工作组对消防部门和紧急救护机构进行改革，避免类似的悲剧再次发生。随后，一系列改革举措陆续出台。例如，急救医师和消防员必须严格执行医疗救助规程，必须对救助工作负责。此类改革举措有助于避免以后出现"戴维案"中的致命性错误。在此基础上，我们还有必要进一步反思问题的根源：如何防止一开始就给被害人贴上灾难性的身份标签？

　　当我们认识到，一些无关因素可能导致有害的身份标签的产生，就应当及时采取措施避免将被害人标签化的做法。为了消除厌恶感的影响，我们可以采取一些简便易行的措施，如为警察提供薄荷软膏涂抹在他们的鼻子下方，用来抵消呕吐物、排泄物和尸体的难闻气味。同时，对于具有特定身份特征的被害人，如老年人、少数民族、流浪者、吸毒者等，因其往往遭到忽视或者不公正待遇，我们有必要采取针对性的预防措施。例如，我们可以为警察、急救医师和医院护士设计更加人性化的培训项目，使他们在承受巨大工作压力的情况下，能够对相关弱势群体保持同情心并提供细心的服务。

最为重要的是,在执法办案各个环节,包括认知能力的评估、犯罪现场的搜查以及法庭科学鉴定,警察都应当独立对被害人进行专业评估。并且他们应遵循一项基本原则:**数据应当共享**(如"他的眼睛无力睁开,脉搏出现异常");**标签不能共享**(如"他是个醉汉")。

除非迫不得已,否则**不能对任何人贴上身份标签。一旦我们认同某个身份标签,就难免会遗漏关键的证据和线索**。在新奥尔良州,适逢卡特里娜飓风来袭,供电中断,洪水肆虐,当地一家医疗中心负责人不得不制定撤离方案。基于"一刀切"的分类处置方案,那些持有拒绝心肺复苏证①的病人将被最后安排撤离医院。当时正值危急关头,这一方案看似无可非议,该负责人事后也解释说,这些病人已经"没有更多可以记挂的事"。但是回过头看,将这个身份标签作为分类机制实在是大错特错。该方案并不能帮助医生确定哪些病人即将离世,哪些病人可能得到救治;也无助于确定哪些人愿意面对死亡,哪些人希望求生。病人拒绝心肺复苏,仅仅意味着当病人呼吸停止或者心脏停跳时,医护人员无需进行抢救,但这并不影响其他的医疗服务。此外,那些病情并不严重的病人,也可能选择拒绝心肺复苏。然而,医院负责人却使用这一存在问题的身份标签进行分类,作出了一个看似客观公允的处置方案。

---

① "拒绝心肺复苏"(Do not resuscitate,DNR),又被称为允许自然死亡,是指在医院或者法律机构签署法律文件,尊重病人意愿,一旦他们的心脏停跳或者呼吸停止,医院无需进行心肺复苏或者心脏急救。

需要强调的是,那些被遗弃在医院7楼的病人们并不只是拥有一个身份标签。他们还有许多其他类型的标签,包括正在康复、身患绝症、参保、年老、中年、母亲、儿子、肥胖、英俊、好斗,等等。这些标签或者写在他们的病历表中,或者体现在他们的面容、咳嗽声和颤抖的双手等一举一动之中。许多身份标签都是隐性无形的。

没有人应当因身份标签而被盖棺定论!没有人应当因身份标签而遭遇死亡!

第二章 | 警察：危险的供述

这是一个血腥的现场。作案人用一把蓝色拖把将房间后门撞开，作案后他在盥洗间清洗了沾满鲜血的双手。如果你径直走到房间前面的楼梯间，俯身就能看到作案人在楼梯扶手边的墙壁上擦拭双手时留下的血迹。雪白的墙壁上鲜红的血迹格外令人恐怖。

道恩·恩格尔布莱希特正在吧台值班，当她看见5岁的小儿子布莱克跑过来时，她立刻意识到可能出事了。她离家去上班时让霍莉·斯塔克照顾布莱克和他的妹妹泰勒，但是现在，可怜的小布莱克却独自站在她的面前。原来，是一个邻居发现小布莱克自己在路边玩，就顺道带他来找道恩。

道恩立即打电话回家，但没人接听，她马上联系到霍莉的母亲，二人随后在希科里大街442号会合。道恩的家位于伊利诺伊州沃基根县北侧，是一个典型的双层住宅，紧邻旁边的住户。在很多人看来，这是一个不错的街区，一度极负盛名。这里的住宅大多有小路穿过街道和人行道之间的绿色隔离带。但是，442号有点不同：人们需要通过住宅左侧的人行道才能绕到住宅后面。如果你想走到住宅前门，就需要途经住宅右侧。

道恩离家时，房门是锁着的。当她返回家中打开二楼房门时，她发现电视开着，一只白色的网球鞋孤零零地躺在地上，客厅的一把椅子被打翻在地。

她们呼喊着霍莉的名字，但没有人应答。2岁的泰勒躺在她哥哥的床上，看上去安然无恙。难道霍莉只是因为感到无聊而离开了家？

直到警察赶到现场，道恩才想起查看卧室房门后面。

11岁的霍莉像婴儿一样蜷缩在那里，她的双手放在脸部位置，黑色的紧身裤被丢在一边，另一只白色网球鞋被缠在一只马镫上。她全身有27处刺伤，生前还曾遭到强奸。

一年之后，胡安·里维拉坐在被告席上，面对着12名陪审员审视的目光。胡安年纪还小，不到20岁，他坐在那里呆若木鸡。陪审团聆听了控辩双方在庭审中提出的证据、被告人案发时不在犯罪现场的证明和案件报告，听取了相关证人和专家证人的证言。他们也观看了作为案发现场的卧室和被害人霍莉面部的照片，大家都在等待裁判的结果。

陪审团最终裁定：被告人有罪！

随后，被告人胡安对定罪裁决提出上诉，伊利诺伊州上诉法院裁定撤销原判，发回重审。新组成的陪审团仍然判决被告人有罪。

像胡安这样的被告人，如果两次被判处终身监禁则不得被假释，要想第三次获得接受陪审团审判的机会，简直如"六月飞雪"一般希望渺茫。不过，他的律师找到了一根救命稻草：DNA证据。

在法医对霍莉的尸体进行检验的过程中，就已经收集了阴道拭子。

但这个证据被提取固定后,就一直被尘封在证据保管室中,而在这 12 年间,胡安也一直安静地待在狱中。直到 2005 年,这个关键证据才最终被提交鉴定。

鉴定意见简直令人震惊!阴道拭子中检出一名男子的精子,但并不是胡安·李维斯的。

DNA 证据通常被认为是铁证,确定无疑。胡安在黑暗中度过了漫长难捱的岁月,这个新证据仿佛是黑夜中点亮的一盏明灯。他终于可以走出狱门重获自由。他终于可以浴火重生。未来看似一片光明。

虽然直到 4 年后才重启第三次审判,但这一时刻总归来临了——科学终于可以大显身手,弥补过去的失误,拯救可怜的无辜者了。鉴于 DNA 鉴定意见证实被告人无罪,且没有其他物证建立胡安与犯罪之间的关联,案件结果看起来似乎毫无悬念。

但是,诉讼程序开启后,案件出现了新的变数。检控方并不甘愿认输,仍是坚持己见,并对尸检证据提出两项解释:其一,DNA 检材可能遭到了污染;其二,霍莉在被胡安强奸杀害前,可能与其他人发生了性关系。

不过,检控方的主张存在以下问题:一是没有迹象显示检材拭子曾遭到污染;二是专家们一致认为,被害人体内的精液是在其被害后不久遗留的。一般情况下,体内的精液会流到内衣表面,但霍莉的衣服上并未检见精子。这意味着检控方必须向陪审团证实:这个 11 岁的女孩在遭到胡安·李维斯暴力攻击之前,刚刚与一名未知男子发生性关系,而胡安竟然让该未知男子的精液完好地保留在被害人体内,又未留下任何接触被害人的痕迹,也没有留下进入犯罪现场的证据。检控方的主张看起来并不可信。

开庭审理后,12 名陪审员进入评议室,讨论发生在希科里大街 442 号的这个悲剧案件。陪审团回到法庭后,就在旁听席看到了霍莉的双胞胎姐妹希瑟和胡安的兄弟米格尔。胡安在一旁安静地等待裁判结果,并对改判无罪充满期待。

然而,陪审团的裁判结果竟然是:有罪!

尽管胡安的辩护律师认为这个裁决令人难以理解,但情况就是如此。被告人胡安再次被判有罪。

庭审过程中,辩护律师向法庭提供了许多事实证据,力争让陪审团产生合理怀疑。从现有证据看,犯罪现场的法庭科学证据,包括血迹、指纹、毛发和精液等,都与被告人胡安没有关联。此外,胡安的父母证实,他在案发当晚待在家中与他在波多黎各的母亲通话,对此,电话记录及胡安佩戴的腿部电子监控仪[①](这是此前他因盗窃汽车音响被保释后被安装的监控设施)数据均能予以佐证。然而,尽管胡安拥有不在犯罪现场的证明,案件中也没有目击证人或者物证,但控诉方仍然促使陪审

---

① 腿部电子监控仪(electronic leg monitor),是刑事司法系统近年来推动的羁押监禁替代措施,目前呈推广应用态势,有助于减少监狱中的罪犯数量。

团作出了定罪裁决，原因就在于被告人曾有 3 页签了名的认罪供述。这个证据是如此致命，以至于审判中其他的一切都成为多余。

就像霍莉的妹妹随后质问的那样："你为什么要认罪？如果我被指控谋杀，而我实际上是无辜的，我无论如何都不会承认我没做的事情，更不会整晚解释我为什么犯罪以及如何犯罪。"**无辜者是不应该认罪的**。备受崇敬的证据法之父约翰·亨利·威格摩就曾指出，**虚假供述简直"不可思议"**。这种认识是如此根深蒂固，以至于即使案件中存在无罪证据，或者有迹象表明警察刑讯逼供，也难以推翻被告人有罪的假定。

我们期望人们能够始终如一。我们也倾向于认为，被告人在认罪供述上签字，就等同于他认可了相关内容。在一项针对该现象的著名研究中，研究者要求人们评估一些评论菲德尔·卡斯特罗的论文。尽管参与者事先已被告知，这些作者的真实想法可能与论文中所表达的观点并不一致，但是，仍有很多参与者认为撰写支持性文章的人实际上也支持卡斯特罗。他们过于相信外在行为就是内心想法的呈现，并且低估了具体情势对人类行为的重要影响。参与者倾向于认为，无论对卡斯特罗是否存在定见，一个人对卡斯特罗的看法都是稳定不变的：永远忠诚！①

我们之所以难以接受虚假供述存在的事实，另一个原因是我们倾向于认为，现有的司法制度已经禁绝了此前经常迫使无辜的犯罪嫌疑人承

---

① Semper Fidelis，拉丁文，翻译成英文就是"Always Faithful"或"Always Loyal"。

认有罪的非法讯问策略。我们有漫长的强迫犯罪嫌疑人认罪的司法史。诚如 1940 年时任最高法院大法官的雨果·布莱克所言:"拷问台、拇指夹、转轮刑、单独禁闭、疲劳讯问和交叉询问……残害人的身体,摧毁人的精神,最后等待犯人的是肢解、砍头、火刑和绞刑等残忍的刑罚。"事实上,在 20 世纪 30 年代以前,为了强迫犯罪嫌疑人供述,经常采用所谓的酷刑方法,① 包括造成剧烈身体疼痛的刑讯方法。但在 20 世纪后期,此类方法已经被禁止使用。

不过,胡安·里维拉的供述的确是虚假的,这在实践中也不是个别现象。虚假的认罪供述是导致命案被错误定罪的主要原因,约占美国现已查明的基于 DNA 证据改判无罪案件总数的 60% 以上。同时,在所有定罪后改判无罪的案件中,约有 25% 的案件存在虚假供述。

这些案件的实际情况与我们的想象大相径庭:身体强迫很少存在,供述内容通常非常细致,多名无辜的同案犯罪嫌疑人。分别供认共同实施犯罪。在著名的"中央公园慢跑者案"中,5 名年轻人都供认参与残忍强奸被害人的行为,但 DNA 证据随后证实这些人都是无辜者。尽管有人在作出虚假供述后居然开始相信自己真的实施了犯罪行为,但多数人都完全清醒地知道自己是无辜者。研究者们也慢慢解开了这种司法怪现象的谜团。

---

① Third degree 是酷刑的委婉说法。1931 年,维克汉姆委员会调查发现,Third degree 在美国普遍存在,关于该词的来源并无定论,多数学者认为源自维克汉姆报告。

问题的根源是在目前讯问犯罪嫌疑人的常规方法上。在美国侦查领域，雷德询问和讯问方法①得到业界的普遍认可并被奉为圭臬，现已用于培训全美半数以上的警察。不过，雷德方法非但未能有效防范虚假供述，反而在实践中起到了相反的效果。

基于雷德方法，面对胡安之类的犯罪嫌疑人，警察首先要通过非对抗式的询问方法判断他是否说谎，如果犯罪嫌疑人看起来是在说谎，警察能够形成认定其有罪的"合理确信"，就将转而进行严厉的讯问，努力获取犯罪嫌疑人的认罪供述。不过，在识别谎言方面，警察的能力并不优于常人，下文将对此进行详细分析。此外，雷德方法不仅无助于纠正警察对谎言的错误直觉，反而会使他们严重依赖不可靠的直觉和值得质疑的迹象。

这就意味着，在那些曾经受到雷德方法严厉讯问的犯罪嫌疑人当中，有相当比例的人可能是无辜者。实际上，**无辜者更倾向于放弃沉默权和讯问时律师在场权**。他们通常认为——这也是人之常情，他们所知道的真相在别人看来也是显而易见的。既然他们并未实施犯罪行为，坦然接受警察的讯问就不会有什么风险；相反，三缄其口或者寻求律师帮助可能意味自己是有罪的。

---

① Reid Technique of Interviewing and Interrogation，雷德方法，是由警方顾问和测谎专家约翰·雷德发明的讯问方法，在北美执法机构得到普遍的应用，主要功能是评估犯罪嫌疑人的可信度。支持者认为，雷德方法有助于从不认罪的犯罪嫌疑人处获取供述；反对者主张，雷德方法很容易导致无辜者作出虚假的认罪供述。

但是在实践中，一旦警方开始进行讯问，无辜者就会立即处于下风：基于雷德方法，侦查人员在讯问过程中不断地指控犯罪嫌疑人有罪，并致力于防止其翻供或者作出无罪辩解。简言之，讯问工作的所有努力都是为了获得有罪供述。为了实现上述目标，雷德方法甚至鼓励侦查人员在收集在案的证据上说谎。

警察要想让顽固的犯罪嫌疑人认罪，就不能和颜悦色地进行讯问。因此，讯问过程充满了心理强迫：犯罪嫌疑人被完全隔离在一个没有窗户的室内，连续数小时接受询问和指责。许多曾作出虚假供述的犯罪嫌疑人此后都声称：他们之所以认罪，主要是为了避免继续遭到虐待。实验研究显示，认罪能够避免的短期痛苦，通常会使人们低估将来可能发生的长期的不利后果。当我们面临能够终止当下面临的压力、疲劳和恐惧的选择时，就很难理性地评估一旦我们承认自己没有做过的事将会面临怎样的灾难性后果。

警察在讯问时充分利用了我们认知上的短视心理。根据"雷德九步讯问法"，侦查人员有意识地反复强调犯罪嫌疑人罪证确凿，其否认犯罪是徒劳之举；同时向犯罪嫌疑人表示同情，并试图为其犯罪提供合理化解释，促使犯罪嫌疑人认为认罪更为可取。警察可能会暗示犯罪嫌疑人所涉的犯罪并不是什么大事（例如，警察可能会说："你知道，被害人有点咎由自取"；或者，说："如果我是你，在这种情况下也可能会那样做"），或者提供一种托辞来弱化罪犯的道德罪过（例如，警察可能会说：

"我猜你并不是想杀他,你只是需要一些钱,当他突然攻击你时,你才开枪的")。

经验证据显示,上述两种方法(通常被称为罪责最小化和托辞最大化)都容易导致虚假供述。其最终的影响不容忽视:有项研究显示,当学生被指控考试作弊时,一旦采用罪责最小化讯问方法(我相信,你并未意识到这是一件性质很严重的事情),虚假供述的比率增加了三倍。当讯问人员暗示,一旦认罪就可以从宽处理时(如果你在认罪书上签字,事情将会很快得到处理),虚假供述的比率增加了七倍。

尽管存在诸如此类严重的问题,法官们却一直不愿推动讯问程序改革。虽然最高法院早已明令禁止通过暴力、威胁以及直接或者间接的承诺等方法获取供述,但下级法院通常对许多强迫讯问做法视而不见。此外,大法官们还明令禁止一些讯问策略,如讯问人员假装收集到了指纹证据或者就测谎结论向犯罪嫌疑人说谎等,此类策略可能会促使无辜者承认自己并未实施的犯罪行为。

我们来看这样一个悲剧性的案件。17 岁的马丁·唐克勒夫早晨醒来,发现母亲被刺身亡,父亲身受重伤并奄奄一息。侦查人员怀疑马丁就是作案凶手,在讯问过程中,一名侦查人员站在马丁听力所及的位置,假装和另一名在医院看护马丁父亲的警察通话。在假装的通话结束后,侦查人员告诉马丁,他的父亲已经从昏迷中醒来,并指证马丁是凶手。实际上,马丁的父亲从未苏醒,在送往医院后不久就已死亡,不过,马丁随后供认实施了杀人行为，直至最终被改判无罪，他已经在监狱中服刑达 17 年之久。

令人扼腕的是，马丁的虚假供述原本是可以预见的。该案涉及两个导致司法悲剧的因素：很容易受到强迫影响的犯罪嫌疑人以及令人精疲力竭的讯问。**绝大多数虚假供述都是长时间疲劳讯问的产物**（通常都持续 12 小时以上），**而犯罪嫌疑人多是不满 18 岁的未成年人、患有精神疾患的人或智力低下者**。

胡安接受讯问的过程完全契合上述讯问模式。在胡安因涉嫌强奸杀害霍莉·斯塔克被逮捕时，他刚刚 19 岁，智商只有 79（远低于普通人的智商 100），阅读能力也只有小学三年级的水平。在精神方面，他患有严重的抑郁症，曾多次试图自杀。尽管侦查人员在侦查初期已经了解到这些情况，但是他们仍然对胡安进行长时间、高强度的讯问。

讯问和测谎持续了 4 天时间，但最后胡安推翻之前作出的杀害霍莉的认罪供述，声称案发当晚他在犯罪现场附近参加一个聚会，看见有人在现场鬼鬼祟祟地行动。我们有许多理由认为，胡安之类的犯罪嫌疑人在最初接受侦探讯问时可能不会说真话：因为他可能担心自己所说的真相听起来并不可信，或者可能认为小的谎言能够避免更大的麻烦和更难受的遭遇。但是，警察却将胡安陈述中的矛盾当作有罪的迹象，进而通过严厉的讯问逼取供述。尽管雷德公司（Reid & Associates，开发雷德方法的公司）进行测谎得出的结论并不具有确定性，但侦查人员却让测谎人员说谎，直接指控里维拉强奸杀害了霍莉。

胡安随即变得非常沮丧，不过仍然否认实施了犯罪行为，但是，侦探将其带回莱克县看守所，继续讯问以求获取供述。直至午夜时分，在持续讯问长达12个小时之后，里维拉的精神崩溃了，他大哭不止，以致泪水湿透了他的衣襟。他当时已经哽咽得不能言语。当警察再次问他："胡安，你和霍莉·斯塔克当时都在那个房间里，是吧?"胡安点头表示认可。

此后几个小时，胡安开始向警方作出完整的供述。当日3时许，警察获得了他们所期待的供述，并将胡安的供述记录下来。讯问结束后，胡安孤身一人待在看守所监室里，开始痛苦地以头撞墙。随后，胡安被关在一间安装防护的监室里，他陷入了严重的精神崩溃状态。值班护士认为他有些精神紊乱（在她看来，胡安"看起来是在自言自语"，并且"言行脱离身边的实际情况"）。当她几个小时后再次检查监室情况时，发现胡安扯下自己的头发缠绕颈部准备自杀。

当日清早，胡安还戴着手铐脚镣躺在地上，侦查人员蹲在一旁向他宣读供述的主要内容，并且让他在笔录下方签字。

然而，这份讯问笔录的内容前后并不一致，并且有些内容与事实不符（例如，胡安称霍莉当时穿着睡袍），州检察官告诉侦查人员这份笔录不能采用。警方不得不继续开展讯问工作。不过，原来的侦查人员已经精疲力竭，无法继续讯问，警方随即更换了两名侦查人员。

接手讯问工作的侦查人员主要着眼于解决胡安首次供述中的疑问和矛盾。几个小时后，他们得到了更加完善的讯问笔录。不过，他们所提出的问题带有很强的暗示性，这一点实际上也在预料之中。例如，他们问道："胡安，她穿了一件花色的衬衫，是吧？"诸如此类的问题充分反映出虚假供述为何包含有关被害人和犯罪现场的特定细节。**在侦查过程中，那些只有真正的罪犯才知道的隐蔽信息通常被无意地（有时是故意地）透露给犯罪嫌疑人**。在该案中，胡安·里维拉在接受讯问的4天中，至少与10名警察谈过该案的犯罪事实，同时，警察还在其接受讯问的第二天带胡安"指认"过犯罪现场。此外，胡安的供述中包含54个所谓"独特的"事实细节，而其中至少15个细节早已由地方媒体作出公开报道。令人遗憾的是，正是这些事实细节成为认定胡安的供述具有真实性的有力证据。

即便更为严格规范的讯问程序可能有利于胡安，但他仍然需要应对抱有有罪推定心理的侦查人员。如前所述，一旦人们形成对某人的最初印象，就很难改变这一印象。这在讯问领域体现得尤为突出，因为警察之所以对犯罪嫌疑人进行讯问，前提就是警察已经怀疑其实施了犯罪行为。

在有罪推定心理地支配下，侦查人员往往先入为主地将犯罪嫌疑人的可疑行为视为欺骗，并过于轻信这种主观判断。这反过来又促使他们轻易地由询问过渡到讯问，并诉诸更加严厉的讯问方式。有项研究显示，一旦模拟的侦查人员事先被告知犯罪嫌疑人就是真正的罪犯，他们就会倾向于提出更加带有偏见性的问题，还会表现出更加强硬的态度，并且向犯罪嫌疑人谎称已经掌握了原本不存在的有罪证据。实验结果也令人震惊：与那些持无罪推定心理的测试对象相比，持有罪推定心理的测试对象确认犯罪嫌疑人有罪的比例高出 20% 以上。

在"胡安案"中，我们能够清晰地看到这种心理倾向的实际影响。与其他涉及虚假供述的案件一样，胡安向警方供述的细节与已知的犯罪事实（他供称在房间里更换了婴儿的尿布，实际上该婴儿并没有穿尿布）或者可能的情形（他供称其拒绝与霍莉继续发生性关系后，11 岁的霍莉恼怒之下持刀向其发起攻击）存在矛盾。然而，这些明显的矛盾并未促使警方或者检察官怀疑他是无辜者；相反，在他们看来，这些问题仅仅意味着警察需要重新进行讯问，并且在后续讯问中解决相应的矛盾。

一旦犯罪嫌疑人作出有罪供述，诉讼过程中的所有参与者，包括侦查人员、律师、陪审员和法官，都开始基于有罪推定的心理看待整个案件，以至于其他证据的证明力变得明显大于其实际价值。这是一种更加严重的确证偏见。① 此前似是而非的目击证人的辨认结论突然变得非常可信。同监室线人套取的说辞突然显得十分可靠。相应地，辩护律师可能

---

① 确证偏见（Confirmation bias），是指人们按照预先的信念或者假设，努力寻找能够证实这些信念或者假设的信息，或者对有关信息作出符合预期的解释。确证偏见是一种感知偏见，也是归纳推理的一种系统性错误。

不再努力地证明犯罪嫌疑人是无辜者,审判法官可能变得更加严厉,检察官可能在争取辩诉交易时处于更加有利的位置。最为重要的是,有罪供述可能导致侦查人员轻率地终止侦查。在一个影响非常恶劣的案件中,实验室鉴定人员发现犯罪嫌疑人的血型与犯罪现场的检材不符,要求警方将现场检材提交给联邦调查局进行 DNA 鉴定。然而,他的建议却被警方搁置一边,因为警方已经获得了认罪供述。

即使庭审前的 DNA 鉴定意见已经否定犯罪嫌疑人涉案,但如果犯罪嫌疑人曾经作出认罪供述,他也可能因此而无法获得自由。在此前因 DNA 证据而改判无罪的 250 个案件中,有 8 个案件的鉴定意见证明犯罪嫌疑人没有涉案,但犯罪嫌疑人却作出认罪供述;在这 8 个案件中,警察、检察官、法官和陪审员竟然都无视 DNA 证据的存在。这些被告人最终得以无罪释放,都是基于犯罪现场遗留的生物证据查获了真正的作案人。了解了这些令人震惊的案件后,胡安·李维斯的结局就不足为奇了。

当然,在"胡安案"中,胡安并不是唯一可能被迫作出虚假供述的人。对于严重犯罪案件,当案件中缺乏其他关联证据,警方又面临巨大的破案压力时,他们通常会选择严厉的讯问方式。如果警察不能获得认罪供述,就可能导致案件无法侦破,这不仅会令被害人和整个社区失望,还会损害到他们自己和整个警察机构的声誉。当胡安接受警方询问时,该案因缺乏线索而差点儿陷入僵局,警方已经考虑(初期调查报告中涉及的)其他所有潜在的犯罪嫌疑人能否取代胡安:钱包里藏有霍莉照片的高中生？曾向朋友吹嘘多次捅刺被害人的男子？住在现场附近曾因性侵 11 岁的继女而被判刑的罪犯？在霍莉家附近居住的其他性犯罪分子、流浪者或者瘾君子？这些人都可能与案件存在关联，只不过胡安第一个成为警方的关注焦点而已。

庆幸的是，胡安的故事最终有一个圆满的结局。2011 年 12 月，伊利诺伊州上诉法院推翻了对胡安的定罪裁决。不过，不要愚蠢地以为这是司法系统自身的胜利。相反，这个案件恰恰是司法系统导致的灾难。当时，胡安·李维斯已经蒙冤在监狱中度过了半生的时光，在斯特威尔矫正中心经历的 19 年就这样一去不复返了。2012 年 1 月，胡安终于被无罪释放。在此期间，西北大学错误定罪研究中心的律师们、斯坦福大学的一位法学教授以及无偿从事该案纠正工作的一群善良尽职的学生们付出了不懈的努力。在此期间，尽管官方反复建议他认罪以换取从宽处罚，但胡安始终坚信真相终将呈现，始终坚称自己是无辜者。在此期间，当地报纸、广播和电视等媒体持续进行跟踪报道。在此期间，案件经历了三次完整的审判，三次组建陪审团，三次提出上诉。该案的纠正历经 19 个年头。在此期间，真正的杀人凶手逍遥法外，直至该案被纠正时，他仍然逍遥法外。2014 年 6 月，在霍莉遇害 10 多年后，这个神秘的作案人终于再次出现，警方查明他的 DNA 与现场检材的 DNA 符合，正义最终得以实现。

胡安每天在监室中醒来，都会感受到司法不公的切肤之痛，该案的不公正早已越过了斯特威尔矫正中心的高墙。司法不公不仅让斯塔克一家实现正义的夙愿落空，还让里维拉一家和沃基根市民蒙受重大打击。

当然，这个案件也为我们所有人敲响了警钟。我们一直自欺欺人地认为，摒弃拷问台和密室中的刑讯就已经万事大吉。但是，我们所做的一切只不过是改变了强迫的形式而已。犯罪嫌疑人遭受的酷刑和损害已经趋于隐蔽化，这要求我们采用更加审慎的态度。我们如何在没有青肿损伤的表征下识别哪些通过强迫方法取得的供述？我们如何在讯问人员采用隐蔽方法刑讯并迫使无辜者认罪的情况下提高警惕性？

在胡安案件第三次审判的总结陈词阶段，检察官麦克·默梅尔向陪审团说道："难道办案警察的脸上有什么东西让你们相信，他们毕生奉献于这个职业，却仅仅因为厌倦案件侦查、希望回家休息就决定故意冤枉这个可怜的无辜者胡安？"如果答案是否定的，那么显而易见，胡安一定是有罪的。

然而科学告诉我们，这种认识实际上大错特错。即便每个人都已经尽力而为，即便大家都在努力追寻正义，即便侦查人员没有撸起袖子殴打犯罪嫌疑人，犯罪嫌疑人仍然可能最终承认并非他所实施的犯罪。之所以出现错案，并不是由于36个陪审员愚蠢或者冷酷，并不是由于斯达尔克法官或者检察官的腐败，也并不是由于胡安没有称职的律师。许多媒体和评论者都提出了诸如此类的解释，但是他们都忽略了胡安被判终身监禁的真实原因。

胡安之所以在第三次审判中仍被定罪，是由于司法人员和富有正义感的市民未能发现认罪供述内在的强迫因素。**对这种强迫因素的无知已经成为司法不能承受之重**。我将在本书最后一章详细论述，其他国家已经开始采用一些得到经验验证并且能够避免雷德方法缺陷的新型讯问方法，美国也应当借鉴这些方法。同时，我们也应当进一步深刻反思：竭力获得有罪供述，是否是一个公正的司法制度应当容许的办案方法？

在现代美国，绝大多数被指控犯罪的人们都面临这样一个选择：承认犯罪并获得从宽处罚，或者坚称无罪并接受陪审团定罪的法律后果。在司法实践中，90%~95%的被告人都承认有罪，这意味着此类案件没有人再去费力收集证据证明被告人实际上有罪，没有陪审员再去考虑证据问题，整个审判过程完全是在走过场。

进一步讲：90%的被告人仅仅是由于自己的认罪供述而被定罪处罚。

没错，我们已经废除了碎轮刑罚，[1] 但司法文明究竟取得了多大的进步？

假如你被告知，一起抢劫案件的被害人将你认定为作案人，而你拥有两个选择：（1）承认指控的犯罪并被判处两年监禁刑；或者（2）否认指控，在审判中试试运气，但你可能被判处最高25年的监禁刑。如果你知道自己是无辜者，你愿意冒这个险吗？20岁的詹姆斯·奥乔亚就面临这样的选择，他认为自己不能面对奥兰治县陪审团一旦采信被害人错误

---

[1] 碎轮刑罚，欧洲中世纪的一种酷刑，用于折磨拷问犯人及执行死刑，将罪犯绑在一个大车轮上，用棍棒打断他的四肢。

辨认结论的可怕结局。他最终决定认罪并被判入狱服刑，期间他还曾被同监室犯人刺伤。直至其在狱中服刑 16 个月后，警方在另一起抢劫案中抓住真正的罪犯并得到 DNA 鉴定意见的确证，詹姆斯·奥乔亚才获得自由。

最高法院认为这类案件非常罕见，但实证研究却显示情况恰恰相反。在近期一项持续数月的研究中，许多大学生面临这样一个选择：要么承认自己在逻辑测试中故意作弊，以免接受学术审查委员会调查，并保留获得资助经费的机会；要么选择接受学术审查委员会调查，一旦被认定作弊，就将丧失经费支持，上必修的伦理课程，并且接受系主任的纪律处罚。结果表明，大约一半以上无辜的参与者违心地承认在考试中作弊。

如果我们真的信仰透明的司法、免于强迫的自由和建立在证明基础上的公正，就不应当继续实行辩诉交易制度。尽管在"奥乔亚案"中的检察官们信誓旦旦，但是他们的指控实际上存在着软肋：奥乔亚拥有有力的不在场证明，目击证人的辨认结论并不一致，引导警察追踪到奥乔亚家前门的警犬也受到了不当的诱导。更为关键的是，当地犯罪实验室对涉案车辆和枪支上的 DNA 和指纹进行鉴定后，已经排除上述证据系奥乔亚所留。但是，这些证据从未被公开过，也没有人深究过事实真相。

这就是认罪答辩的疯狂之处。考虑到只有不到 10% 的刑事被告人接受正式的审判，基于这种司法现状，应当将辩诉交易制度作为司法改革的首要问题。不过，辩诉交易制度的弊端已与刑事程序的其他问题交织在一起：大多数人之所以选择接受辩诉交易，是由于他们对司法制度的公正性缺乏信心。如果侦查、审判和刑罚并不存在后续章节论述的严重缺陷，无辜的人们绝不会选择认罪。他们将会坚信真相、正义和公平，并且坚信这些信念必将实现。

第三章 | 犯罪嫌疑人：犯罪心理

罪犯记录 1884 – 1889 年新西兰警察博物馆收藏

知人知面不知心。你能观面知心，发现人内心的罪恶吗？

上图所列的几个人中，你能确定哪个是强奸 8 岁幼女的凶手？哪个是翻墙入室的惯偷？哪个又是杀羊的罪犯？

从面相看，我们通常会观察某人是否长着吊梢眉毛、鹰钩鼻子或招风耳。我们也会观察他的嘴角：究竟是紧咬牙关还是镇定自若？究竟是惊恐万状还是布满怒容？我们还会观察，他的双手是否是一双恋童癖者的手？

这几乎是我们本能的反应。人的面部照片似乎有着某种魔力，总是吸引我们一而再、再而三地反复进行观察。

当我们面对一桩犯罪时，我们往往习惯性地结合犯罪嫌疑人的特征来看待犯罪行为。假如一位年轻医生在她自己家中被人残忍杀害，警方很快抓获了犯罪嫌疑人，我一定会第一时间在网上输入他的姓名，看看他究竟长什么模样，这种思维过程几乎是下意识进行的。当我们面临危险时，我们首先会分析它的特征，然后试图做出相应的反应。在我撰写本书的过程中，就曾长时间地观察犯罪嫌疑人的面部照片，包括1887~1890年间在新西兰拍摄的这4幅照片。

实际上，许多人和我一样都感受到这些照片神奇的吸引力。许多书籍、博物馆展览、政府数据库、私人收藏、eBay拍卖、CNN电视台影像和相关网站都包含大量面部照片。这些照片简直无处不在，完全不管我们的好恶。

当然，有些照片只不过是时尚的产物而已。网络上张贴了各式各样的面部照片，包括"热辣照片"、"忧伤照片"和"纹面照片"，也包括明星大腕、新潮发型引领者乃至畏罪潜逃的通缉犯等各色人等的照片。我们可以观察他们的眼神、埃及艳后般的发饰或者蓬松的发型。除此之外，面部照片还包含很多不为人知的信息。

这些面部照片和身体照片能够帮助我们分析犯罪的迹象和原因。

每当不幸发生，我们都会试图寻找"预言者"帮助我们远离危险。我们也会探寻危害的来源：我们希望弄清楚，究竟是什么因素导致某个人纵火焚烧住宅、枪击他人或者性侵儿童？

让我们回过头再来看看那4幅新西兰人的照片。最左边的人是强奸犯弗兰克·马斯特斯。其他人都只犯有普通的财产犯罪：从左至右分别是约翰·鲍威尔（因采用屠杀手段盗窃绵羊被判处两年监禁）、阿里克·埃文·麦克格雷格（因犯偷盗罪被判处一个月监禁）和威廉·约翰逊（因犯偷盗罪被判处3个月监禁）。马斯特斯是一名性犯罪累犯，在1885~1888年间曾4次因有伤风化而被定罪，主要是当着年轻女孩的面裸露私处。

尽管当年受马斯特斯罪行影响的人们，包括被害人及其父母、陪审员、法官和威灵顿社区的公众，早已离开人世，但是，马斯特斯强奸儿童一事仍然困扰着我们。究竟是什么原因导致马斯特斯犯罪？他究竟怎么了？我们都非常渴求事实真相，但这又谈何容易！

即使时光倒流到1899年12月，我们找到当时办案的皇家检察官，也无法了解马斯特斯实施犯罪行为时心里究竟是怎样想的。他的真实动机，他的预谋过程，他的犯罪冲动，始终是未解之谜，隐藏在他那浓眉大眼、光亮额头的脸庞之下。

在该案庭审过程中，马斯特斯辩称他所犯的恶劣罪行是身不由己，不过，法官和陪审团所看到的证据确实令人费解。在他因第4次风化犯罪接受审判时，马斯特斯声称："我在实施犯罪行为时完全不能控制自己，直到被警察逮捕才搞清楚究竟发生了什么。"根据辩护律师的建议，法庭决定对马斯特斯的精神状态进行医学鉴定。然而，医师约翰逊博士经鉴定认为："马斯特斯具有完全责任能力，只是有这样的恶习而已。"

鉴此，尽管马斯特斯请求法庭采取措施防止他继续实施此类行为，但是他很快就被释放出狱，不久之后他又重蹈覆辙，强奸了一名儿童。

根据当时的媒体报道，在该案审理过程中，马斯特斯声泪俱下地作了长达 25 分钟的陈述，陈述的内容令人震惊又让人费解。他当时说："我完全控制不了自己，我一定是个疯子，一个彻头彻尾的疯子。"他还建议，他应该戴着手铐脚镣被关在精神病院，只有接受强制性治疗才能有效防止他再次犯罪。他也想改过自新，与人结婚并过正常的生活，不能再这样下去，但是他的本性和宿命却一再搅乱他的生活。当年报道庭审的记者认为马斯特斯是在作秀："他毫无疑问是在装疯卖傻。"但是，主审法官却心存疑虑："法庭不能确定被告人是不是精神有问题。"

此种情况下，人们很容易诉诸那些据称能够发现内心世界的工具、方法和经验法则，希望由此了解人类行为的真实动机，获得有罪证据或者发现罪恶的心灵。本书开篇提到的"神明裁判"就是此类机制之一。它使内心的罪恶得以彰显。异教徒可能声称自己是无辜者，但神判池却能够显示出真相。

当然，我们并不总是需要通过精密的仪式来发现罪恶。实际上，在绝大多数历史时期，我们都只能依赖自己的双眼。我们对罪犯的脸、姿势和行为都有某种直觉。同时，我们每天都在运用这种直觉，如决定是否改变原来的计划，如何应对拦路者以及如何穿过马路抄近路回家，等等。当你观察照片中的 4 个新西兰罪犯时，这些潜意识、直觉正在左右着你的判断。我们已经习惯于以貌取人,尽管我们难以说明个中缘由,也难以解释为何人的面貌与犯罪存在关联。我们通常说,"他看起来就像个强奸犯",好像这一论断不言自明。

自古以来人们就认为,可以通过面貌特征判断人的性格,但直到19世纪面相学①问世,人们才开始利用该理论研究犯罪问题。在那个时代,面相学的问世具有革命性的意义,人们得以解开面相之谜,并对过去的事情作出合理的解释。人们开始认识到,世界具有内在的属性和规律,可以有效利用先进科技更好地改造社会。达尔文、爱迪生和达盖尔都是这方面的代表人物。回到本书主题,如果雀类的喙的弧度能够反映出其对某种食物的偏好,人类鼻子的形状为什么就不能反映出他的内在动机呢?如果我们设计出一种机器能够准确比较鼻子的形状,为什么就不能据此研究罪犯的分类识别机制呢?一旦有了这种机制,我们就可能真正有效地消除犯罪。

一位学者对此产生了极大的热情,他就是都灵大学教授龙勃罗梭(Lombroso),他曾经担任佩萨罗精神病院的院长。龙勃罗梭及其追随者们认为,通过科学的方法,能够发现犯罪行为的原因。他们格外关注的是,

---

① 面相学(Physiognomy),是指通过人的外貌特别是面部特征对其性格或者个性进行评估,从而判断人的善恶并预测命运。面相学是中国传统的五术(山、医、命、卜、相)之一,流传至今已有上千年历史。正统面相学起源于中医的望诊"有诸内必形诸外"的主张,在中国文化中占据着重要的一席之地。

罪犯是否与普通人具有不同的生物学特征。

龙勃罗梭的灵感主要来自对于一个臭名昭著的罪犯的尸体解剖过程，他惊奇地发现，这个罪犯的头部解剖特征非常类似于"野蛮人"或者"猿人"。"一看到那个头骨，仿佛突然在旷野中亮起一道闪电，我突然发现了罪犯的本性，这个罪犯存在明显的返祖特征，显露出原始人类和低等动物的凶残本性。"在尸体解剖台上，他"发现"了犯罪问题泛滥的根源。这些罪犯有的看起来拥有"与生俱来的为非作歹的心性"，有的丧心病狂"灭绝人性"，有的没有羞耻之心，有的无所事事以至于醉心诈骗和盗窃。总而言之，这些人的心智和身体都异于常人。他们都是"天生犯罪人"，[①]他们的行为更加类似动物的本能行为。为有效识别这些天生容易实施越轨行为的"退化者"，我们只要锁定他们的身体异常特征，即龙勃罗梭所说的"罪犯标记"，这些标记能够反映出罪犯退化到更加低端的动物状态。实际上，这并不是什么新想法，早在数百年前，就已有人关注人和动物之间的关联（参见下图），只不过龙勃罗梭对此进行了更为严谨和深入的研究。龙勃罗梭和他的追随者们仔细筛选和测量罪犯身体的独特特征和比例关系，包括纹身乃至头骨形状等，从而准确测定罪犯的退化体征。

---

① 天生犯罪人（Born criminals），是龙勃罗梭早期犯罪原因思想的一个核心命题。龙勃罗梭对天生犯罪人的特征作了如下的描述：(1)生理特征：扁平的额头，头脑突出，眉骨隆起，眼窝深陷，巨大的颌骨，颊骨同耸；齿列不齐，非常大或非常小的耳朵，头骨及脸左右不均，斜眼，指头多畸形，体毛不足等。(2)精神特征：痛觉缺失，视觉敏锐；性别特征不明显；极度懒惰，没有羞耻感和怜悯心，病态的虚荣心和易被激怒；迷信，喜欢纹身，惯于用手势表达意思等。随着研究的深入，龙勃罗梭的观点受到批判，但是用自然科学的方法研究犯罪原因的确具有划时代的意义。

17 世纪的木版画

你也可以找一面镜子，像龙勃罗梭那样试着观察自己的体貌特征。看看自己是否长着尖尖的脑袋？宽阔的下巴？病态的胡须？低垂的眉毛？要知道，这些都是罪犯的典型面部特征。

伴随着一系列新技术的出现，龙勃罗梭的方法得到了极大的发展完善。例如，可以使用仪器测量人的头骨容量和形状，血压，触觉、嗅觉和视觉，对疼痛和温度的敏感度，吸烟的方式，以及其他诸如此类的因素。我最感兴趣的当属路易斯·弗里吉里奥发明的人体测量仪，该仪器可用来测量耳朵的直径及其与头部的角度关系，在弗里吉里奥看来，耳朵是反映人类退化现象最重要的器官。弗里吉里奥认为，罪犯和精神病人大多长着宽大、扁平的招风耳，这是一个独特的身体特征，因为人猿和低等动物也通常长着这种耳朵。为了准确记录罪犯的体貌特征，以便进行客观的比对，最为有效的设备莫过于照相机了。尽管面部照片最初仅被用于抓捕嫌犯，即警察局通过整理罪犯照片档案帮助警员锁定在逃罪犯，但对于热衷面相学的人来说，面部照片还有更重要的用途。查尔斯·达尔文的表弟——英国发明家弗朗西斯·高尔顿，发明了一种面部照片整理方法，即对在案的罪犯拍摄面部照片，并将这些照片整合为一张罪犯原型照片。如果有人询问："旅店小偷长什么模样？"高尔顿就会拍摄6个在案的旅店小偷的照片，并据此形成一个罪犯原型。相应地，在那些天生的盗窃犯实施盗窃行为之前，人们就可以发现他并将其绳之以法。这一发明给刑事司法带来了新的曙光：如果我们能够确定罪犯的特征及其生物原因，就可以减少犯罪甚至根除犯罪。

但是事与愿违。高尔顿和龙勃罗梭等人的努力最终成为虚妄的空想。更加糟糕的是，他们不切实际的理论迎合了种族主义者的意识形态，并被用作优生运动的理论基础，后者试图通过限制生育来消除退化现象。

如同将士们推开了达绍集中营的大门，看起来我们早已摆脱了那段历史的影响。我们把20世纪前半叶的强制绝育做法称为悲剧性的错误。我们还嘲笑那些仍然相信通过体貌特征推断人的本性的人们。时至今日，如果有人依旧信奉这种观点，就像西尔维斯特·史泰龙的母亲声称"杰克就是一名杰出的兰波主义者"，就难免沦为剧场里的笑料。

但是，我们所取得的许多进步只不过是幻象而已。尽管目前已经没有人公开宣扬面相学理论，但我们骨子里仍然是面相论者，潜意识中仍然根据肤色、嘴唇厚度或者不对称的耳朵等体貌特征评判他人。由于这些评判标准十分隐蔽，难以发现，因而在实践中具有更大的危害。龙勃罗梭和高尔顿等人试图提出一套客观的、可以证伪的分类系统，因此，他们主动把自己的主张公之于众接受审查、测试和评判。相比之下，我们的判断却是主观和秘而不宣的，极少得到审查评判。

我们在分析罪犯为何犯罪时，仍然依赖带有误导性的"面部照片"式犯罪理念：**我们会关注抽象片面的罪犯概念，而不考虑复杂的社会环境。**通常情况下，我们都倾向于认为，人的行为是自由选择的产物，而人的自由选择取决于一系列稳定的性格特征、个人偏好和信念。当我们听闻某些恐怖的谋杀案件时，就会立即在脑海中浮现出罪犯的"面部照片"：这一定是一个罪恶的人，他一定为了满足自己的欲望而无视至关重要的社会准则。我们往往不会注意其他因素的潜在影响，如其是否从小受到不良影响或者面临帮派内部的压力，除非这些因素已经显而易见（如有人拿枪抵着他的头强迫其犯罪）。一般情况下，我们都会坚持自己对罪犯画像（mug shot）的偏见，并且认为人的行为方式在任何情况下都是稳定不变的。**一朝为罪犯，终生为罪犯！**

这种观念有时是正确的，但却并非总是如此，即使他人的行为确实符合我们的预期，在很大程度上也不过是巧合而已。我们用罪犯画像方法来解释各种悲剧性的犯罪，这种做法是不合适的，也是不公正的。一旦将罪犯们刻画为自主的、理性，一心追求贪婪、奢侈和可憎的欲望的群体，我们就将忽视社会生活中各种复杂因素以及人的思维变化的影响；实际上这些影响因素往往是我们难以控制的。可以说，我们的关注重点从根本上出现了偏差。

我们头脑中的想法是一切行为的出发点。

究竟是什么让你能够看懂这个句子，理解它的含义，记住一段文字的内容，浏览你手中的书籍或阅读设备，进而决定是否继续阅读下一段文字的内容？

答案就是你的神经、突触和神经传输器。一旦失去这些神经化学反应，结果只能是：没有思想、没有情感、没有选择、没有行为。

即使对没有宗教信仰的人来说，这种生活也是难以想象的。人类需要拥有"灵魂"之类的东西，作为一种独立、有目标、理性的存在，"灵魂"指引着我们的言行。人类行为仅仅是经神经发出的电子脉冲刺激其他神经而产生的相应的化学反应吗？这看起来不仅不太合理，甚至有些令人难以置信。但实际情况就是如此。

世界上并没有所谓邪恶的精灵驱使马斯特斯去攻击 8 岁的年幼女孩；他的异常行为实际上源于大脑细胞的神经反应。鉴此，为解密犯罪行为，我们最好看看马斯特斯之类的罪犯的大脑究竟与正常人的大脑存在哪些区别。

即使追溯到马斯特斯所处的时代，也已有人认识到大脑的特定区域可能与人的行为规范有关。最为著名的例子可能就是 25 岁的美国青年菲尼亚斯·盖奇,① 他当时在美国佛蒙特州拉特兰至布灵顿区的间铁路担任监督员。

盖奇的故事源于一起悲惨而又带有传奇色彩的事故。1848 年的一天,盖奇在施工过程中用一根金属棒将炸药粉末塞进岩石缝隙,因疏忽大意突然引爆了炸药,爆炸产生的强大冲击力将 13 磅重的金属棒穿过他的左侧脸颊,直接贯穿至头顶。

幸运的是,尽管爆炸事故严重损害盖奇的前额皮质和大脑区域,但他最终活了下来,还基本保持了行动和思维能力。不过,他的朋友们很快发现,盖奇仿佛变了一个人,"已经不再是原来的盖奇了"。之前的盖奇令人尊敬、开朗乐观并且履职尽责,但在事故发生后,盖奇变得懒散、粗鲁并且脾气暴躁。看起来,盖奇头部遭受的损伤改变了他的行为方式。

不过,没有证据显示盖奇曾经实施犯罪行为,从这个角度看,盖奇的经历与"马斯特斯案"并没有直接的相关性。但在盖奇事件发生的 150 多年后,神经病学档案记录的另一起案件却与"马斯特斯案"颇为类似。实际上,该案的许多事实都与"马斯特斯案"件如出一辙。

2000 年,弗吉尼亚州一名 40 多岁的已婚教师奥福特,突然开始收集

---

① 菲尼亚斯·盖奇(Phineas P. Gage),1823 年生,25 岁在美国佛蒙特州铁路工地工作时发生意外,被铁棍穿透头颅,从颧骨下面进入,从眉骨上方出去,但却依然存活。此事被誉为"十大起死回生事件",他本人也成为医学研究的热点。他在 37 岁时因癫痫死去。

儿童色情材料，此前他从未有过异常的性欲望。此后，他又试图骚扰其未成年的继女。作为初犯，他被勒令入院接受 12 个阶段的性瘾癖治疗。一旦他在接受治疗期间严重违规，就将被送往监狱服刑。尽管他知道违规风险，并不想入狱服刑，而且对自身行为有明确的认知，却仍然在接受治疗期间骚扰工作人员。

结果，奥福特被取消继续接受治疗的资格，随即被判入狱服刑。就在此时，奥福特开始出现剧烈头痛的症状，不得不入院接受治疗。在他接受神经系统检查的候诊期间，他与同室候诊的女士聊天，并公开声称他担心自己可能会强奸他的女房东。

基于他明目张胆的不良行为举止，医生本来可直接以其借故拖延入狱为由，不再对其头痛症状进行诊治，但医生并没有那样做，而是对其进行了头部扫描。检查结果令人震惊：奥福特右侧眶额区域有一个鸡蛋大小的肿瘤。

医生通过手术切除该肿瘤后，结果同样令人吃惊：自从该肿瘤被切除后，奥福特立即失去了对色情材料的兴趣，并且顺利完成了此前难以应对的性瘾癖治疗。7 个月后，他被准许返回家中。

不过，奥福特的康复过程并不顺利。2001 年 10 月，他的头痛症状再次出现，与此同时，他又开始偷偷地收集色情材料。人们难免会问：这两者之间是否存在关联？情况的确如此，医生对他进行头部扫描，又发现了一个肿瘤。2002 年 2 月，医生通过手术切除肿瘤后，他的异常性癖好再次消失。

诸如此类的案例生动地显示出,大脑的损害将会对人的行为产生极大的影响。但是需要注意的是,此类典型案例并不多见,各种传闻逸事也并不足信。在多数情况下,我们所遇到的都是马斯特斯之类的罪犯,他们犯下滔天罪行,但不像奥福特那样在头部有一个巨大的肿瘤,也不像盖奇那样被异物贯穿头部。为了从神经学角度解释犯罪的原因,更为可行的办法可能是对不同人的头部进行比较分析。

现有的在押罪犯档案为我们提供了值得关注的线索。例如,监狱中关押了大量患有严重精神疾病的罪犯,包括心理变态者和反社会型人格障碍者(美国精神病学协会制定的《人格障碍诊治和统计手册》对此有更加详尽的规定)。心理变态者的心理特征在日常生活中十分常见,尽管这些特征往往隐藏在人的内心深处,如自私、肤浅做作、冲动、虚伪、不负责任以及缺乏同情心等。尽管此类群体仅占普通人的1%~2%,但在罪犯中的比例却高达15%~25%。有证据显示,曾因外伤导致大脑损伤的群体呈现出类似的特点:只有不到9%的普通人曾遭遇此类外伤,但约有60%的罪犯经历至少一次此类损伤。

尽管神经科学采用的基本方法与早期的面相学有一定的类似性,但研究工具却比弗里格里奥的人体测量仪先进很多。计算机断层扫描成像(CT)和核磁共振成像(MRI)等扫描技术能够实时检查大脑内部的结构。你可以想象通过此类技术拍摄的颅骨内部图像:一张大脑照片。此类照片最重要的价值在于直观地显示出大脑的损伤、疾病或者畸形，即通过观察大脑照片可以判断某人大脑的特定区域是否存在鸡蛋大小的肿瘤或者大脑的某些组织是否发生异常病变。

相比之下，功能性磁共振成像（fMRI）扫描技术可以显示大脑的哪个区域汇集了更多的富氧血液，这一指标代表着神经活动活跃的区域。当我们思考问题或者观看图片（如涉及成人和儿童的色情图片）时，大脑的特定区域就会出现神经活动活跃的迹象。这种神经影像技术可以帮助我们识别大脑结构与特定行为之间的内在关联。

举前额皮质为例，那些说谎成性者、暴虐成性者以及反社会型人格障碍者的大脑前额皮质通常具有较少的灰质。同时，暴力行为与前额皮质损伤之间，以及犯罪行为与前额皮质血流量偏低之间，都存在内在的关联。无独有偶，其他研究也显示，前额皮质对人的自制力有决定性的影响，包括制定审慎的长期决策、吃苦耐劳以及遵守规则等能力。

如果某人的大脑区域遭到损伤，导致前额皮质功能紊乱，最令人费解的影响就是他虽然仍能区分善恶，但却不能控制自己的行为。奥福特案件就是一个典型例证：他能够意识到恶行应当受到谴责，但却无法控制自己的行为。

尽管反社会行为非常复杂，但是我们仍然能够发现大脑特定区域与此类行为的关联。例如，一般认为，扁桃核区域在控制攻击行为方面扮演着重要的角色。神经科学家还发现，在大脑区域中，扁桃核是促使人们理解他人的信念、意图、期望和情绪的关键性区域。扁桃核区域帮助我们感知他人的震惊、恐惧和痛苦等情绪,并促使我们不要伤害他人;一旦该区域功能紊乱,患者就很可能会实施暴力行为。大家都知道,精神病患者极少具有同情心,毫无疑问,他们大脑的扁桃核区域比正常人的反应要迟钝得多。前文单独介绍了大脑的各个区域,实际上,大脑相关区域之间也存在着紧密关联,一旦这些区域连接的出现异常,就可能导致特定的犯罪行为。例如,恋童癖者可能涉及多重神经区域紊乱,包括扁桃核区域和前额皮质功能异常,因为这两个区域决定着人如何处理情感问题和性冲动。

同时,发生功能紊乱的大脑区域不同,患者可能实施的犯罪的性质也不同。前额皮质区域功能紊乱的患者,更有可能实施冲动性和激情性的犯罪行为(如遭到嘲笑后持瓶子猛砸对方头部)。相比之下,扁桃核区域功能紊乱但前额皮质区域正常的患者,则更容易实施具有预谋性、目的性和冷血性的攻击行为(例如,为抢劫财物而准备犯罪工具并长期进行跟踪,最终残忍地杀死被害人)。上述两个大脑区域的功能紊乱都可能导致杀人犯罪行为,但所涉及的神经结构和过程却存在差异。

一些研究者主张,这种区分有助于解释两类精神病患者行为之间的差异:一种是"后天性精神病患者"(acquired psychopathy),通常是指因突发危险或者挫折而实施的防御性攻击行为;另一种是"发展性精神病患者"(developmental psychopathy),通常是指为满足私欲而实施的主动性攻击行为。后天性精神病患者患有前额皮质功能紊乱,难以控制自己的情绪反应;而发展性精神病患者则患有扁桃核区域功能紊乱,无法正确地处理悲痛情绪。

电视和电影等媒体经常将精神病患者刻画为疯狂的恶魔(如万圣节恐怖片中的迈克尔·梅耶),或者是醉心于制造恐怖事件的超级理性的罪犯(如汉尼拔·莱克特)。但是,科学研究对他们的行为作出了完全不同的解释:他们的大脑存在功能紊乱,无法像正常人那样控制自己的行为。而我们却不愿接受这种生物学解释,因为这将使我们难以为严惩罪犯的措施提供正当依据。尽管如此,我们必须要正视科学证据显示的事实。只要认真分析大脑功能紊乱的致因,包括不受患者控制的遗传因素和发展性因素,我们就会发现,对被告人进行画像归类的做法简单轻率,并不可取。

一些科学家主张,就人类群体中的反社会特征而言,约有一半的变量与人们与生俱来的基因相关。在其他因素不变的情况下,如果你拥有 Y 染色体,你就更有可能实施暴力犯罪行为。精神病患者和恋童癖都是基因错配的男性。不过,我们很难将基因和社会因素的影响区分开来,毕竟男性和女性在社会中具有不同的经历,扮演不同的角色。

基因和环境之间存在互相作用,一个典型的例证就是单胺氧化酶 A(enzyme monoamine oxidase A,MAO – A),这种酶能够分解某些神经传递素,并且在单个基因上编码。科学家们认为,如果你拥有一种只能产生低量单胺氧化酶的基因型,并且在童年时期曾遭遇虐待,那么,你在25岁时实施暴力犯罪的概率将增加数百倍。

通常认为,环境对大脑发育有重要的影响,在胎儿期、婴儿期和童年早期的影响尤为突出,并决定着人们将来是否更有可能实施犯罪行为。头部损伤与犯罪行为存在关联,人生经历也影响大脑的发育,并且可能增加人们实施犯罪行为的可能性。

某些人生经历可能导致人们丧失大脑健康发育的关键因素。例如,大量证据显示,胎儿期和童年时期的营养匮乏可能导致认知功能紊乱。微量营养物质也与大脑发育紧密相关:许多研究认为,缺乏锌和铁等微量元素将会导致人更加具有攻击性。

接触特定的有毒有害物质也将影响大脑发育。如果你的母亲在怀孕期间吸烟,你在成年后实施犯罪的可能性要增加三倍左右。酗酒行为也具有类似的危害。有些危害因素则不受母亲的控制,但它们同样令人十分担忧:如果你出生的地方重金属超标,你的日常饮食和呼吸都会接触重金属物质,那么,你在将来实施暴力行为的可能性也将显著增加。

例如,有研究显示,汽油引发的铅中毒可能是20世纪60年代至90年代暴力犯罪显著增加的一个重要原因。具体言之,在20世纪40年代和50年代,儿童大量接触汽车尾气中的铅粉尘,结果导致其脑容量减少和大脑功能紊乱,特别是前额皮质区域(在暴力犯罪群体中,通常会发现罪犯的前额皮质区域存在异常)。结果在20多年后,这些曾经接触有害物质的成年群体控制情绪和冲动的能力降低，由此导致犯罪行为增加。

人际关系也对大脑发育具有重要的影响。这取决于你的父母、兄弟姐妹、朋友和邻居等的品性如何。如果你的父亲或者母亲比较暴虐或者对你疏于管教，如果你在学校无法融入同学群体，如果你喜欢与不良朋友为伍，这些都会增加你实施犯罪行为的可能性。

许多诸如此类的风险因素存在叠加效应：设想一个智商较低并患有多动症的儿童，他生活在贫困之中，他的单亲母亲具有反社会性人格，经常严厉惩罚和虐待他。毫无疑问，在上述风险因素的综合作用下，该儿童成长到18岁后实施暴力犯罪的可能性，要比单纯智力低下的儿童高出许多倍。

即使基因和环境因素显示某人具有较低的犯罪风险，但处于特定的年龄段也可能导致犯罪风险增加。我们都知道，20岁左右的青少年在罪犯群体中占有极高的比例。英国近期的一项研究显示，16岁至24岁的青少年实施的暴力犯罪数量，比其他年龄段的人实施的暴力犯罪总和还多。

之所以出现上述问题，部分原因在于，尽管我们的大脑和身体一样不断生长发育，但大脑的生长发育速度远远慢于身体的其他部分。大脑额叶，特别是约束判断力、决策力和自控力的区域，直到20岁之后才完全发育成熟。当我们观察未成年人的大脑之后就会意识到，他们通常没有能力充分认识到自己的行为可能导致的后果。未成年人大脑中据以作出快速决策的区域尚未发育成熟，这使他们无法在紧急情况下有效避免实施危险的犯罪行为,并且难以准确地判断当下的行为究竟有多危险。例如,我是否应当拿出衣服口袋中的手机?我是否应当将酒瓶砸向那辆车?我是否应当吸食这些毒品?对于上述问题,有论者认为,尽管大脑前额皮质发育较为缓慢,但决定情绪反应和信息反馈的扁桃核区域却非常早熟,这使青少年极易实施犯罪行为,并且容易产生情绪波动。

从进化论的角度看,未成年人的大脑特征及人类大脑缓慢的发育过程看似难以理解,但一些科学家认为,未成年人大脑的这些特征使他们更加富有冒险精神和创新意识,这可能使我们祖先在远古年代能更加适应当时的生存环境。在当时的环境下,年轻人需要勇敢地闯荡世界,不断建立新的社会联系,获得更多更新的生活经验,在竞争激烈的环境中创造条件取得成功。我们可能过于关注年轻人大脑特征在当下的负面影响,如酗酒、滥用毒品、交通肇事、打架斗殴和违法犯罪等;却忽视了这种大脑特征有益的方面:乐于尝试新事物,喜欢结交新朋友,孜孜不倦地学习、体会和了解外在的世界。

令人欣慰的是,在近期的案件中,最高法院多数大法官已经注意到这方面的科学证据,并且认为青少年与成年人的思维存在显著的差异。在"格拉姆诉佛罗里达州案"(*Graham v. Florida*)中,对于实施谋杀罪之外罪行的青少年罪犯,法院裁定不再适用终身监禁不得假释的严厉惩罚。同时,在"鲁珀诉西蒙斯案"(*Roper v. simmons*)中,法院裁定对不满18岁的未成年罪犯不得适用死刑。在这两个判决中,法院都强调指出,年轻人不仅在面对同辈和其他外部压力时更加脆弱，同时也缺乏对自己言行负责的心智基础。我们需要向全社会宣传这种新的理念，即年轻人和老年人的大脑功能存在差异，这使他们面临着不同类型的犯罪风险。

不过，让最高法院和社会公众相信犯罪与神经缺陷有关，还不足以避免对罪犯进行简单的画像归类。为了摒弃旧日的迷信，不再相信犯罪行为是不良品格或者邪恶灵魂的产物，我们还要进一步确信，即使是那些没有大脑缺陷的罪犯，也容易受到特定情势的严重影响，以至于最终决定实施违法犯罪行为。基因学、生物学和个人经历等方面的因素使某些人具有较高的犯罪风险，不过，多数人的道德品性并不是根深蒂固的。我们身处的具体环境往往是决定我们行为的关键性因素。

同一植物的两粒种子，却最终会长成两棵完全不同的大树。所谓"龙生九子，各有不同"。著名的博格兄弟就是典型例证：詹姆士·博格（昵称怀蒂）是联邦调查局通缉的"十大要犯"；而威廉·博格（又称比尔）则是著名的政治家、律师和教育家，曾任马萨诸塞州参议院议长和马萨诸塞州州立大学校长。

詹姆士·博格和简·博格（博格兄弟的父母）共有6个孩子，博格兄弟在南波士顿长大。老詹姆士在一次事故中不幸失去了部分手臂，此后一直努力寻找稳定的工作。他们全家都生活在老海港附近，那里是新英格兰兴建的第一个公寓项目区。怀蒂和比尔一直和弟弟杰克住在一个房间，直到比尔上高中为止。他们的姐妹则住在楼下的一个房间。尽管这些年来老海港地区充斥着毒品和绝望的气息，但在当时，那是一个家庭和谐的社区，贫穷却有朝气。博格兄弟尽管并不富有，但却拥有快乐的家庭和生活的尊严。

然而，在青少年时期，怀蒂和比尔开始步入不同的生活轨迹。

怀蒂在当地混迹，并加入在墨瑟街道打拼的帮派。与他一起厮混的年轻人经常逃课、打架斗殴、为非作歹。怀蒂刚满14岁就因盗窃而被逮捕。随后，他屡次因偷盗、造假、打架、故意伤害和武装抢劫等犯罪遭到处罚。

比尔在14岁时也迎来了他人生的转折点：他决定离开南波士顿的安逸环境，转学到远离家门的波士顿大学附属高中。怀蒂此时无所事事并屡屡遇到麻烦，比尔却致力于攻读学业，并在约翰和玛丽卡普肉食品市场打工赚取学费。此后，比尔全身心地投入到波士顿大学的研究事业，而怀蒂却开始从事抢劫银行的勾当，并因此被判处长期的监禁刑。

随着时光流逝，两兄弟的人生轨迹渐行渐远。

比尔进入了法学院，参与编辑法学评论，开始踏入仕途，并逐步成为富有权势且功绩卓著的政治家，最终担任州众议员和马萨诸塞州参议院议长。作为立法者，他致力于反对虐待儿童行为，并积极推动教育和福利制度改革。他此后还被任命为马萨诸塞州州立大学校长，并获得20余个荣誉学位。

怀蒂呢？他入狱服刑9年之后被当局释放，随后他成为波士顿有组织犯罪团伙的头目，马丁·斯科西斯以其为原型塑造了杰克·尼科尔森的角色，并导演了奥斯卡获奖影片《无间道风云》。① 当奥斯马·本·拉登被击毙后，怀蒂成了美国最为臭名昭著的通缉要犯。

警方将怀蒂抓捕归案后，他被指控参与11宗谋杀罪行，此外还涉及贩卖毒品、敲诈勒索等罪行，最终被判处两次终身监禁外加5年监禁刑。

尽管如此，我们不能过于夸大兄弟二人的差异：比尔就像20世纪波士顿的其他政治家们一样，在职业生涯中经常面临争议，同时他还对怀蒂始终保持绝对的忠诚，一直拒绝协助警方抓捕怀蒂。当然，任人唯亲和强硬的政治手段毕竟完全不同于谋杀和贩毒。尽管他对哥哥始终怀有深厚的感情，但他对学术的热忱，他的辉煌职业经历以及他的日常生活，使他与自己的哥哥身处两个不同的世界。

诚然，怀蒂和比尔可能拥有不同的基因，毕竟他们不是同卵双胞胎，只是同胞兄弟而已。同时，怀蒂年少时代因打架斗殴遭受的大脑创伤，也可能是导致其缺乏自控力的原因。但是，更为合理的解释可能是，兄弟二人在各自人生的关键节点处在截然不同的环境之中。我们的周遭环境对个性发展具有重要的影响，以至于超越了内在的天性。

在现代社会的不良少年身上，你经常可以发现怀蒂的影子。设想一

---

① 无间道风云(The Departed)，是2006年美国导演马丁·斯科西斯执导的影片，该片获得第79届奥斯卡奖最佳影片、最佳导演和最佳剪辑奖等多个项奖。

个只有 16 岁的少年，戴着面具，手中紧握着藏在怀里的枪，按照帮派指令，他需要在事先踩点确定的位置抢劫一个路人。他按照计划行事，枪杀了途经现场的被害人——一位 3 个孩子的父亲。

面对这样一起事件，许多人都会形成一种定见：这个男孩的不良品格和失足行为。但是，具体的情势在这起犯罪中究竟发挥了怎样的作用？

在这起犯罪中，一些具体的情势因素，如该男孩佩戴的面具，可能使人产生某种定见。我们通常认为，罪犯的面具就是坏人为实施犯罪行为而罩在面部的丝袜或者佩戴的头盔，以免在实施盗窃、抢劫、强奸或者杀人犯罪时被人认出和抓捕。这是罪犯为了实现犯罪目的而使用的工具。

尽管这种观点看似理所当然，但研究者认为，面具本身就是犯罪行为的根源。在一项实验中，一群小学生在万圣节晚会参加了一个游戏，先是穿上自己平时所穿的衣服，再换上万圣节服装，最后换回平时的衣服。在穿着万圣节服装的匿名游戏中，学生们明显变得更加具有攻击性，而在换回平时的服装后，学生们的攻击性又消失了。

在这个实验中，真正起主导作用的看来是学生们的服装，而不是他们的天性。这与人类学研究的发现存在内在关联：一旦战士们在战斗中戴上面具或者改变衣着，他们就更加倾向于杀戮和虐待战败方。

在前述实验基础上，研究人员决定更进一步，他们试图确定学生们换上万圣节服装的匿名效应，是否会促使他们实施真正的犯罪行为。在实验中，孩子们进入一个房间，里面放着一碗糖果和一碗硬币。研究人员告诉孩子们，他们每人可以拿一块糖果；如果孩子们问到碗中的硬币，研究人员就告诉他们，这些钱币是给慈善机构的捐款。

当研究人员动身前往另一个房间后，孩子们将会有哪些反应呢？

没错，许多孩子会偷拿糖果和硬币。一些实验小组的孩子们把碗里的东西全都拿光了。不过，研究人员发现一个有趣现象：当研究人员首先询问孩子们的姓名和住址时，这些孩子并未偷拿任何东西。面具的匿名效应得到了充分的展现。

下面，让我们再来看看前述犯罪中的另外一个工具：手枪。我们都听过这样一个口号："枪不会杀人；人在自相残杀。"即使有人对美国步枪协会极不信任并极度蔑视，也不得不承认，这句耳熟能详的格言确有一定道理：毕竟枪只是无生命的物体。它们本身不能影响人的行为。

但是研究显示，枪实际上能够影响人的行为。

持枪在手将改变我们的行为方式。在一项实验中，被测试者手持一把玩具枪或者普通的物体（例如，皮球），面对着滚动显示许多人照片的大屏幕。根据测试要求，如果大屏幕显示的照片是持枪者，被测试者就应当快速将手持的物品指向大屏幕；如果大屏幕显示的人手持手机、钱包或者鞋子，被测试者就应当指向地面。

实验结果令人震惊！一旦手持枪支，被测试者对他人危险性的主观判断就将受到严重影响。那些手持玩具枪的被测试者，比手持一般物品的被测试者，更加倾向于将手瞄准屏幕。同时，如果仅仅是在测试场所显眼位置摆放一把枪支，被测试者并没有上述过激反应；只有当他们手持枪支时才会如此。

对此最为合理的解释就是，手持枪支作为瞄准器，导致被测试者将那些模糊不能分辨的物体也视为枪支，这是由于人的感知功能和行动决策功能共用相同的大脑区域。同时也意味着，手持枪支使外在环境看起来更加危险，甚至其后果可能是致命的。

即使是周遭环境本身，例如，满是涂鸦的街巷、垃圾遍布的贫民窟抑或废弃荒芜的住宅等，都可能对潜在犯罪人的行为产生影响。20世纪80年代早期，乔治·凯琳和詹姆士·威尔逊提出了著名的"破窗理论"，[①] 认为潜在的犯罪人会从周遭环境中发现犯罪的机会。"如果一个住宅的某扇窗户被打破但无人维修，那么，该住宅其他所有的窗户都会很快被打破。一扇无人维修的破窗意味着，没人在乎这扇窗户，既然如此，打破其他窗户也就无所谓了。"长期以来，凯琳和威尔逊所提出的理念，即脏乱破败的住宅和起火燃烧的车辆容易助长犯罪行为，主要是基于一

---

① 破窗理论（Broken windows theory），是一个犯罪学理论，由詹姆士·威尔逊（James Q. Wilson）及乔治·凯琳（George L. Kelling）提出，刊于《The Atlantic Monthly》1982年3月版一篇题为《Broken Windows》的文章。此理论认为环境中的不良现象如果被放任存在，会诱使人们仿效，甚至变本加厉。该理论描述了社区失序的五个阶段：1. 社区开始出现失序的情形，部分居民迁出社区。2. 未能迁离社区的居民因担心自身安全，对区内的事务漠不关心。3. 所在地区的监察力下降，社区治安进一步恶化。4. 区内更多居民迁走，仍然留在区内的居民则更加退缩，减少外出时间。5. 外来的犯罪分子入侵社区，令犯罪率持续上升。

些传闻轶事，但近期的实证研究显示，"破窗理论"确有其科学性。

荷兰的一项研究显示，如果一个街区已有明显的失序情形，那么即便是一些非常细微的改变，都将显著改变人们的行为方式。例如，当该街区出现更多涂鸦时，就会有更多的人选择小偷小摸行为（研究人员将一张五元纸币放在邮局信箱中，从外面可以看见纸币，结果许多人选择窃取信箱中的纸币）。又如，在某个明确标示禁止通行的区域，当实验者假装公开在该处违法停放车辆后，选择违法进入该区域的人数翻了两番。

令人欣慰的是，城市中的绿地具有与"破窗效应"相反的良性影响。实践证明，罪犯不愿在城市绿地实施犯罪行为。在我的家乡费城，近期的一项研究显示，在绿树、灌木和草地覆盖的区域，很少有犯罪行为发生，抢劫和人身伤害案件更是极少发生。

即便认为舞台幕布在戏剧表演过程中不可或缺，人们也很难相信，我们身处的环境居然能够导致他人实施杀人等残暴的犯罪行为。但是，心理学领域大量著名的实验最终都倾向于证实这一事实。其中，最经典的实验涉及这样一个直接的问题：有多少人会仅仅因为他人在测试中回答错误而选择对其进行致命的电击？

我们可能认为只有疯子才会这么做，但斯坦利·米尔格拉姆发现，当实验者提出这项要求时，约有63%的被测试者会选择按下450伏电压的操控按钮。更有意思的是，通过改变实验环境的细微因素，被测试者对指令的配合率会发生显著的变化，由0到92.5%不等。如果被测试者先看到其他两人拒绝服从指令，那么，拒绝服从指令的人数将会显著增加。发布指令者的身份对结果也有很大的影响，如果指令来自穿着实验室灰大褂的科学家，而非业余的管理者，服从指令的人数将会大幅上升。实验的地点同样十分重要，如果实验地点是耶鲁大学布里奇波特实验室，而非布里奇波特的私人诊所，服从命令者的数量也将显著增加。

我们总是认为，残暴的犯罪通常是由那些完全异于常人的残暴的人所实施的，但实际情况并非如此。反思汉纳·阿伦特所称的"平庸的"罪恶，其背后蕴涵着心理学领域的真理。阿伦特应邀为《纽约客》杂志撰写纳粹高官阿道夫·艾希曼案件审判的文章，她在旁观庭审的过程中惊讶地发现，艾希曼看起来是如此的平庸。坐在被告席上的艾希曼犯下了滔天罪行，他负责执行屠杀犹太人的"最终方案"，但他看起来并非像个怪物。尽管后续调查显示，艾希曼可能比他表面上更加热衷于大屠杀，但阿伦特的评论已经深入人心。

实证研究的结论可能令人难以接受，那就是：**我们每个人都可能为害社会，甚至成为罪犯。**但是，我们的自尊所面临的威胁可能更加令人难堪。**认同科学，就意味着直面伪善。**如果环境因素对犯罪有如此重要的影响，我们就不能再宣称自己只是旁观者。当我们决定不去规范枪支管理，当我们选择任由我们邻居的草坪枯萎或者削减妇女和婴幼儿培育计划，当我们疏于为城市中的年轻人提供机会使他们只能加入黑帮，我们都与最终发生的犯罪行为脱不了干系。

如果能够改变对罪犯简单画像的做法，最重要的益处就是消除横亘在我们和他们之间的鸿沟。这个过程注定举步维艰，但唯有如此才能构建一个公正的司法制度，这也是贯穿本书始终的主题。当我们认识到，如果某人体内有不良基因或者头部曾遭受损伤，他实施犯罪的可能性将会显著增加，我们就更能够谅解他们所做的错事，更能够宽恕他们，更愿意帮助他们，而不是对他们造成伤害。当我们认识到，我们身处的环境可能导致每个人实施可怕的犯罪行为，我们就有理由去努力改变这些环境，确保没有人会误入歧途。

如果不再对罪犯进行简单画像，我们将从不同角度看待弗兰克·马斯特斯、约翰·鲍威尔、埃里克·埃文·麦克格雷格和威廉·约翰逊的照片。我们将不再以娱乐心态或基于好奇而观看罪犯的面部照片。我们将以平常心看待这些照片：为了实现这一目标，我们还有很长的路要走！

第二部分 审判

第四章 | 检察官：违反规则

除了杀人犯会作出临终忏悔外，有时检察官也会这样做。

盖瑞·迪根身患癌症，已经到了晚期。他从法学院毕业后，长期在路易斯安那州奥尔良市帕里斯县担任检察官，致力于惩罚作恶多端的罪犯。现在他知道自己时日无多，想要和他的朋友米歇尔·雷曼说些心里话。雷曼此前也是一名检察官，和他一样同在帕里斯县任职。雷曼安静地聆听他的老友袒露心扉。

9年前，迪根曾经做过一些让他现在追悔莫及的事。

1984年12月6日清早，新奥尔良一名富商之子雷蒙德·鲁萨在自家门前被害身亡。只有一名证人目击了枪击案件现场情况，该证人向警方证实，作案人是一名非裔美国人，身高6英尺左右，留着短发。但是，证人的描述太过简单，不足以锁定作案人，警方的调查进展缓慢，直到鲁萨家族拿出1.5万美元悬赏，才最终侦破案件。

理查德·博金斯看到悬赏后，立即找到警方。他声称："我愿意帮助你们抓到罪犯，但我也希望你们能够帮助我，我们互相提供帮助。"

根据博金斯提供的线索，该案有两名作案人：凯文·弗里曼和约翰·汤普森。

警方首先抓捕了弗里曼，随后又追踪到汤普森祖母家，并破门而入。

当时，汤普森的两个儿子、女友、母亲、兄弟姐妹和祖母都在家中。他们看着警察荷枪实弹将汤普森押走。汤普森当时只有22岁。

弗里曼符合目击证人描述的特征：身材高大，留着短发，被大家称为神探科杰克。① 相比之下，汤普森比弗里曼矮4英寸，留着蓬松的非洲式卷发，明显与证人描述的特征不符，但最终却被拖入诉讼之中。

汤普森的照片登报后，立即引起一个人的注意。这是一位父亲，他的3个孩子近期遭遇一起抢劫未遂事件。当孩子们看到照片中卷发的汤普森时，他们认为这就是那个试图抢劫汽车的罪犯。随后，他们前往警察局报案，并很快从警察提供的诸多嫌犯面部照片中挑出与汤普森登报照片相同的那张照片。

检察官办公室随即将汤普森锁定为作案人。与此同时，弗里曼很快就认罪了，并同意在谋杀案件的审判中作为关键证人指证汤普森犯罪。此刻，检察官们最关心的就是诉讼策略问题：他们很有把握指控汤普森犯有死罪，但是需要打好手中的这把好牌。

对检察官而言，首要的任务是以武装抢劫儿童的罪名指控汤普森，一旦对其定罪，就能在更为关键的谋杀案件审判中阻止汤普森出庭自我辩护。如果汤普森选择出庭作证，根据证据规则，检察官可以援引抢劫

---

① 科杰克（Kojak），是美国犯罪喜剧电视的主人公，其原型是纽约市警察局侦探西奥·科杰克（Theo Kojak）。该剧于1973年至1978年在CBS电视台热播，1999年电视指南将西奥·科杰克评为美国50大电视角色第18位。

案件的定罪裁决，质疑汤普森证言的可信度，这个诉讼策略将给汤普森致命一击。如果没有汤普森的证言，辩护律师就很难进行无罪辩护，也难以推翻不利于汤普森的证言。同样重要的是，由于汤普森此前曾犯暴力重罪，这将在随后的谋杀案件审判中成为判处其死刑的重要依据。

根据工作安排，迪根协助詹姆士·威廉姆斯指控武装抢劫罪名，而威廉姆斯和艾瑞克·杜波利尔负责处理谋杀案件。迪根和威廉姆斯如期完成了指控任务：基于3个被害人的辨认结论，汤普森被认定犯有抢劫罪，并被判处49.5年的监禁刑，不得假释。这为后续谋杀案件的成功指控奠定了坚实的基础。汤普森将被判处死刑。哈利·考尼克（同名的音乐人兼演员的父亲），时任新奥尔良市帕里斯县检察官，在这次诉讼中取得了辉煌的胜利。但是，最终事实却表明，司法走向了不公正的歧途。

约翰·汤普森被送往南部地区臭名昭著的路易斯安那州监狱，等待执行死刑。就像迪根和雷曼当时所说的那样，他现在是罪有应得。

事已至此，迪根还有什么想不开的呢？

原来，迪根在第一起案件的审判过程中有违司法公正。在劫车案件中，车上年纪最大的儿童打伤了作案人，导致作案人的血迹溅到该儿童的裤子表面。现场勘查人员提取了该处血迹检材，并在审判之前送交犯罪实验室鉴定，鉴定意见确认了作案人的血型。由于这份血型鉴定意见并未随案移送，所以汤普森的律师并不知晓该份证据，同时，迪根在开庭审判当日从证据保管室取走这份检材，此后再也没有归还。

他9年来一直掩盖着这一事实：他私自藏匿了血迹证据。

早在1963年"布拉迪诉马里兰州案"中，最高法院就已明确要求，检察官必须提交对被告人有利以及影响定罪量刑的证据。如果检察官违反这一要求，就构成对宪法规定的正当程序权利的不当侵犯。

雷曼建议迪根将其所作所为公之于众，弥补之前的过错。这无疑是正确的选择。但是迪根决定三缄其口，雷曼也选择了保持沉默。

汤普森在单人囚室中度过了5年时光，孤独地等待着死刑执行。他的死刑执行日期接连变更了六次。每次都是因其提出申诉而被推迟，但是申诉救济途径现已用尽。他的第七次也是最后一次死刑执行日期，定在1999年5月20日。

汤普森的律师们准备最后一搏，他们雇佣一名私人侦探，最后梳理一次案件的证据材料。此时距离死刑执行日期仅有不到一个月的时间。尽管律师们对私人侦探并未寄予多大希望，但这名私人侦探非常尽职，她认真地审查了犯罪实验室的档案材料。最终在里面找到了希望：一份作案人血型鉴定报告的副本。

鉴定报告上明白无误地写着：B型。

汤普森的血型是O型。毫无疑问，他是无辜的。

法院撤销了对汤普森所涉武装抢劫罪的定罪判决，随后又撤销了谋杀罪的定罪判决。汤普森终于沉冤得雪，得以自证清白。在新的审判中，汤普森提供证据证实，在初次审判中指控其犯罪的控诉方关键证人卡文·弗里曼才是真正的杀人凶手。陪审团仅用 35 分钟就宣告汤普森无罪。

汤普森在狱中度过 18 个年头后，于 2003 年 5 月 9 日终于重获自由。

这个司法悲剧是如何酿成的？究竟是什么因素导致检察官故意隐匿可以挽救无辜者性命的证据？

最高法院为我们提供了问题的答案。那就是，大多数检察官都是正直的法律人，但也有少数败类混迹其中。现有的法律制度反复强调检察官的道德义务，但在司法实践中，他们总要做出自己的选择。检察官们都了解自身肩负的法律职责；此类令人痛心的司法悲剧之所以发生，主要是由于当事人背弃法律职责，实施欺诈行为。在最高法院看来，此类司法悲剧很难预防，因为问题在于检察官个体的职业伦理缺失，而非制度性和其他情势性压力。

汤普森获释出狱后，成功地对地区检察官考尼克提起诉讼，主张考尼克有意忽视对检察官的职业培训，特别是有关开示无罪证据的培训，以至于本案中检察官故意隐匿血迹证据。汤普森向法院申请 1400 万美元的赔偿金，按照入狱等待死刑执行期间每年 100 万美元的赔偿标准。但是，该案被提交最高法院后，基于前述理由，大法官克莱伦斯·托马斯代表多数意见拟定判决，驳回了汤普森的诉讼请求。最高法院多数意见认为，目前的法律职业伦理培训是行之有效的，检察官的法律职责也是明确的，从现有证据看，盖瑞·迪根的所作所为只不过是一起孤立的事件。

大法官斯卡利亚和阿利托也认为，该案中隐匿证据的事实，是一个无良检察官的个体行为，这是一种恶意的、故意违反法律的行为。在他们看来，迪根是一个我行我素的无良检察官，故意隐匿能够证明汤普森无罪的证据，以便实现对其定罪的目的。说检察官办公室因管理不善而导致汤普森的权利遭到侵犯，这种主张是荒唐可笑的。在一大桶苹果中，难免会有几个烂苹果，"在循环反复的刑事审判过程中，错误在所难免"，这是社会不得不承受的代价。

这种观点看似是常识，但却有进一步深究的必要。诚然，检察官总有好坏之分，但是，在检察官群体中，也有一些带有普遍性的行业恶习。拥有这些行业恶习的人就像诈骗分子或者赏金猎人，随时准备并且乐于不择手段地赢得诉讼。

尽管这种现象普遍存在，但是，将欺诈行为归因于个别检察官或者所有检察官的不当品性，并未找准问题的根源。诚然，检察官会欺骗和说谎，也会违反规则并导致严重的后果。例如，在本案中，迪根没有将血液鉴定结论告知汤普森的辩护律师，并且隐匿了现场的检材，这种做法不仅违反法律，更有悖基本的道德原则：在被告人性命攸关的时刻，迪根却隐匿原本能够证实其无罪的证据。这些都是不容否认的事实。但问题在于，迪根为什么会这样做？除非我们找准问题的根源，否则就很难从根本上消除检察官的不法行为。

如果我们认真研究欺诈行为，就会发现一个奇怪的悖论：尽管大多数人都很注重道德和伦理，但实际上我们总是违背这些要求。这种现象着实令人费解。

一方面，我们都很重视法律规则。即使四周无人，我们也会在红灯前驻足、为宠物狗清理粪便；我们不会在参观小学校园时口吐脏话，不会窃取星巴克小费罐里的零钱，不会骚扰路过的行人，更不会袭击他人取乐。同时，我们希望看到道德准则在各种宗教、各行各业和学校中长盛不衰。我们为宣传十诫、道德规则和刑事法典兴建丰碑。一旦被冠以不道德之名，就如同被贴上耻辱的标签。

另一方面，只需环顾四周，你就会发现：我们实际上正在欺诈的海洋中挣扎。此时此刻，我们身边的人们，无论陌生人还是熟人，无论我们的偶像、敌人还是朋友，都在违反规则并从中渔利：雇员们消极怠工或者忙于私事，运动员们谎称对方犯规或者使用违禁药物，夫妻或者恋人们互相欺骗，社会公众惯于进行保险诈骗、税务欺诈或者欺骗年长的亲属，大多数人都热衷于上网下载免费的歌曲和视频。

调查发现，各个年龄段的群体都普遍存在欺诈行为。此前我们通常认为，年轻人大多诚实可信，但实际情况并非如此。例如，学生们的作弊行为十分常见：半数以上的高中生承认曾经有过作弊行为，大学生群体作弊的比例可能更高。研究生也不例外，其中，商学院学生作弊的比例最高（56%的受访者承认有过作弊行为），法学院学生作弊的比例低于平均水平（45%左右）。此外，优等生违反学术规则的比例与普通学生相差无几。近年来，在著名的纽约史蒂文森高中、空军军官学校（the Air Force Academy）和哈佛大学，都已经发现规模较大的作弊事件。

实际上，无论是乞丐还是华尔街，社会各行各业都在规避规则，并通过欺诈谋利。看看你周围熟悉的人，包括你的孩子、你的配偶、你的学生、你的同事以及你的雇员，大家均是如此，概莫能外。

人们为什么要欺诈？背后的动因何在？我们的法律制度为何难以遏制这种违法犯罪行为？

如果欺诈并非某些品性不端者的个别行为，而是普遍存在的社会现象，那么，我们就应当反思，或许人们从事欺诈行为的常规逻辑仍然是正确的。换言之，一旦欺诈的收益超过可能遭到法律追究的成本，人们就难免会选择欺诈行为。

研究人员为验证这个假说做了一个实验。实验内容是要求被测试者进行有偿的数独游戏，并且在实验过程中不断调整可能影响诚信度的因素，以观察实验效果。最终的实验结论值得深思。即使被测试者知晓，在解决数学矩阵时作弊并不容易被察觉，实验中作弊的情形并未增加；即使增加被测试者正确解决数独问题的奖励金额，情况也是如此。实际上，当研究人员将解决每个数独问题的奖励提高到10美元时，作弊情形反而有所下降。

由此可见，欺诈并非仅仅涉及成本收益方面的考虑。尽管许多人都曾有过欺诈行为，但即使提供作弊的机会或者激励，他们通常也不会变本加厉。

另一项研究也发现了类似的现象。被测试者参与一项多项选择题测试，答对问题后可以获得奖励，根据测试方案的设计，即使被测试者作弊也不会被发现。正如研究者所预料的那样，许多被测试者都实施了作弊行为。但是这些人作弊时都很有节制，尽管可以作弊的环节很多，他们仅在其中20%左右的环节选择了作弊行为。

从上述研究反映的情况看，人类内心仿佛存在一种约束机制，遏制着他们欺诈的本能。研究者认为，这种约束机制可能就是人的自尊心。我们都非常希望保持正直高尚的人格形象，这种内在动机作为一种有效的约束机制，遏制着我们自私自利的冲动。我们希望自己诚实可信、道德高尚，当我们欺诈失信时，就会损害这种美好的自我期望。欺诈行为对自我形象的损害越是严重，我们实施这种行为的概率越低。

一项实验生动地展现了这种动态关系：实验参加者参与一项抛硬币猜正反面的游戏，他们可以谎报游戏结果并由此获利。所有参加者都知道，他们在作弊时不会被人察觉，但研究人员事先对他们作出不同的警告，对一部分人的警告是"请不要实施欺骗行为"，对另一部分人的警告则是"请不要成为一个骗子"。我们一般认为，上述表述的细微差异可能不会产生实质性影响，但实际情况却并非如此。当研究人员警告"请不要实施欺骗行为"时，一些人仍然选择作弊；但是当被告知"请不要成为一个骗子"时，实验参加者突然意识到这关乎自己的身份，结果没有人选择实施作弊行为。

为保持良好的自我认知，我们需要摒弃欺诈行为或者尽量有所节制。如果仅是在心理测试中对敏感的问题说谎，或者在纳税时瞒报小额的博彩收入，并不会让我们怀疑自己的人品。除此之外，当我们的行为有悖于良好的自我形象时，还有另外一种方式能够解决内心的冲突，那就是自欺欺人地认为我们的所作所为并不过分。

有鉴于此，在一项研究中，尽管51%的高中生承认近期曾在考试中作弊，61%的学生承认曾对老师说谎，20%的学生承认曾盗窃商店物品，但总体上，93%的受访学生都对自己的道德品性感到满意。类似地，尽管纳税人经常瞒报收入情况，每年由此给政府造成3850亿美元的损失；但90%以上的受访者认为，依法纳税是每个公民应尽的法律义务，任何公民偷逃税款都应当依法追究责任。尽管我们不愿公开承认，但实际上每个人都会自欺欺人。

如果我们想搞清楚人们为何欺诈，就需要审视那些影响人们对欺诈行为作出合理化解释的因素。一旦我们无法对自己的行为提供正当理由，就很难选择去违反规则。这是我们分析检察官不法行为的关键所在：**许多检察官并不是故意欺骗被告人，他们只不过是非常善于欺骗自己。**

为了对违反道德的行为作出合理化解释，人们最常使用的策略就是弱化欺诈行为与危害后果之间的因果关联。如果我能够确信，实施特定行为并不会导致危害后果，我就很容易为该行为提供正当理由，并保持良好的自我认知。我想做的事与预期危害后果之间的关联越弱，中间的介入因素越多，我就越难以克制违反诚信原则的冲动。例如，科学家已经发现，与直接通过欺诈手段骗钱相比，当人们通过欺诈手段骗取奖品，再用奖品换钱时，人们选择实施欺诈行为的次数翻了一番。

为更好地理解这一现象与检察官不法行为之间的关联，让我们比较两类不同的检察官。一类以迪根为代表，他们纠纷于是否将可能证实被告人无罪的现场血迹鉴定报告提供给法庭。另一类检察官则考虑是否向犹豫不决的陪审员行贿以获得定罪判决。

研究显示，与第一类检察官不同，第二类检察官极少会将自己不道德的想法付诸实施，因为他们很难将此类行为视为无伤大雅的小事。毕竟，他们直接身处决策的紧要环节。同时，他们也没有其他可以推卸责任的正当理由。一旦他们贿赂了陪审员，就将直接左右判决结果。

相比之下，第一类检察官的行为与危害结果之间仍有一定的安全距离。即使他并未向法庭提交鉴定报告，如果被告人真的是无辜者，辩护律师仍然有可能发现其他能够证明被告人无罪的证据。进一步讲，辩护律师应当能够提供证据证实被告人无罪，并说服陪审团做出无罪判决。

鉴此，即便最终导致错误定罪，辩护律师和陪审员也应当承担相应的责任。

在"汤普森案"中，迪根负责的是对抢劫案件而非谋杀案件的指控，这使迪根很容易为自己的不当行为找到借口。即他的行为与汤普森被判处死刑之间没有多少关系：当他完成抢劫案件的指控之后，汤普森涉嫌的谋杀案件才开始进行审判。

在对抗制诉讼模式下，检察官热衷于成功指控犯罪；并不肩负最终的裁判职责，使检察官对自己的行为缺乏责任感，进而容易诱发欺诈行为。在诉讼过程中，检察官实施不法行为的环节越早，其与最终可能导致的危害后果之间的关联越弱。在其他因素不变的情况下，相对于召集陪审团并开始审判环节，检察官在开庭审判之前更有可能实施欺诈行为。一旦被告人已被定罪，就将面临新的问题：检察官可能仅仅为了维持现有的诉讼结果而实施欺诈行为，例如，通过不法手段剥夺被告人的上诉权或者获得假释听证的权利，而且检察官也很容易为这种做法找到合理的托词。

在本案中，当迪根向他的朋友雷曼透露，他曾在"汤普森案"中隐匿可能判处被告人无罪的证据时，汤普森尚在等候死刑执行期间，此种情况下，雷曼似乎很难为其隐瞒这一事实的做法寻求正当化依据。不过与迪根不同，雷曼此前并未参与该案指控，也没有隐匿证据。他只是听迪根讲述上述不法行为。需要指出的是，雷曼了解该情况时，汤普森早已被定罪并判处死刑。考虑到汤普森的血型当时尚未确定，即使雷曼将这一信息透露给汤普森的辩护律师，也不一定能影响案件的处理结果。实际上，即使此前现场血迹鉴定报告被提交给法庭，被告人的血型也可能与现场血迹的血型相符，这将导致被告人更有可能被定罪。尽管我们无法确信，雷曼究竟为何在汤普森命悬一线的情况下仍然为迪根保守秘密长达 5 年之久，但是站在雷曼的立场上，他在作出这种选择时可能并未觉得自己需要承担任何责任。

需要强调的是，人们通常会对"作为"（Commissions）和"不作为"（Omissions）给予不同的评价。与"不作为"的情形相比（例如，迪根未能提交实验室鉴定报告），在"作为"的情形下（例如，检察官贿赂陪审员）更容易看到行为的危害后果。"不作为"看似并未改变事物的自然发展进程，而"作为"则扭转了事物的发展方向。"不作为"的情形能更容易找到正当化理由，因为人们通常能够对没有实施特定行为提供合理的解释，例如，"我并不知道这是我的职责""没有人告诉我应该这样做"或者仅仅是"我忘记这件事了"。

因此，由于"布拉迪规则"试图规范的是检察官原本应当履行但却并未履行的法律职责，这意味着此类违法行为实际上极易在司法实践中发生。还有一些常见的检察官不法行为也涉及不作为的问题。例如，检察官明知证人在出庭作证时说谎，但未能就此提示法庭。又如，检察官对执法人员隐匿或者毁灭证据的做法视而不见。

当我们的行为受到其他人（或者其他事件）的控制时，通常也会认为这不是我们自主决定的行为。如果老板要求我们做特定的事情，我们就不用为最终的结果负责。在刑事司法系统中，检察官也通常是按照他人的要求行事：助理检察官非常清楚他是在为检察官服务，公职辩护人同样知道当事人才有最终的决定权。由此可见，严格的等级制度和命令控制链条是导致不法行为发生的制度原因。

为违反规则的做法寻求正当理由，另外一种途径就是社会比较。① 就我多年来了解的欺诈行为来说，一个突出特点就是，许多情形都是群体行为而非个体行为。例如，一个人选择闯红灯后，突然会有三四个人和他一起闯红灯。身处群体之中可能会改变人们的道德准则，导致人们选择盲从，并最终背离原有的合乎道德要求的行为模式。研究人员已经开始深入研究欺诈行为的传染性问题。具体言之，我们在看待特定的行为时，并不是基于绝对的道德原则进行评价（例如，在考试中作弊究竟是道德的还是不道德的?)，而是基于周围群体的标准进行评价（例如，我最好的朋友是否在考试中交换答案?)。

在近期一项研究中，研究人员要求一群被测试者完成一项测试，每

---

① 社会比较理论(Social comparison theory)，是美国社会心理学家利昂·费斯廷格(Leon Festinger)在1954年提出来的构思，指每个个体在缺乏客观标准的情况下，将他人作为比较的尺度，从而进行自我评价。

个人表现得越好的人，最终获得的奖励越多。其中一名被测试者实际上是一个"托儿"，根据研究人员的指示，他在测试一开始就公开欺骗大家，他站起来声称自己已经完成测试，所有答案都是正确的，并将获得最高的奖励。研究人员关注的问题是，这一行为是否会鼓励其他人选择作弊。答案是肯定的，但前提是这名被测试者与其他被测试者属于同一个群体：因为该项测试是在某个大学进行，因此，该名被测试者要身穿该校的 T 恤衫。当该名被测试者身穿其他学校的 T 恤衫时，其他被测试者的作弊行为显著低于控制组的水平。

在对抗制诉讼制度下，检察官有着很强的职业身份感，控辩双方对抗激烈，此种情况下，他们特别容易受到同行们道德暗示的影响。有鉴于此，我们发现检察官的不法行为通常不是孤立的事件，并非我们所想象的那种个别不法分子为了追究不当目的而实施的个体行为。

在大法官斯卡利亚看来，"汤普森案"中检察官的不法行为仅仅是"某个检察官违反布拉迪规则的个体行为"。对此，大法官金斯伯格提出了针锋相对的反对意见。她认为，该案中实际上有"至少 5 名检察官"共同剥夺了汤普森的合法权利，导致"汤普森多年间始终无法获得有效辩护所需的关键证据"。诚如金斯伯格所言，这"不是一时疏忽，也不是个别检察官的不法行为导致的孤立事件"。"在'汤普森案'的审前程序和审判过程中，负责指控武装抢劫和谋杀案件的 4 名检察官，向辩护律师和法庭隐匿了汤普森依法有权获得的无罪证据"。

布鲁斯·维塔克，该案中最初决定以武装抢劫罪起诉汤普森的检察官，曾经审阅过那份显示作案人是 B 型血的实验室鉴定报告，并将该报告交给负责该案指控工作的助理检察官詹姆斯·威廉姆斯。但是二人都没有将这份证据告知汤普森的辩护律师，尽管法律明确要求，所有有利于被告人并且与定罪量刑紧密相关的信息，包括科学检验或者实验得出的所有结论或者报告，都应当向辩护方开示。随后，与威廉姆斯共同负责该案的迪根，将警察局证据保管室的所有相关物证都移交给法庭，唯独留下了那份血迹证据。威廉姆斯和迪根在审判过程中从未提到该份血迹证据或者犯罪实验室鉴定报告，那份血迹证据从此就消失了。

该案中还有一些关键的证据材料，但检控方（包括艾瑞克·杜波利尔，与威廉姆斯共同负责谋杀案件指控的检察官）并未提交给辩护方。证人理查德·帕金斯最先向警方举报汤普森作案。他先是与被害人家属协商指证汤普森的赏金，随后在出庭作证时声称此前并不知晓悬赏的事。如果检控方将帕金斯与被害人家属协商过程的录音提交给辩护方，汤普森的辩护律师就能够对帕金斯的证言提出有力的质疑，并证实帕金斯出庭作证时向法庭说谎。

类似地，检控方的关键证人凯文·弗里曼称其曾将谋杀案件的情况告知帕金斯，如果检控方将记载帕金斯证言的警方取证报告提交给辩护律师，辩护律师就能够证实，弗里曼的证言与帕金斯的证言存在矛盾。同样重要的是，目击证人最初向警方描述的作案人特征是"短发"，如果检控方将相关的警方取证报告提交给辩护律师,辩护律师就能够证实,证人证言描述的作案人发型特征与汤普森的非洲式卷发发型存在矛盾。

所有这些反映的都是弄虚作假的职业文化。实际上,目前已有诸多证据证实检察官办公室近年来屡有不法行为。诚如大法官金斯伯格所言:"在奥尔良市帕里斯县,检察官无视'布拉迪规则'的证据开示要求,已经成为一种普遍现象。"地区检察官考尼克,曾被指控在其他案件中隐匿实验室鉴定报告,在考尼克面临指控期间,路易斯安那州法院以检察官违反"布拉迪规则"隐匿证据为由,撤销了多个案件的定罪裁决。

如同新奥尔良检察官办公室制造的司法悲剧一样,欺诈行为一旦遇有合适的环境,就会像瘟疫一样快速蔓延。我们在判断哪些行为可为、哪些行为不可为时,通常会选择周围群体作为参照,如果违反规则成为群体惯例,大多数人都很难摆脱这种惯例的影响。进一步讲,检察官草菅人命、玩弄法律、不辨是非的负面形象的形成,可能会在实践中引发更多的不道德行为,因为这意味着检察官职业盛行欺诈的做法。既然每个人都在这样做,为什么我就不能呢?

毫无疑问,我们主要是从周围群体中学习道德准则。与此同时,我们也从过去的实践中吸取经验。这有助于解释为什么我们最初只是实施轻微的欺诈行为,随后却逐步演化为十分严重的越轨行为。举例言之,我是否应当在这次数学考试中作弊?我昨天晚上抄袭了同学的代数作业,这两件事没什么两样,所以即使在这次数学考试中作弊也没什么大不了。

如此这般，一旦你持续实施欺诈行为，你很快就会发现，自己已经不是原来那个诚实的自我了。

千里之堤，溃于蚁穴。研究早已发现，只要改变个人在道德方面的自我认知，就会逐步引导其实施更加严重的欺诈行为。在一项著名的实验中，实验参加者佩戴太阳镜参加一个测试，他们事先已被告知，这些太阳镜有些是名牌正版，有些是山寨冒牌。你可能会认为，正版还是冒牌并不会对实验者产生什么影响，但实际上，佩戴冒牌眼镜的实验者实施欺诈行为的概率高出一倍以上。实验人员发现，那些佩戴冒牌眼镜的参与者突然对自我得到了一个新认识：当脸上戴着一副冒牌眼镜时，说假话变得容易多了。同时，他们也用异样的眼光看待其他佩戴冒牌眼镜的人，认为这些人欺诈的概率比佩戴正版眼镜的人高出很多。

基于上述分析，我们很容易理解道德滑坡可能对检察官造成影响。最初，他可能在同事或者上级的压力下违背一项无足轻重的道德准则（例如，在被害人提出证据动议后，检察官故意回避另外一个相关的案件，以免影响案件的指控）。当他意识到这一点后，就可能进一步奉行更加宽松的道德标准。一旦他开始违反道德准则，即使随后愈演愈烈（例如，因证人描述的作案人特征并不完全与被告人相符，而决定不将该情况告知辩护人），也不会对他的自我评价产生实质性的影响。更加令人担心的是，研究人员认为，检察官越是自己欺诈失信，就越是倾向于认为其他人，包括他的同事以及扮演对抗角色的辩护律师，也在实施欺诈行为，这种认识将进一步促使他实施欺诈行为。这种道德滑坡的危害很大，对性命攸关的案件尤为如此。

尽管看似有些难以理解，但实际上，为了使道德滑坡正当化，最有效的手段就是粉饰不法行为，将之作为恢复秩序或者实现正义的路径。**以恶治恶，成为实现正义的一种方式**。实际上，研究也已显示，**不法行为的一个重要动机就是为了实现正义**。

在一项实验中，科学家们试图确定，当顾客遭到咖啡店店员粗暴对待时，是否会返还该店员多找的零钱。他们发现，与那些并未遭到粗暴对待的顾客相比，这些遭到粗暴对待的顾客保留该笔零钱的比率要高得多。在后者看来，遭到粗暴对待的事实就是他们保留该笔零钱的正当理由。

类似地，如果检察官认为对方当事人得到法官的过分照顾（例如，本方申请被驳回或者证据遭到排除），或者认为对方律师采取不当的诉讼策略，就更加倾向于实施不法行为。你所面临的挑战，既能成为前进的动力，也能成为违反规则谋取私利的托词。即便你所面对的不公，并非来自对方律师和法官的所作所为，情况也是如此。对于检察官而言，这可能仅仅是由于自己感觉处境不佳。例如，自己不得不长时间努力工作，但收入却少于那些执业律师。又如自己的上司不近人情，还如自己未能进入理想的法学院，等等。类似的情形还有，新任检察官感觉自己的工作比其他检察官略逊一筹,进而认为,自己只需略施小计就能迎头赶上。迪根当时是检察官办公室资历最浅的人员,他接手办理"汤普森案"时,刚刚入职不到一年时间。

基于类似的逻辑,当我们对他人说谎或者实施欺诈行为后,为了论证自己行为的正当性,一个有效的方法就是贬低对方。如果我们贬低那些处于道德弱势地位的对象,我们的行为突然就显得更加具有正当性。当对方早已被逮捕并被提起犯罪指控时,我们很容易认为自己的行为是符合道义的。

迪根当时很容易将自己塑造成正义的捍卫者。立足当时的案件情况,如果汤普森的血型与从抢劫案件被害人处提取的血迹不符,就不能认定汤普森实施了抢劫犯罪行为,进一步讲,如果不能认定汤普森犯有抢劫罪,汤普森就可能逃避谋杀罪的指控。如果你坚信他就是残忍杀害雷蒙德·鲁萨的凶手,那么,通过违反规则的手段将汤普森绳之以法,就可能显得非常理所应当了。同时,许多从事检控工作的检察官都认为,许多被告人除了当前被指控的罪行外,还有许多罪行并未得到追究。如果你与检察官推心置腹地交谈,就会惊奇地发现,当他们提到曾经违反规则时,都会提出相同的理由,"哦,即使这起犯罪不是他干的,他总归还有其他罪行"。

因此在许多案件中,可能正是这种实现正义、大公无私的冲动,促使我们办事不择手段。在一项令人震惊的研究中,科学家们显示,当人们认为欺诈行为有利于他人、而非为谋求一己私利时，就可能会实施更多的欺诈行为。如果我们仅仅为他人利益着想，往往就不会对自己产生负面评价，也更容易对不法行为作出合理化解释。那些在非营利性基金会、学校或者公益组织工作的人们，可能更加倾向于违反规则，因为提高社会福利的宗旨能够为欺诈行为提供正当理由。

如果这种理论成立的话，检察官和公职辩护人就很可能会受到这种心理的影响。从某种意义上看，检察官在有些情况下如果不违反规则，就可能会让许多人感到失望，包括被害人的家庭、侦破案件的警察、检察官同事以及整个社会（以及潜在的被害人，他们可以得到法律的保护）。他还可能让那些希望他能够出人头地的人们感到失望，包括他的搭档、他的子女、他的父母以及他的朋友。颇具讽刺意味的是，正是基于对其他人的深切关心，而不是铁石心肠、缺乏同情心，才最终导致检察官实施欺诈行为。

毫无疑问，对欺诈行为作出合理化解释乃人性使然。当然，总有一些人比其他人更加诚实。那么，我们如何判断哪些人更容易实施欺诈行为呢？科学家们发现的某些人格特征可能对我们有所帮助。例如，那些内疚感较强的人通常不愿实施越轨行为。还有其他一些更加新奇的科学发现值得我们关注。例如，说谎成性者前额皮质的白色物质比普通人高出许多，同时，白色物质的结构与创造力紧密相关。研究人员试图确定人们创造力的差异是否与欺诈问题具有相关性。他们推测，那些更具创造力的人通常认为，自己很容易编造令人信服的说辞来粉饰不法行为。这一假说得到了实验的证实，那些最具创造力的测试对象也是最不诚实的人。此外，研究人员还发现，通过培养测试对象的创造思维，他们变得更加倾向于实施欺诈行为。有趣的是，智商水平看起来与欺诈问题并没有相关性，仅仅是创造能力与该问题紧密相关。

上述研究让我们认识到，检察官越具有创造力，越有可能实施不法行为；更重要的是，检察官作为一个行业群体，也可能更加倾向于实施不法行为。众所周知，检察官的天职就是对各种行为或者事件提供正当理由以及合理论证。他们需要提出可信的假说，论证己方的主张。有些人甚至认为，与其他因素相比，创造力是最能判断检察官成功与否的因素。当我们想到，检察官既可以运用创造力提出具有令人信服的假说，建立被告人与犯罪事实的关联；也能够运用创造力编造可信的故事，掩饰侵犯被告人权利的不法行为，这实在令人感到不安。

由于法律规定一般较为原则性，存在较大的裁量空间，检察官通常发现自己处于规则的灰色地带，此种情况下，他们所具有的创造力极易促使他们实施欺诈行为。对检察官而言，几乎所有常见的职业不端行为都是可以纠正的。例如，你究竟是隐匿潜在的无罪证据，还是避免使用非实质性的证据混淆陪审团？你究竟是作出不适当的总结陈词，还是进行尽职的指控？你究竟是骚扰和诱导证人，还是通过严格的交叉询问确保发现真相？你究竟是鼓动证人提供虚假的证言，还是促使陪审团全面了解所有证据？

检察官可能特别善于粉饰自己的欺诈行为，但他们所处的环境也确实容易诱发欺诈行为。迪根将现场血迹检材从警方物证室取出，这一行为本身将对案件产生重要影响。除此之外，血迹鉴定报告已被送交检察官办公室，但是该份报告此后也未提交给辩护方。这项证据的开示对检控方可谓轻而易举。有鉴于此，我们有理由担心，检控方实际上对指控犯罪的证据和证人拥有极大的控制权：他们可以决定辩护方能否以及何时获得弹道鉴定报告、DNA 鉴定报告、证人证言或者警方调查报告等证据。这仿佛是将鸡舍的钥匙交给正直的狐狸手中，然后静观事态的进展。

此外有研究显示，当我们的自制力消耗殆尽时，就特别容易实施欺诈行为。在一些心理学家看来，意志力属于稀缺资源，而检察官所处的工作环境恰恰严重消耗意志力。具体言之，检察官和许多人一样面临着繁重的工作压力：他们要努力完成年度计划，疲于应对工作任务；面对不近情理的领导时，要尽量控制情绪；参加冗长的会议时，要努力集中精力；应对叛逆的孩子时，要尽量克制脾气。同时，检察官还面临着其他压力。例如，为严格遵守办案期限要求，助理检察官通常要同时办理许多案件，包括整理判例中的裁判意见、成文法律、案件事实和其他细节。此外，他还必须努力迎合不同选民的需求和意愿，而选民的利益还可能存在内在冲突。为了获得被害人家庭、社会公众、法官和上级的认可，努力实现正义并应对对方当事人的挑战，检察官经常会感到精神疲惫，并因此而实施欺诈行为。

尽管检察官不法行为屡屡发生，但令人感到奇怪的是，此类行为很少遭到调查或者惩处。主要原因是该类行为难以发现。在过去20多年间，只有当DNA证据改判无罪的案件被公之于众、官方对无辜者被错误定罪的原因进行调查时，检察官的不法行为才会浮出水面。在司法实践中，最常见的不法行为就是隐匿证据，而此类行为特别难以发现，因为被告人无从知晓哪些证据被检察官隐匿起来。同时，检察官们也通常没有意识到他们的所作所为有何不妥。本案中，迪根最终后悔当初的决定。但在许多案件中，即使检察官的不法行为已经暴露在聚光灯下，他们仍然自欺欺人地认为，通过不法行为已经实现了预期目的。在一项实验中，测试对象使用答案提示器在考试中作弊得到较高的分数，他们竟然认为，由此取得的高分能够证明他们具有较高的智商！类似地，当检察官使用不法手段占据优势进而赢得诉讼时，他们也可能会宣称这得益于辛勤的工作、业务技能和诉讼智慧。胜者为王，人们不会计较成功的手段。

需要指出的是，**司法系统的许多不法行为都是隐迹藏形的**。不过，这并不意味着我们对此束手无策。我们的道德品行具有很强的可塑性：一方面，欺诈行为具有传染性；另一方面，人们也有积极向善的本性。鉴此，我们可以努力改变检察官的角色定位，促使他们秉承良善的道德原则。研究显示，**检察官们越是关注诉讼输赢而非实现正义，越是容易**

实施不法行为。然而不幸的是，检察官们在实践中得到的大量反馈告诉他们，工作绩效才是决定职业前途的决定性因素。例如，在一个臭名昭著的案件中，伊利诺伊州库克县的检察官们组织了一个名为"两吨竞赛"的活动，即如果哪个检察官成功指控的被告人总重量最先超过 2000 公斤，就将赢得该笔奖金。针对上述问题，检察官办公室的领导者需要有所作为，他们可以考虑实行严格的道德准则，并强化监督管理机制。

大量研究显示，如果人们认识到自己正在接受监督，就会选择遵守规则。最高法院多数大法官认为，汤普森被错判不能归咎于考尼克缺乏监管。但实际情况恰恰相反，我们有充分理由认为，如果对检察官办公室进行有效的监管，就可能会预防汤普森错案的发生。在盖瑞·迪根任职期间，如果检察官办公室认真对待"布拉迪规则"，如果同事们互相对违法办案进行监督，迪根就很可能会将关键的血迹证据提交给辩护律师。

我们相信，这种职业文化的转变势在必行，实际上，转变已经开始萌生。2006 年，达拉斯县检察官克莱格·沃特金斯为强化错案防范，在检察官办公室设立一个新的部门，一旦被告人是否有罪面临争议，就由这个独立的新部门对案件进行审核。沃特金斯指出，这个新部门的检察官特别关注被告人提出的无罪辩解，原因在于：这些辩解理由有助于抓获案件真凶，与此同时，检察官也肩负着防范错案的法律职责。这一创新举措在实践中取得了显著成效，该部门自成立至今已经认定 33 名被告人无罪。达拉斯检察官办公室的改革成就促使其他地区纷纷效仿，库克县、明尼苏达州维尼县、布鲁克林区、加利福尼亚州圣克拉拉县都已建立类似的机制。这些辖区的检察官办公室已经达成共识：确保刑事诉讼程序的公正性是检察官的天职，检察官在办案过程中需要接受专业人员的监督审核。

为建立全新的监督机制，重新界定检察官的职责，需要进行较大幅度的改革。其实，检察官办公室还可以通过一些简便易行的举措鼓励检察官依法规范办案。在实验室环境下，即使是点滴的提示也能发挥较好的成效。无论是要求实验对象签署诚信守则，还是让他们默写十诫条款，都能够显著减少甚至杜绝测试中的作弊行为。令人惊诧的是，即使测试对象记不清十诫的有关条款，即使诚信协议完全是虚构的，这种道德提示仍然很有益处。例如，麻省理工学院并没有诚信守则，但是研究人员发现，通过要求学生们签署仿造的诚信守则，也能够有效地防止作弊行为。（需要指出的是，这些测试符合麻省理工学院诚信守则的指导原则。）

这项研究显示，我们应当为检察官制定专门的道德准则，帮助他们抵制和摒弃不法行为的诱惑。例如，我们可以要求检察官在办案之前进行宣誓，或者抄写他们信奉的道德准则。类似地，为了促使检察官向辩护律师开示无罪证据，我们可以要求检察官签署一份职业声明，承诺他们将会遵守"布拉迪规则"，同时要求他们朗读工作准则，清醒地认识到隐匿证据是不法行为。科学研究发现，为了让人们始终铭记行为准则，关键在于反复进行提醒，以免人们因思维惰性而对此熟视无睹。

解决问题的方案并不复杂：为了让检察官遵循道德准则，我们必须提出明确的要求，设定具体的准则，并定期检查执行情况。我们不能在原地踏步，指望别人扭转现有局面。一旦检察官已经违反法律规则，一切救济措施都为时晚矣。

让我们再来回顾一下汤普森重获自由的曲折历程：在他寄出的数百封求助信件石沉大海后，终于有两名费城律师免费代理他的案件；当所有的上诉途径用尽后，律师事务所决定做最后的尝试；私人侦探抓住最后一线机会，在尘封多年的档案材料中找到现场血迹鉴定报告。整个过程就像传奇故事。在慨叹之余，我们还需要正视冷酷的现实：大多数与汤普森一样深陷困境的人并没有如此幸运。面对有限的资源和繁重的案件负担，鲜有律师愿意投身法律援助工作，绝大多数被告人也没有能力聘请私人侦探。至于陪审员或者法官能否履职尽责，督促检察官依法指控犯罪，准确查明案件事实，下文将详细进行论述。最后需要强调的是，在汤普森之类的无辜者被提交审判之前，如果我们能够采取措施使他们免于刑事追诉，就不能选择让他们听天由命。

第五章 | 陪审团：旁观者的视角

人类非常渴求权力，拥有极强的控制欲，哪怕是蝇头小利，也会拼尽全力予以维护。每每想到这一点，当我再看到人们千方百计逃避陪审义务时，总是感到疑惑不解。毫不夸张地说，对许多普通民众而言，能够有幸被遴选为陪审团成员，恐怕是他一生中最大的荣耀。陪审员不仅有权决定被告人是否构成犯罪，调动国家机器改变当事人的命运，还享有某种意义上超常的能力，在事件发生后重建历史事实。一旦被遴选为陪审员，就意味着你有权认定案件事实。换句话说，**陪审员是事实的主人**。而你呢，昨晚还与妻子激烈争论由谁来控制电视机遥控器，最终作出让步，现在却向法官谎称自己当时后背疼痛难忍，不愿继续观看电视节目。

既然人性如此难以捉摸，为什么我们还要相信那些不具备专业资质或者法律素养的普通人，由他们来履行如此重要的法律职责呢？

实际上，许多法律界的精英，包括法官和学者，一直以来都对陪审团持怀疑态度。人们长期以来始终质疑陪审团准确认定案件事实的能力，基于这种考虑，当局不断创设各种机制来限制陪审团的权力。时至今日，随着现代科技的广泛应用，有关陪审团权力的争论再次被提到日程上来。有人认为，如果犯罪现场有监控录像，是否还需要陪审团来告诉我们事实真相?

近期一起不同寻常的案件促使我们再次审视这个问题。

副警长克林顿·雷诺兹驾驶巡逻车停靠在亚特兰大西北 34 号高速公路检视。当时是 3 月下旬一个星期四的黄昏，所有路过的车辆都会看见他在那里，并减速慢行通过。他也在观察着雷达测速器。这时一辆卡迪拉克轿车开了过来，当地限速 55 英里每小时，但卡迪拉克车速达到了 73 英里每小时，雷诺兹亮起了警灯。他原本打算放行，因为大家的车速都很快。他甚至都没打算采取行动。

不过卡迪拉克在路过雷诺兹时并未减速，相反，当雷诺兹驾车驶向双车道的高速公路时，卡迪拉克车主开始加速行驶。

雷诺兹向总部通报了卡迪拉克的车牌号，并称自己驾车进行追捕。他并未请求总部支援，但蒂莫西·斯科特警官听到雷诺兹的通报后，很快加入了追捕的行列。当卡迪拉克驶入一个购物中心的停车场时，斯科特将车停靠到前方位置，试图堵住出口。他以为能够堵住卡迪拉克，但卡迪拉克在最后关头急转弯，与斯科特的巡逻车轻微剐蹭后向南驶入 74 号高速公路。

斯科特继续进行追捕，他让雷诺兹闪在一边，自己驶入前方位置。"让我来抓他，反正我的车已经被剐蹭了。"

追捕过程持续了 6 分钟，跨越了两个县城，斯科特有些不耐烦了。他呼叫总部请求对违章车辆进行"精准拦截处理"。所谓精准拦截处理，是大法官们就应当将案件发回重审；如果答案是否定的，维克多寻求司法救济之旅将宣告结束。

由于现场视频清晰地展现了案件经过，最高法院多数意见认为问题的答案显而易见。最高法院指出，在观看现场视频后，理性的陪审员一定会认为这个追逐过程是非常危险的，并且一定不会认为警察在导致维克多瘫痪的事故中存在过错。大法官斯卡利亚代表多数意见指出，基于现场视频，维克多"对事件的描述完全不可信"。最高法院对自身的裁决非常确信，并破天荒地将现场视频上传到网络上，希望社会公众也能观看事故的过程。

不过，**人们所确信的事情，并不等于就是正确的**。

我们都认为自己目睹的世界就是世界原本的模样，还认为其他理性的人们也会有相同的所见。当我们看到足球裁判在场内挥旗示意球员犯规时，当我们与好友一起讨论经济形势时，或者当我们与其他陪审团成员共同研讨证据时，都会有上述感想。例如，进攻球员究竟是否在进球时越位？正确答案只有一个，看台上的观众和我们所看到的情况是一样的。

我们通常认为，现实世界能够通过我们的感官完整地映入到头脑之中。我们也知道，当我们从别人那里道听途说一些事情后，例如，某个朋友转述裁判在赛后的评论而我们并未在现场观看球赛，就容易产生先入为主。即使借助技术手段的帮助,这种先入为主也在所难免。当我们观看视频、收听录音或者查看照片时,我们感觉自己是以一种客观中立的方式观察事物的。

但实际上,每个人观察事物的角度都是不同的。

一旦我们发现他人持有不同意见或者信念,就会产生一种强烈的不和谐感,并试图解决这种认知分歧。我们可以重新评估已有的证据,审视自身认知的客观性,这种做法的益处不言自明,但我们却很少这样做。相反,我们往往会通过努力寻找对方的人格缺陷,并将之作为不同意见的根源,据此攻击对方观点的可信度。具体言之,有些人之所以持不同意见或者信念,是由于他们存在人格缺陷,这些人格缺陷歪曲了他们的判断:他们存在偏见,或者受到意识形态影响,或者愚钝蒙昧。

如果你认为气候变化确有其事,并且在很大程度上是由于人类行为所致,那么,当你听到某个议员宣称全球变暖只是个神话时,难免会产生一些想法。你可能会反思自己之前的信念是否正确,也可能会立即联想到,"哦,他一定与石油公司是一丘之貉",或者认为"他真是个白痴"。

如果你和同伴一起去看电影,影片结束后,你的同伴抱怨这个电影特别无聊,而你却认为影片非常精彩,你可能会反思自己判断的客观性,例如,"可能我的认识是错误的",或者"我们的看法都有一定道理";也可能会重新审视对同伴的态度,例如,"这家伙好像有点笨",或者"他可能需要多看些独立电影"。

一方面坚持己见，另一方面贬低那些持不同意见的人，这种做法往往是下意识的。不过，无论我们参与超级玩家游戏，还是参加游行示威，一些人之所以和我们存在认知分歧，并不是源于所谓的人格缺陷。相反，这种现象反映出文化认知的基本规律：我们的生活背景和人生阅历决定了我们对客观事实的认知方式。当我们看到鹰队的后卫击打巨人队的四分卫，而裁判举旗示意时，我们对裁判执法行为的评判难免会受到我们对主队情感的影响。尽管我们感觉自己的判断是完全客观的，但实际情况却并非如此。在任何时候，我们的种族、性别、年龄、职业、政见、宗教以及其他个性特征和偏好都会影响我们的观察结论。

下面的实验深刻地揭示了这一道理。在"哈里斯案"中，联邦最高法院认为，任何理性的陪审员在观看导致维克多·哈里斯瘫痪的追逐经过视频后，都会认为维克多逃避警方追捕的行为是极度危险的，并认为该行为是导致事故发生的原因。一些法学教授决定验证联邦最高法院的观点是否经得起推敲，即现场视频是否像大法官斯卡利亚所说的那样不言自明？研究人员邀请1350名不同身份的美国人观看事故视频，并请他们提供反馈意见。

研究结果显示，人们的意识形态、文化等背景情况不同，对案件中关键问题的认知也存在明显的差异。例如，警方的追逐行为是否过于危险？维克多是否给警方和社会公众带来致命威胁？警方是否有正当理由来诉诸致命武力终止追逐行为？究竟是执法警察还是维克多的过错更大？

这项实验的参与者观看的是同一段视频，但是他们得出的观察结论却大不相同。例如，那些富有而保守的白人男性，更加支持现有的社会等级制度和个人主义观念，而那些不甚富裕、崇尚自由并且受过高等教育的非裔美国妇女，则往往认同平等主义和社群主义理念。相比之下，后者更加倾向于认定斯科特警官和警方应当承担主要责任。

之所以出现这种认知分歧，并不是因为有些人故意歪曲事实或者疏忽大意，也不是因为他们没有理解研究者提出的有关问题。问题在于，他们的身份和归属就像是有色眼镜，过滤了特定的细节信息，并选择性地关注其他信息。与联邦最高法院的断言相反，人们往往对案件事实有不止一种所谓"合理的"认知判断。大家的认知是多元的。例如，一位来自亚利桑那州斯格茨代尔市的退休白人商人，他对闪烁的车灯和旋转的轮胎所持的看法，就完全不同于来自费城的一名黑人大学生。

尽管如此，这些试验参与者并不觉得自己的身份对案件事实的认知判断有影响。事实表明，由于人们并未意识到彼此认知分歧的真实原因，这在实践中可能导致非常严重的后果。研究小组就此指出，这种认知盲区导致联邦最高法院作出了错误的裁决，他们认为对案件事实只存在一种客观公正的认识，进而不再要求由陪审团来认定案件事实，同时，对那些持不同看法的人们，大法官斯卡利亚等人还给他们贴上了污名化的标签。在联邦最高法院看来，这些人是"不理性的"，因而并不适合参与司法过程。

当然，即使由陪审团来审理这起案件，由于我们已经先入为主，并且对不同意见持质疑和排斥态度，最终结果也不容乐观。作为陪审团成员，尽管主观预判、信念和偏见会以各种方式影响我们的认知判断，但我们通常对此视而不见，同时却很容易发现这些因素对他人的影响。

在1957年上映的电影《十二怒汉》①中，10号陪审员最具主观性：他毫不掩饰自己对西班牙裔被告人的偏见，大肆宣扬西班牙人"非常危险"和"野蛮"，并且宣称他们都是"彻头彻尾的酒鬼"和天生的骗子。他说道："他们大多数人都毫无情感！他们什么事都干得出来！"在说完这些明显对被告人有种族歧视的话之后，10号陪审员还明确表示，如果其他人不赞同他的意见，就一定是心存偏见或者过于幼稚。他说道："我真不搞明白你们这些人！你们老是提出这些吹毛求疵的细枝末节问题。这些问题根本说明不了什么。你们对这个孩子的看法和我没有什么两样。你们不会和我说，你们居然会相信'那把刀子丢失'的谎话吧，那是电影里面才会出现的情节。"

10号陪审员实际上并非特例。当陪审团对案件事实存在分歧意见时，陪审员们很难做到不去批评其他人的品性缺陷。法官经常会收到陪审员递交的小纸条，上面写着某个陪审员"非常难缠"或者"不可理喻"，由

---

① 《十二怒汉》(12 Angry Men)，是1957年由西德尼·吕美特执导的一部以陪审团为主角的法庭戏，是探讨美国陪审员制度和法律正义的经典之作。

此导致的陪审团陷入僵局的状况时有发生。此种情况下，法官通常会提醒陪审团继续履行他们的法律职责，当陪审团最终达成一致意见时，既意味着集体决策的胜利，也表明那个不合群的局外人终于开窍了。然而，我们有必要重新审视这种局面。在《十二怒汉》这部电影中，8号陪审员（著名演员亨利·方达饰演）最初是孤独的异议者，最终却说服其他11名陪审员改变观点，进而宣告被告人无罪。不过在实际生活中，通常是亨利·方达之类的异议者需要做出让步。他们可能并不认同其他陪审员看待案件事实的方式，但最终却不得不屈从大多数人的意见。即便陪审团内部的分歧意见都很有道理，但陪审员们仍然倾向于认为其他人的异议是不合理的。近期研究显示：为了准确预测陪审团的最终裁决结果，最好的办法就是分析大多数陪审员的偏好和倾向，这种预测方法的准确率达90%左右。

实际上，我们每个人都难免受到此类感知和判断因素的影响。这些因素不仅影响着法庭里的每一个人，还决定了公众对陪审团裁决的反应情况。当年O.J.辛普森被指控谋杀他的前妻尼克尔·布朗·辛普森及其前妻的朋友罗纳德·葛德曼，当辛普森被陪审团宣告无罪后，许多人的第一反应就是对陪审团提出质疑。他们怎么会做出无罪裁决？原来，陪审团里有9个黑人，他们一定是基于种族偏好做出裁决，故意对在案证据视而不见。也有人认为，这可能与陪审员的智商有关，毕竟只有两名陪审员接受过大学教育，而且他们可能并不理解科学证据，或者很容易被约翰尼·科克伦律师领衔的明星辩护团队所蒙蔽。很少有人愿意相信,陪审团已经审查了所有证据,形成了真正的"合理怀疑",并认为检控方未能证实指控的犯罪事实。

如果具有不同背景和身份的人观看同一事件会得出不同的结论,那么我们能否认为,即使同一个人观看同一事件,一旦改变信息呈现方式,他也会得出不同的结论?这种观点看起来有些不可思议,人们通常认为,只要我们观看的是客观事实,背景环境就无关紧要。证人可能会遗忘、糊涂或者说谎,但我们都认为,照片或者录像能够准确地记录事实真相。

毫无疑问,正是由于确信录像的客观性,联邦最高法院才在"哈里斯案"中作出判决。大法官斯卡利亚指出,那份记录警方追逐过程的录像资料,能够客观完整地展现事件的全过程,进而表明维克多对事件的描述"明显是编造的"。政治领域的许多人士都热烈欢呼"录像时代"的到来,并把它看作是提高司法领域事实认定准确性的有效途径:终于,陪审团可以亲眼看到事件的来龙去脉了。就连玛芝·辛普森都感叹:"唉,法院可能要关门大吉了,只要对所有人的行为进行录像记录,正义自然就实现了。"

然而,玛芝和大法官斯卡利亚的观点是正确的吗?

最新的科学证据显示,他们的说法并不成立。除非你是一位电影评论家或者艺术家,否则就很难意识到,我们看待事件现场的方式居然会受到相机拍摄角度的影响。我们往往只是关注自己看到的事物，而极少考虑观察事物的方式或者可能忽略的细节。不过，即便那些看似客观中立的媒体，也很容易对新闻事件或者当事人作出带有偏见的报道。

过去数十年间，研究人员已有大量实验成果揭示上述问题。如果我们像现场亲历者一样，非常投入地观看事件经过，就很可能将当事人的行为归因于周遭环境因素；但如果我们站在旁观者的立场上，我们则倾向于将当事人的行为归因于他的性情和品格上。

假设你是一位陪审员，庭审时遇到一个难题，需要审查被告人供述究竟是自愿作出还是警方强迫所得。如果你运气好的话，案件的整个讯问过程碰巧有录音、录像记录。讯问室一共安装了3台摄像机，一台摄像机对着讯问人员，一台摄像机对着被告人，另一台摄像机则同时拍摄讯问人员和被告人，而警方只是将其中一台摄像机的录像记录提交给法庭。我们通常认为，无论观看哪台摄像机的录像记录，都会得出相同的结论，因为所有的摄像机拍摄的都是同一个场景。但是，科学家们经过大量研究后发现，我们观察事物的角度对观察结论具有重要影响。研究人员只要将拍摄角度由犯罪嫌疑人调整为讯问人员，就能够显著影响人们的观察结论，这时更多的人倾向于认为犯罪嫌疑人的供述并非由强迫所得。如果我们以犯罪嫌疑人的视角观察讯问人员的言行，就更容易发现和感觉到讯问人员的威胁和压力。与从不同角度观看讯问录像的人所得出的观察结论相比，仅从单个角度观察的人所得出的结论往往有些片面。

摄像机拍摄角度所导致的偏见效应，还可能影响人们对被告人是否有罪以及应当判处多重刑罚的评估判断。 在一项实验中，摄像机原本同时拍摄犯罪嫌疑人和讯问人员，当研究人员将拍摄视角调整为仅仅聚焦犯罪嫌疑人后，定罪的比率翻了一番。此外，这种偏见效应不仅产生于商场盗窃等轻微犯罪领域，也存在于入室盗窃、强奸和故意杀人等更为严重的犯罪。更加令人奇怪的是，即便具有较高的专业技能（例如，执法人员或者法官群体）和较强的责任心，或者通过司法指示告诫人们注意观察角度的偏见，在实践中也通常无济于事。人们往往注意不到他们正在忽视信息。

人们不禁会问，摄像机拍摄角度所导致的偏见效应是否影响了"哈里斯案"的处理结果？

大法官斯卡利亚认为自己摒弃了所有可能存在的不公正因素，并且指出，"没有任何证据或者迹象显示录像带曾被篡改或者删减"。不过，他的主张和联邦最高法院多数意见都是错误的。

斯科特警官巡逻车上装载的视频录像机，看起来全面客观地记录了案件的关键事实。不过，这份录像不仅仅是记录了车辆高速追逐的过程，而且是从亲自参与追捕的执法警官的视角记录了整个过程。当你观看这份录像时，就会身处执法警官当时的位置，得到他当时得到的信息。我们可以看到，犯罪嫌疑人驾驶的卡迪拉克尾灯照射着考维塔县城湿滑的路面；也可以听到，警察总部调度员向执法警官下达"抓住他"的指令。如果站在执法警官的视角，就会自然而然地认同他对情势的分析和评估，并且理解他当时为何采取相应的行为。

如果联邦最高法院当时观看到其他不同的现场录像，例如，十字路口某个行人拍摄的视频，或者新闻记者在直升机上航拍的录像，将会得出怎样的结论？如果哈里斯车内也安装了行车记录仪，能够从车辆后方拍摄警车追逐的过程，又将会出现什么样的结果？诸如此类的录像都是对警方追逐过程真实、准确的记录，但是研究显示，当我们观看这些录像后，对于警方追逐行为的风险程度、警方在当时使用致命武力是否必要，以及谁应当对追逐行为造成的公众危险负责等问题，将会得出完全不同的结论。

站在维克多的视角看待整个事件，我们将会对他的行为产生全新的认识。观众可能会有这样一种感觉：一个年仅19岁的黑人男子在佐治亚州驾车行驶，谢幕之中，他被几辆闪着警灯、鸣着警笛的警车追逐。这个场景可能会使观众产生同情心，进而扪心自问：如果我是案件当事人，当时鬼使神差地没有减速停车，在明知警察将会严厉处罚逃逸者、一旦场面失控又没有他人能够提供帮助的情况下，我应当如何应对？我们看到此类录像后，就会倾向于认为，年轻的维克多是在当时情势压力下不得已实施了后续的行为。

事发当时，维克多是格里芬技术学院的全日制在校生，在一家临时机构勤工俭学。他每天早晨4时许离家，工作一整天后回家。当时是晚上11时许，他已经累得精疲力尽，在驾车途经超速监视区时并未注意到旁边的警车。当他突然在后视镜中看到警灯时，顿时"惊慌失措"。他的驾照因为没有付费已被吊销，他非常担心自己被捕坐牢。尽管在许多美国人看来，在警察面前逃跑并非明智之举，但是对年轻的非裔美国男性而言，他们经常面临警方的骚扰、抓捕和监禁，对此一直心存恐惧，因此，从他们的孩提时代起，逃离警察控制已经近乎本能反应。他们不会期望事情能够顺利了结，也不会奢求公平待遇，更不会信任警察和司法制度。许多黑人青少年的座右铭是：遇到警察，赶紧离开。

在那个宿命般的时刻，维克多没有停车，而是踩下了油门。他随后解释道："我没有想要危及他人生命安全，或者吓唬别人。我唯一想做的事就是回家。我一边逃跑，一边看到其他警车正在封锁街道，我觉得自己已经被包围了。我无法想象这件事竟然发生在我的身上。我从没有想过要伤害自己或者他人。我只有19岁，我当时被吓坏了。"

维克多·哈里斯在那个雨夜犯了一个严重的错误，但是他所犯的过错不至于导致全身瘫痪的结果。同时，他也不应当被剥夺接受陪审团审判的权利。他是制度的受害者，而最终的原因是制度的执行者存在认识上的局限性，这也是我们每个人都存在的局限性。就像《圣经》里所说的那样，我们能看到我们兄弟眼中的不屑，却看不到我们自己眼中的大梁。我们盲目地相信技术的客观性，认为它们传递的是真实的，但实际上，它们可能会歪曲我们的观察结论。

理性的陪审员也可能在看待案件的方式上存在严重的分歧。如果你没有遇到合适的陪审团，就可能被判决有罪；而换成其他陪审团，你也可能被判决无罪。类似地，那些原本旨在保护犯罪嫌疑人免受警方虐待的措施，例如，讯问录音录像制度，如果录像机碰巧被习惯性地放置在讯问人员身后，那么，就可能会不公正地产生有利于控诉方的效果，这不得不说是司法制度的一个悖论。

针对上述问题，改革已是势在必行。

对于观察者角度导致的偏见效应，采取有效改革措施的时候到了。时至今日，越来越多的巡逻车安装行车记录仪，越来越多的办案场所启用讯问录音录像设备，越来越多的执法人员随身佩戴执法记录仪，这些已经成为标准的办案程序要求。绝大多数录像设备都是从执法警察的角度拍摄事件经过，这些录像记录都将对随后的观看者产生潜在的影响，其中既有对拒捕的犯罪嫌疑人决定是否提起指控的检察官，又有负责对执法行为进行内部审核的高级警官，也有试图确定攻击者身份的陪审员，还有复核案件的上诉法院法官。

毫无疑问，我们不能因噎废食地停止使用录像设备。如果录像设备得到正确的运用，是能够促使我们的司法制度更加公正的。

2012年，加利福尼亚州亚奥托市引进一个项目，在执法警察佩戴的太阳镜上安装一个小型摄像机。第二年，警察面临的投诉数量，以及警察使用武力导致的事故数量，总共减少了50%以上。由于警察和社会公众都认识到彼此的行为处于监控之下，这促使大家的行为举止更加文明规范。

录像设备的推广使用还有助于避免特定类型的偏见，例如，现场录像改变了此前依赖目击证人辨认犯罪嫌疑人的局面。如果我们了解录像记录影响感知的具体方式，就能够改变使用录像设备的方式，进而消除潜在的偏见。鉴于第三方视角的拍摄角度能够消除偏见效应，有助于客观评估犯罪嫌疑人供述是否是强迫所得，实践中应当广泛推行这种做法。鉴于我们通常难以客观地使用行车记录仪或者执法记录仪的视频信息，此类视频信息不应当作为认定事实的决定性依据，联邦最高法院的做法就是前车之鉴。如果视频信息未能同时记录所有当事人，或者仅仅记录事件的部分环节，我们就应当对此保持格外审慎的态度。作为例外情形，只有当被告人同意时，才可以将此类视频作为证据使用。

不过，由于每个陪审员都有独特的个人背景和生活阅历，我们很难控制这些因素对司法决策的影响。联邦宪法第六修正案规定，刑事案件的被告人享有接受"公正的陪审团"审判的权利。这是目前没有得到遵守，也可能永远无法实现的司法承诺。当然，我们可以做得更好一些。

经常有人主张，可以让法官在事实认定方面承担更多的职责。不过，如果认为某些事情显而易见、没有争议，就以此为由让法官代行陪审团的职责，就可能仅仅是以法官的背景和阅历取代陪审团的背景和阅历而已，联邦最高法院在"哈里斯案"中的做法就是典型例证。

除此之外，我们还应当关注陪审团的组成问题。如果不同的陪审员会从不同角度看待案件中的关键事实和法律争议，那么，陪审团的组成就应当是多元化的。目前在陪审员群体中，特定的群体，例如，美国白人，占据了绝大多数席位，而其他群体则为数很少，这种现状是不公平的。这不仅对从弱势群体中遴选的陪审员不公平，对维克多·哈里斯之类的当事人也不公平，后者原本可以在更加多元化的陪审团中获得更有利的诉讼结果。为了解决这一问题，我们需要认真审视一下，经过数十年破解特定群体社会隔离问题的改革努力之后，为什么陪审团的多元化仍然会作为一个问题继续存在？看来有必要采取多管齐下的改革举措，包括为陪审员（或者雇主）提供足够的补助，确保相关人员不会因此而蒙受经济损失；为那些有特殊需要的陪审员提供交通设施和儿童看护服务；并且重新考量陪审员的遴选方式。

基于目前的陪审制度，在开庭前的宣誓作证程序中，律师和法官都要审查哪些陪审员可能对控辩一方存在偏见，并将可能存在偏见的陪审员排除在陪审团之外。我们已经认识到，特定的身份、经验和价值观都可能会影响陪审员的认识和判断，鉴此，宣誓作证环节最大的挑战就是如何确保该程序发挥预期的功能，本书随后将会对此作出详细论述。

假设有一个票据欺诈案件，被告人是一名42岁体态肥胖的非裔美国女性，共有6个子女，依靠社会救济度日。我们应当如何筛选适格的陪审员呢？

近期研究显示，被告人的体重会影响陪审员的判断，如果被告人是一名肥胖而非苗条的妇女，那么，男性陪审员更有可能作出有罪判决。相比之下，女性陪审员则没有表现出对体重的偏见，男性陪审员对男性被告人也没有类似的偏见。此外，体态偏瘦的男性往往格外敌视肥胖的女性被告人。他们不仅特别倾向于认定肥胖的妇女比苗条的妇女更加容易犯罪，而且认为肥胖的妇女更加容易再次犯罪。

有鉴于此，我们有必要防止男性陪审员参与这个案件的审判，或者防止遴选体态偏瘦的男性陪审员。此外，我们也可以问男性陪审员一些更加具体的问题，从而帮助我们作出选择。无论如何，如果我们关注审判的公正性，那么，对此类问题视而不见就显得有些失职。

不过，诸如此类的问题很多，我们很难穷尽所有的问题。除了前面提到的因素外，还有许多其他的变量可能导致某些陪审员产生偏见，例如，被告人的年龄、种族和社会经济地位等，这些因素都在前述票据欺诈案件中有所体现。考虑到司法资源的有限性，我们应当重点关注哪些因素？哪些因素又应当忽略不计？

现代科技促使我们更加深刻地理解文化因素如何对陪审团产生影响。隐性态度测试[1]已经能够确定不同群体（如少数民族、贫困人员和肥胖人

---

[1] 内隐态度测验（Implicit attitude Test，简称 IAT）是由格林沃尔德（Greenwald）在 1998 年提出的一种研究方法。内隐态度测验是以反应时为指标，通过一种计算机化的分类任务来测量两类词（概念词与属性词）之间的自动化联系的紧密程度，继而对个体的内隐态度等内隐社会认知进行测量。

士等）原型的影响力，以及人们对不同群体的基本态度。此类测试的基本原理在于，人们对那些早已建立起内在关联的事物，例如，"一个苗条的人"和"很好"这两个事物，很容易作出反应；相对而言，对那些并未建立起关联的事物，例如，"一个肥胖的人"和"很好"这两个事物，则很难作出反应。当计算机屏幕上出现一张图片或者一个单词，如果它属于屏幕左侧的一类事物（例如，清秀/正面），你就敲击字母"e"；如果它属于屏幕右侧的一类事物（例如，肥胖/负面），你就敲击字母"i"。然后，改变上述事物所属的类型，即形成：清秀/负面、肥胖/正面的全新搭配。随后，以毫秒为单位测量反应速度，科学家能够据此计算自动产生的（通常是无意识的）偏见，这种方法非常有助于识别陪审员的隐性偏好。例如，当涉及肥胖问题时，人们表现出很强的隐性和显性的体重偏见，这是由于人们已经习惯于对肥胖人士作出负面评价，但是对黑人和穷人的偏见却表现为不同的模式。在这些测试中，许多人都表现出很强的隐性偏见，但是只有极少数人意识到他们的倾向或者愿意主动承认这种倾向。

时至今日，这些测试的设计者们基于伦理考量反复告诫人们，除了培训陪审员之外，不要将此类测试用于其他领域。不过，我们随后还要谈到，审判顾问行业早已使用复杂的、个性化的陪审员评估系统，并且得到了司法系统的认可。在不久的将来，科学化的陪审员审查系统就可能会成为宣誓作证程序的一个标准化组成模块。随着神经科学的快速发展,研究人员甚至有可能基于神经活动识别陪审员拥有的特定倾向。这方面已有初步的研究成果。在近期一项功能性磁共振成像研究中,科学家们发现,当模拟陪审员观看黑人和白人的面孔时,可以通过检测他们的大脑活动,预测他们将要判决黑人被害人获得的赔偿数额。在未来的某个时候,我们不用再发放调查问卷,只需让陪审员浏览不同个体、环境或者事件的照片或者描述,然后观察他的大脑反应,如果大脑反应模式表明他对案件存在某种偏见,就可以取消他的陪审员资格。

不过,我们始终无法确定,针对隐性偏见或者大脑活动的各种测量方法能否足够可靠地预测当事人的行为,进而作为采取干预措施的依据。为了认定某个陪审员可能会不顾案件事实而认同警方的行为,我们应当达到什么样的确信程度?

不过,这并不是一个新问题。这个问题几乎在每个案件的审判中都会出现,只不过有的比较隐晦,有的比较公开而已。我们所要做的只是作出一个决定,即是否要借助科学的辅助来解决这些问题。现在,车已启动,马达轰鸣,唯有矢志前行。我们可以查阅最好的地图(尽管可能并不完美),也可以凭本能行进。最终的选择权在我们自己手中。

第六章｜目击证人：记忆的偏差

"你现在在法庭上看到的这个人，是否就是那天晚上闯入你家中的那个人？"

被害人环视法庭一周，说道："没错"。

梅里威瑟县的检察官的措辞非常谨慎。这是审判的紧要关头。检察官有望突破这个案件，如果他能够最大限度地营造现场氛围，就能够成功地说服陪审团。

此时，证人席上的证人等待着被提问，而法庭上的听众则注视着她。证人是一个年老的妇女，她遭到非常严重的侵害，以至于强奸案件的取证设备都无法顺利使用；她面部有些部位已经失去知觉，但你仍然能从她脸上看出对她罪犯的极度恐惧。

"女士，请你走出证人席，指认出那个罪犯。"

她随即走出证人席，在整个法庭的注视下抬起了手臂。

"就是他！"

约翰·杰里米·怀特最终被定罪，并被判处终身监禁。

在法庭上，怀特一直坚称自己是无辜者，声称自己不是那个在1979年8月11日清早闯入被害人家中，殴打并性侵被害人的罪犯。他也不是那个作案后抢走被害人钱包里的70美元现金，扯断电话线，然后从后门逃离现场的坏人。他反复说道:"我最清楚,我没有强奸那位女士。"

如果这起案件主要凭借物证定案,怀特原本可能说服陪审团作出无罪判决。控诉方并没有多少物证,州犯罪实验室哥伦布分部的鉴定人员作证指出,犯罪现场床上提取的毛发与怀特的毛发具有"足够的相似性",由此"可以认定它们来自同一来源"。不过在交叉询问过程中,鉴定人员不得不承认,这个鉴定意见的确定性程度很低:被害人家中提取的毛发"可能"来自怀特,这实际上只是意味着,"这种可能性较大而已"。

不过,检察官手中握着一张王牌。

被害人曾经不止一次指认怀特就是作案人,她一共分别作出三次辨认结论。在这种情况下,无论你询问哪位检察官,他都会告诉你,被害人所作的辨认就是锁定被告人的最佳方式。联邦最高法院大法官威廉·布伦南就此指出:"如果目击证人站在证人席上,用手指着被告人说'就是他!',那么,几乎没有什么其他东西比这个证据更有说服力了。"

不过,约翰·杰里米·怀特真的不是罪犯。2007年,办案机关对犯罪现场的毛发进行DNA鉴定,结果显示怀特并非作案人。

当怀特在2007年12月跨出麦肯州立监狱的大门时,被害人早已离开人世,但是她在28年前指认怀特作案的行为将永远被铭刻在历史的印记中。如果没有她的错误指认,怀特就不会在狱中度过接近半生的时光。现实就是这么简单,这么残酷。

然而，这个案件还有另外一个更加曲折的情节。当被害人指认怀特作案后，案件就直接宣告被侦破。警方从未想过要查获真凶，也从未想过他们当年竟然与真凶擦肩而过。直至数十年后，当真凶又强奸了维利威瑟县的另一个妇女，他才最终被绳之以法。这要追溯到1979年，就在本案发生后几个星期，被害人在警察局对5个嫌疑男子的照片进行辨认。

怀特的照片位于中间，他当时穿着牛仔短装和白色T恤衫。他骨瘦如柴，一幅很放松还有点女性化的样子，双腿并拢，双臂收起，规规矩矩地站着。他拍照时正对着照相机。

被害人毫不费力地就将他指认出来，就是那个3号男子。她当时告诉警方，她"几乎可以肯定"，他就是作案人。

这是一个非常严重的错误。不过，故事并未结束。警方后来发现，她当天犯了两个致命的错误。在她辨认的那组照片中，其指认对象右侧第二个人就是真正的罪犯：他名叫詹姆斯·爱德华·帕尔姆，是照片上的 5 号男子，圆脸，穿着牛仔裤和条纹衬衫，拍照时眼睛看着旁边。当天在警察局里，被害人看到了真正的罪犯，却指认了另外一个无辜者。

帕尔姆出现在列队辨认的照片中纯属巧合。警方当时的重点嫌疑对象是怀特。帕尔姆当时恰好因犯其他罪行被抓，为了在被害人辨认时凑足人数，警方就临时把他叫过来作为"陪衬"。警方并不知道帕尔姆才是他们千方百计寻找的罪犯。直到约 30 年之后，人们才发现其中的关联。

尽管"怀特案"有些诡异，但实际上这并非个例。即使在为数极少的 DNA 改判无罪案件中，研究人员也通过整理案情发现，至少有 2 起案件的被害人有机会确认真正的作案人，但被害人最终却将无辜者指认为罪犯。

在其中一起案件中，被害人是 22 岁的女大学生詹妮弗·汤普森，她在家中被人持刀威逼强奸。她决心要帮助警方抓到那个强奸犯，在诉讼过程中，她先后进行了照片辨认、列队辨认和当庭指认，结果每次都指向同一个人——罗纳德·考顿。汤普森当时"完全确信"自己的指认，最终考顿被判处终身监禁。不过，当考顿被关入狱中服刑后，监狱里的另外一个人沾沾自喜起来，他就是鲍比·普尔，他声称自己才是袭击汤普森的凶手。在考顿案件的重审环节，普尔被带到法庭。法官问道："汤普森女士,你见过这个人吗?"汤普森毫不犹豫地回答:"我从没有见过他。我不知道他是谁。"考顿再次被投入狱中,并将在狱中度过余生。不过,与怀特一样,他最终被证明是无辜者,而通过 DNA 鉴定确认的真正罪犯恰恰就是普尔。汤普森此后写道:"我当时非常确信,但我的确错了。"

这些司法悲剧使证人记忆存在的各种问题引起了广泛关注。如果被害人与作案人面对面相处较长时间,仍然不能认出作案人,却错误指认其他人,那么,其他案件又将会面临什么局面?在绝大多数案件中,证人仅仅是对仓促作案人一瞥,并且作案人还可能并未出现在警察局列队辨认的名单之中。

尽管警方还有其他途径锁定犯罪嫌疑人或者重建案件事实,如借助监控录像和 DNA 证据,但证人证言仍是查明案件事实最为常见的方法。一些证人对作案人相貌或者涉案车辆特征的记忆,是破案的关键证据。还有些证人证言是认定犯罪经过的关键证据,其既能揭示作案人的犯罪动机,又能认定犯罪的构成要件事实(如作案人存在杀害被害人的犯罪预谋),也能反驳被告人正当防卫的辩解(如犯罪嫌疑人首先持枪对准被害人,被害人才拿出匕首)。在司法实践中,几乎所有案件都会不同程度地涉及证人的记忆,包括帮助警方寻找证据、促使检察官决意提起指控、说服陪审员作出有罪判决或者影响法官的量刑结果。兹举某项统计数据为例,美国每年约有 77000 名被告人是基于目击证人的辨认结论被提起刑事指控的。

如果我们没有通过数以千计的科学研究、大量模拟证人实验和真实的案例，最终形成有关记忆问题的清晰认识，就不会意识到：对证人记忆的依赖原来是如此让人担忧的。

例如，大量证据表明，目击证人的辨认结论经常是不准确的。当真正的罪犯和无辜的陪衬者一同接受列队辨认时，有1/3的证人不能指认出嫌疑对象；而在那些指认出嫌疑对象的证人中，又有约1/3的证人错误指认了陪衬者。如果你是真正的罪犯，这无疑是一个好消息，因为这意味着你在列队辨认中被指认出来的概率只有50%。不过更令人担忧的是，如果真正的罪犯并没有出现在列队辨认的名单中，证人错误指认出陪衬者的概率竟然达到50%左右（在此种情况下，证人原本不应当指认任何人）。此外，即使证人通过列队辨认成功地指认出犯罪嫌疑人，并不代表他们的辨认结论就是可靠的：当犯罪嫌疑人不在列队辨认名单中时，再让这些证人进行辨认，仍有一半证人指认了其他无辜的陪衬者。

因此，当我们了解到，目击证人的错误辨认结论是导致错误定罪的首要原因时，也就不足为奇了。在此前统计的美国250例由DNA证据改判无罪的案件中，有190起案件涉及错误的辨认结论。

问题在于，在许多案件中，并没有人刻意进行误导或者实施欺骗，但为什么会出现如此多的耸人听闻的冤假错案呢？被害人非常希望能够辨认出实施犯罪行为的真凶，绝大多数证人都积极协助警方侦破案件，警察、检察官、陪审员和法官也都非常渴望能够抓到真正的罪犯并将其绳之以法。就像"怀特案"一样，没有任何迹象显示，警方试图陷害怀特或者故意违反法律规则；他们只是努力让强奸犯得到应有的法律追究。怀特被无罪释放后，他并没有因其他人的行为导致其长期丧失自由而去报复。这不是其他人恶意陷害的结果，只是由于"一些人犯了一些错误"。

怀特的做法是正确的，但他也忽视了一些重要的因素：这些错误既不是随机性的，也不是意料之外的。我们发现，这些错误都是刑事司法系统加剧了证人记忆的局限性和脆弱性所导致的必然结果。

我们许多人都非常相信自己的记忆。一个最耳熟能详的比喻是这样说的：记忆就像是摄像机。经年累月，我们的大脑积累了成千上万的图像和信息，我们如有需要，可以随时提取这些信息。当然，我们有时也会遗忘一些事情，有些图像会开始变得模糊。但是，当我们成功地回忆起这些图片或者录像，我们就会认为这些都是对此前所见的真实、准确的记录。

我们绝大多数人都认为自己拥有良好的记忆，我们也同样认为其他人也能够保持记忆的准确性和一致性。总而言之，我们非常相信记忆所具有的能力，并把它看做维系刑事司法系统的重要手段。

这种信任有一定的道理。在许多情况下，人的记忆是打击犯罪的有效手段，我们对这一点深信不疑。例如，我们有回忆起某些人相貌的特殊能力。

不过，我们也都知道，人的记忆时常会出现问题。例如，我经常不能回忆起刚认识的新朋友的名字，经常忘记刚看到的填字游戏的线索，经常在信誓旦旦地向妻子作出保证后却忘记要去商场购买何种物品。

与此同时，我又搞不懂为什么我能很容易想起大学时代经历的一些琐事，如《物种起源》是1859年首次出版，但却很容易忘记牙医的电话号码。又如，时隔多年之后，在伦敦东北一个地铁站，我一下子就认出了高一时储物柜与我相邻的那个女子，但是当我在学校附近的酒吧遇到上一学期选修我课程的学生时，我却怎么也对不上号。

由此可见，记忆的能力实际上根本不能与摄像机相提并论。具体说来，人类的感知力和注意力存在各种局限，记忆在很大程度上要受到这些局限的影响。我们实际上根本无法处理我们每时每刻不断接收的海量信息。仅仅是靠看到、听到或者闻到某些东西，我们并不能产生具体的记忆，事后也很难回忆起这些事情。

为了说明这个问题，我想让你描述一个人的相貌特征，这个人的图像你应该已经看过无数次了。你现在就很可能随身携带不止一张他的图像。

假如我是一个素描画家，我请你描述一下10美元纸币正面的人物相貌特征。不过，你不能拿出一张10美元纸币边看边说。

他的头发是卷发、有些许波纹还是直发？他的头发是否遮挡住耳朵？他的两颊是否有酒窝？他是否带着领结？他的眉毛是否浓密？他的夹克是窄领还是宽领？他的鼻子是什么形状？最后一点，他究竟是谁？

现在请你拿出 10 美元纸币，看看纸币上的那个人。你的答案是否接近实际的情况？

对许多人来说，这项任务非常困难，但是司法实践面临的问题远比这要复杂得多。例如，我原本可以让你说出亚历山大·汉密尔顿颈部两侧的签名，或者 10 美元纸币背面的图案。

除非我们专门予以关注，我们通常并不在意视野中出现的事物。我们在使用 10 美元纸币时，并不会关注纸币上汉密尔顿头像的面部细节，我们所关心的是顺利完成交易；我们只需确定手中拿着的是 10 美元纸币，而不是 5 美元、1 美元或者 20 美元。至于我们查看纸币的次数乃至纸币的重要性，都无关紧要。实际上，我们经常忽视一些非常重要的事物。

在一项针对加州大学洛杉矶分校心理系师生的调查中，研究人员发现，尽管该系楼外的灭火器都安放在醒目的位置，距离大楼不到25英尺远，但只有24%的师生记得距离该楼最近的灭火器在哪里。在这栋楼里工作、学习的师生每天都会看到这些灭火器，但他们仍然对此视而不见。原因在于，这些灭火器和他们的日常工作和生活没有实际关联。

从积极的方面看，当我们需要关注某些事物时，我们的记忆就会开始发挥作用。在前述实验结束2个月后，研究人员回到加州大学洛杉矶分校心理系，再次询问有关师生距离该楼最近的灭火器的位置。这次，每个人都作出了准确的回答，原因在于前次实验已经促使所有师生关注灭火器的位置。在刑事诉讼领域，证人面临的挑战在于，特定的人、事、物的相关性，很多情况下只有在案件发生之后才显露出来。我们通常难以回忆起路边停靠的车辆和闲逛的行人，因为当时我们没有理由关注这些琐事。

假定在某个情形下，你意识到应当铭记周围发生的所有事情，如你在小巷中目击了一起暴力殴打事件。但即便如此，我们的记忆也很难达到预期的效果。记忆不能像照片或者录像那样形成永久性的记录；过段时间，我们就会忘记此前所经历的许多事情。各种情形下的记忆也存在内在的差异。我们往往更加善于记忆事件的核心内容（如两个男人正在争吵，高个儿男子拿起一根管子砸在矮个男子的头上），却不善于记忆当事人的言语细节（如高个儿男子说道："你告诉比尔把钱放在地窖里。"）。

由于当事人对话的言语特别具体化，这些细节也是最容易被忘记的内容。那些耸人听闻的事件，如暴力犯罪，能够增强我们对事件核心事实的记忆，但同时也导致我们难以记住相应的背景事实：那个高个儿男子是否有一个背包？是否有人在通往巷道的街道上泊车等待？对面街道的建筑物内是否有灯光？然而，这些信息通常都是帮助警方破案的关键细节。

对记忆的依赖可能面临诸多问题，我们不仅难以理解有些事情的含义，而且会经常忘记一些事情；与此同时，我们对客观事物的记忆会受到动机、期望和经验等因素等影响。因此，对同一个事件，不同的人往往会形成不同的记忆。

记忆形成之后，并非稳定不变，而经常会发生程度不同的改变。记忆的构建过程，非常类似于拼图游戏：我们集齐所有的拼图碎片，然后基于我们的背景知识、预期和信念将它们在空白板上拼接起来，直至形成完整有用的拼图。但当我们试图回忆某些事情时，我们并非只在记忆仓库中盲目地寻找记忆碎片，而是一边去搜寻记忆，一边去编排各种记忆碎片。

我们获得某个事件的新信息后，通常会将之纳入我们的记忆之中。我们甚至能够"记起"自己从未经历过或者看到的事物。一项研究发现，约有40%的英国受访者声称自己曾经看过2005年伦敦恐怖袭击事件中客车爆炸的录像视频，尽管实际上该视频并不存在；同时，有35%的受访者能够回忆起那个并不存在的视频中的特定细节。与我们的预想不同，虚假的记忆通常非常具体化，这使回忆的主体和第三方（包括警察、陪审员和法官）都认为此类记忆非常可信。

在许多案件中，虚假的记忆并不是凭空捏造，而是契合我们的预料或者预期并合乎逻辑的事实描述。我们可能会记起曾经对某个同事最终失败的项目提出过质疑，或者记起曾经在某晚目睹的醉酒驾车事故中听到驾驶员含糊不清的谈话。这些联想出来的所谓"记忆"，为我们提供了有价值的事实描述，并且促使我们对希望相信的事情形成内心确信。

如果我们认真研究这些实验结果，就会发现，人们对事件记忆的准确性只有80%左右。换言之，约有1/5的细节信息都是错误的。不过，问题不仅在于我们对事件的记忆存在错误，还在于我们对自己的错误记忆非常确信。一项研究显示，约有1/4的虚假记忆曾得到完全的确信。你应当还记得，被害人在辨认出约翰·杰里米·怀特时，内心"几乎完全确信"他就是作案人。

她为什么会犯这样的错误呢？基于"后见之明"，有些原因是显而易见的。她当时已经是74岁的高龄，其在遭到攻击时并没有佩戴眼镜。现场室内唯一的光亮来自隔壁橱柜昏暗的灯光。作案人离开现场之前，丢给她一个枕头并警告她："拿着这个枕头挡住脸，在我离开之前不许拿开。"研究显示，证人的视力、年龄、观察时间和距离以及现场亮度等因素，都会影响证人记忆的准确性。

不过，许多研究结论都并非那么不言自明。例如，一项研究显示，人们对满月状态下见过的人的辨认准确性与抛硬币差不多，根本靠不住。同时，那些影响记忆准确性的因素却比我们想象的要复杂得多。研究人员只要改变证人进行观察的条件，就能够将辨认的准确性提高到86%，或者降低至14%。

由于法律领域完全忽视此类重要变量的相关性，上述问题变得更加严峻。例如，在"怀特案"中，被害人作出错误辨认的重要原因之一可能就是：被害人是白人，而作案人是黑人。研究显示，当辨认对象是其他种族的人时，人们作出错误辨认的可能性高达50%。当然，如果人们经常与其他种族的人接触，他们辨认的准确性将有所提高。对于处在不同年龄段的辨认对象，情况也是如此。不过，由于法律致力于反对差别待遇，所以，人们通常并不承认或者提及这种现实问题，而大多数警察、法官和陪审员则往往并未意识到这是一个问题。

研究人员还发现，我们的记忆会受到精神或者身体压力的影响。尽管我们很难模拟真实案件中被害人的恐惧和焦虑心理，但是，科学家们非常有创造力，他们通过其他实践经历来体验类似的情感。例如，在一项研究中，实验参与者亲身体验伦敦地牢中的"恐怖迷宫"，其间他们要经过一个黑暗的迷宫，里面有尖叫的骷髅、惊悚的音乐和眼花缭乱的迷镜，还有一个身着黑袍的演员挡住游客们的去处。随后，研究人员要求实验参与者从一组9人的列队辨认中指认出那名演员，结果显示，那些没有感到紧张的游客作出正确指认的比率，要比那些高度紧张、心跳加速的游客的比率高出4倍以上。

因此，面对持枪抢劫的罪犯，被害人不仅通常会选择顺从，还很难记住罪犯的面貌特征。面对这种情形，我们不仅会感到恐惧，我们脆弱的记忆也往往会聚焦于当时高度关注的对象（还记得之前那个10美元的例子吧）。当罪犯持枪指向我们时，枪支就成为当时被高度关注的对象；如果我们的眼睛紧盯着枪管，就很难在案件发生后指认出犯罪嫌疑人。

我们的记忆还可能会受到剧烈身体运动的影响，如被害人奋力反击作案人，或者警察快速追逐犯罪嫌疑人等情形。在一项模拟实验中，当警察用力击打300磅重的沙袋，快要精疲力竭时，他们成功完成记忆任务的能力远远低于那些没有经过剧烈运动的警察。此种情况下，他们不仅很难回忆起此前刚刚拿到手的书面材料，当随后遇到犯罪嫌疑人时，他们辨认犯罪嫌疑人的准确度也降低了一半左右。

这一结果看起来有些难以理解，我们通常认为，对作案人进行反击，能够促使我们更好地作出辨认，然而实际情况恰恰相反。我们从中获得的启示是：当警察或证人在与罪犯进行现场对抗后，如果他们在回忆某些细节时犯错，我们就需要提醒自己，他们不是故意说谎，也不是试图保护作案人，他们很可能只是记不清事件细节而已。

尽管记忆可能受到各种因素的影响，但是，司法系统并没有对影响记忆的各种因素进行有效的管理。即使证人在枪击案件发生时距离现场很远，或者身处昏暗的环境，警察、检察官或者法官也只是对其作出的证言听之任之。不过，这些司法官员非常关注记忆形成和回忆之间的时间间隔。然而，我们据以处理证人证言的程序和规则，主要是为了锁定真正的罪犯，以及查明案件事实真相。

我们惊讶地发现，在美国2万多个执法机构，有关证人证言的法律规范非常随意并且存在很大差异。绝大多数执法人员从未接受过任何有关正确询问证人或者主持辨认的正规培训，许多警察机构也没有制定相关的程序规则。即便是那些有章可循的警察机构，具体的程序规则也存在各种问题，这严重影响了侦查工作的公正性和有效性。

在"怀特案"中，对被害人的取证工作从一开始就存在明显的瑕疵。

我们都熟悉犯罪剧情片的常规套路。在通常情况下，当警方没有案件线索时，首先会想到让被害人帮忙，让被害人描述罪犯的体貌特征。罪犯画像随后被下发到辖区，交到每个警察手中，直至最终发现犯罪嫌疑人并将其抓获归案（这真是一个圆满的结局）。

现实生活中的强奸案件就是这样被侦破的。当佐治亚调查局的侦探看到强奸犯的画像后，他认为犯罪嫌疑人有些面熟，很像他正在调查的一起入室盗窃案件的犯罪嫌疑人：约翰·杰里米·怀特。这个案件原本被解决得很漂亮，只是怀特并非真正的罪犯。

事实上，罪犯画像的总体实施效果并不容乐观。即便人们看过罪犯画像，他们在列队辨认中的实际表现，也只是略微好于那些胡乱指认的人而已。如果罪犯画像的制作本身没有什么负面后果，情况还不算太糟。但实际上，证人协助画师或者计算机专家绘制罪犯画像的过程中，可能会改变自己最初的记忆。在有些情形下，罪犯画像甚至可能会取代最初的记忆。

在"怀特案"中，当警方将被害人带到警察局，让她观看混杂的辨认照片时，被害人的记忆注定要产生更加严重的歪曲。

从好的方面看，观看混杂的辨认照片（或者实践中常见的照片组图）比最常见的辨认程序（现场指认）更加准确。在现场指认的场合，警察通常是在犯罪现场让证人指认单独在场的犯罪嫌疑人。警察非常青睐现场指认程序，因为现场指认非常高效便捷，但是该程序具有很强的暗示性，并且通常会导致错误的辨认结论：当你看到某个人坐在讯问椅上，双手戴着手铐，你通常会联想到，警察一定非常确定他就是罪犯。列队照片，仅仅提供多人的头部照片，这无疑是明显的进步，但是这个做法也有自身的严重问题。

首先，当警方向证人出示一组混杂的辨认照片时，证人自然会认为其中包含罪犯的照片。当警察告知证人，他们选择了无辜的陪衬者，那么，约有半数以上的证人会继续选择其他人。需要指出的是，如果你明确告诉证人，罪犯可能并不在混杂的照片之中，就能够消除证人的上述倾向。不过，警察通常不会对证人作出任何警告。

此外，在同一页纸上显示多人的照片，往往会促使证人选择其中那个最像罪犯的人。对此有个简单的解决方案，但通常被人们所忽视：警察可以依次向证人出示各张照片，不让证人对各张照片作出比较，而是让证人确定哪个照片上的人才是他记忆中的罪犯。

"怀特案"中运用混杂辨认方法时，最大的问题就是辨认时间距离案发时间过于久远，已是案发 6 个星期之后。**时间是证人记忆准确性的敌人**。如果你在目击犯罪行为当晚就前往警察局，那么，记忆的准确性要比时隔一个月之后好得多。一般认为，距离案发 7 天之后，记忆的准确性将会出现显著衰退。研究显示，证人在案发一个月之后对犯罪嫌疑人进行辨认，与案发后 7 日进行辨认，辨认结论的准确性将降低一半左右。

当然，照片混杂辨认并不是"怀特案"中警方使用的唯一一种辨认程序。一个星期后，被害人来到警察局进行了现场列队辨认。尽管现场列队辨认与其他辨认方法相比，在实践中很少被使用，但这种方法确实是更加准确的证人辨认方法。

现场列队辨认的准确性取决于具体的操作程序，在"怀特案"中，现场列队辨认存在诸多严重问题。

要想确保现场列队辨认的有效性，最基本的要求就是确保所有陪衬者都符合证人最初的描述，不至于让犯罪嫌疑人在其中显得突出。美国的列队辨认通常要有 5 名陪衬者，如果只有部分陪衬者符合证人最初的描述，其他陪衬者就显得没有相关性。因此，有些列队辨认可能实际上只有 2 到 3 名潜在的罪犯，有时甚至可能只有一名潜在的罪犯。

在"怀特案"中，根据被害人最初的描述，作案人矮壮敦实，身材魁梧，圆脸，短发，胡须刮得很干净。然而，对照警方提供的辨认照片，你立即就会发现辨认程序存在的问题：怀特骨瘦如柴，长脸，身材根本谈不上魁梧。此外，他的头发很长，还留着胡须。在混杂辨认的照片中，怀特左侧的两个人和右侧第一个人也都很瘦弱，并且都是长脸。实际上，这些照片中唯一符合被害人最初描述的就是最右侧的那个人，他就是真正的罪犯詹姆斯·爱德华·帕尔姆。然而阴差阳错的是，这个存在严重缺陷的辨认程序并未锁定帕尔姆，因为警方的另一个失误扭曲了辨认结论：被害人在一周前就已见过怀特的照片，并且指认怀特就是罪犯。

大量证据表明，人们通常会混淆记忆的对象，这主要是由于他们忘记了记忆的来源。我们知道，回忆的过程是一个重建记忆的过程。我们有时会截取某些人的面部或者身体特征，并将之拼接到另外的人身上。即使警方没有进行干预，这种无意识的记忆嫁接过程也经常会发生：证人可能会将犯罪现场附近的路人，或者案发当天在麦当劳餐厅看到的服务员，鬼使神差地指认为罪犯。实际上，有些证据显示，即便只是在社交媒体上见过的某个人的图像，也可能会影响辨认过程的准确性。

但更常见的情形是，警察事先多次让证人见到犯罪嫌疑人。实证研究证实，证人事先见到犯罪嫌疑人的面部照片后，就很可能在随后的列队辨认中将他指认为罪犯，即使真正的罪犯也在列队辨认队伍之中。

在侦查过程中综合使用多种辨认方法，通常是基于善意的考虑：警方实际上也想确定他们是否抓到了真正的罪犯。在"怀特案"中,被害人在最初进行混杂辨认时并没有十足的把握,警方也担心混杂辨认的照片可能看起来并不像怀特,于是就安排了第二次辨认。他们并未意识到,由于只有怀特一人连续出现在混杂辨认和列队辨认之中,这种做法实际上增加了错误辨认的风险。被害人在看到怀特本人时可能感觉内心更加确信,她在当时也用实际行动表达了她这种看法。但她实际上究竟回忆起哪些事情?究竟是两个月前入室侵犯她的罪犯的脸,还是一周前在混杂辨认照片中见到的那个人的脸?

在诸如此类的案件中,证人通常越来越确信自己的辨认结论,但确信度的增长并不代表准确性的提高。这是由于,证人确信度水平的影响因素,往往与记忆本身毫无关联。如果警察在证人辨认后说道,"很好,你认出的这个家伙,就是我们抓的人",证人就很少会对辨认结论表示疑虑,并且会更加确信自己在案发时清楚地看到了罪犯。

事实上,在我们所讨论的各种因素中,其他人所作的评论对证人记忆的影响最为显著。证人目睹犯罪行为后,往往会了解到许多与犯罪有关的信息。有些信息可能来自新闻媒体的报道,有些来自与其他证人的交谈;其他一些细节信息可能来自与警方的交流。毫无疑问,这些额外的信息可能会使证人的记忆更加准确,但更多的时候会导致负面的影响。

在近期一项研究中,实验参与者观看一组幻灯片:一名男子偷走一名妇女的钱包,随后将钱包藏进自己的夹克口袋。在观看这些照片后,实验参与者再听取研究人员有关幻灯片的描述，其中包含一些误导性的信息，如"那个人随后将钱包藏进自己的裤子口袋"。此后，实验参与者需要回忆出刚刚看过的幻灯片细节，许多人都在误导性信息等影响下作出了错误的描述，如有人提到，"他们看见那个人将钱包藏进自己的裤子口袋"。

警察只要有些许言语暗示，就能显著改变证人的记忆。在另外一项研究中，两组人员观看同一起交通事故的录像，然后估算两车"碰撞"或者"接触"时行驶的速度。当解说人员使用"碰撞"一词时，估算结果的平均值是时速9英里以上。同时，一些人还努力回忆起现场散落的汽车玻璃碎片，尽管现场录像中根本就没有这些场景。

儿童和老人，都非常容易受到虚假信息的影响。除此之外，那些智力低下者、长期失眠者和渴望取悦于人的人，也都面临类似的问题。

实践中最令人震惊的是，暗示可能会导致虚假的自我记忆。大量研究显示，我们很容易在大脑中植入虚假的记忆，无论是痛苦的灌肠经历，还是在迪士尼公司遇到了"兔八哥"（这是不可能的，因为"兔八哥"是华纳兄弟公司塑造的一个角色）。一些研究人员发现，如果向实验参与者展示他们年轻时拍摄的一些真实照片，以及伪造的一些旅行照片（如童年时代并不存在的一次热气球旅行），那么，约有50%左右的实验参与者能够回忆起那次并不存在的旅行。

这项研究结果令人警醒，也让我们认识到，警察与证人交流的方式非常关键。各种言语的以及非言语的暗示，都会损害证人证言和辨认结论的准确性；无论警察是否出于善意，或者证人是否意识到这些暗示，结果都是如此。

假如你是一名警察，正在组织证人进行混杂辨认。证人指着某张照片，向你说道，"我很肯定就是这个人"，但你知道这个人明显与案件无关；你同时也知道，如果证人作出了错误的指认，根本就无法结案。这种情况下，你向证人说道："我们一点也不用着急。你再看看，确定不要搞错了。"你并没有告诉证人应当指认那个人，尽管如此，这种做法对吗？

这看起来是一个很好的建议，但就是这种暗示很容易导致错误的辨认结论。哪怕只是一声咳嗽、一声叹息或者一个手势，都可能产生强烈的暗示效果。在一项研究中，实验人员只是抚摸一下下巴，人们在观看这段录像后，就非常倾向于认为这个人留着胡须，而实际上他的下巴刮得非常干净。在许多案件中，警察的暗示都不会如此轻描淡写：证人往往会得到明确的提示，但外人不可能知道这些隐情。

询问过程特别令人忧虑：警察很难在询问时避免对证人产生影响。由于许多警察极少接受询问领域的专业培训，他们所采用的询问方法往往会妨碍证人全面准确地回忆案件事实。他们不会和证人融洽地相处，频繁地打断证人陈述，所提的问题不是极具暗示性就是挂一漏万。当案件侦查陷入僵局后，他们通常会继续询问证人，督促证人努力回忆案件细节,仿佛证人一定知道事实真相。这种做法在某些情况下可能会奏效,但在许多案件中,却可能导致证人回忆起一些并不存在的事情。之所以会导致这种后果,有时是由于证人努力想要填补一些遗漏的案件细节,有时是由于警察提示了特定的信息(如"你是否记得他衣服上面烟的味道?")。警方基于破案的需要,往往会重复询问有关问题、反复询问有关证人。相应地,证人对自己记忆的确信度(而非准确性)也会随之提高。

如果刑事案件的最终决策者意识到这些问题,并相应地调整对证人证言的预期,这些扭曲证人证言的因素就可能不会产生严重的危害。不过研究显示,大多数法官和陪审员往往过于相信证人的记忆。同时,他们经常忘记那些降低记忆准确性和可靠性的因素,这导致他们在评估证人辨认结论的证明价值时,很容易作出不切实际的判断。

更加棘手的是,陪审员不仅很难认识到证人目击条件或者列队辨认程序的重要性,还往往基于一些无关因素判断辨认结论或者证人证言的准确性。例如,相对于那些不太自信的证人,陪审员更愿意相信那些非常自信的证人,这种印象直接影响着他们的行为:证人越是自信,陪审员越倾向于认定被告人有罪。如果证人像"怀特案"中的被害人一样,勇敢地站出来指认作案人,并且声称自己非常确定,我们就会确信被告人就是罪犯。

陪审员一般都非常看重证人在法庭上的指认,因为他们可以亲眼看到罪犯被指认的戏剧化场景。然而,这种指认面临的问题最为棘手:在许多案件中，证人已经多次指认被告人，并且面临着保持前后一致的巨大压力。以"怀特案"为例，如果被害人走出证人席，但却未能指认出作案人，这不仅使她看起来不是一个称职的证人，还可能因此而导致整个案件偏离正轨，并使那些帮助她实现正义的警察和检察官面临负面评价。检察官通常会让证人向演戏一样当庭指认被告人，因为他们知道，这种做法对陪审团非常有说服力。同时，法官也不会对此进行干预，因为他们同样对记忆存在错误的认识。他们通常认为，设置规范的法律程序，如辩护方对证人进行交叉询问的权利，是公正审判的充分法律保障，但他们没有认识到，此类法律程序很可能没有实际效用，此外，许多证人也都没有认识到，他们的记忆已经受到了影响。

著名心理学家雨果·穆恩斯特伯格在 1908 年的经典著作《证人席上》中，记录了德国科学协会的一次著名会议，此次会议的代表包括法学家、心理学家和医生等专业人士。在此次会议召开的当晚，大街上碰巧举行了一场公共庆典。在庆典过程中，大厅的门被人撞开，"一个穿着五彩斑斓戏装的小丑"闯了进来，后面跟着一个手持转轮手枪的男子。二人发生争吵并开始厮打，就在这时，枪声响了。随后，不速之客逃离了现场。考虑到警方肯定要对案件进行侦查，科学协会主席要求在场的 40 余人分别认真记下他们所看见的事情。大家不知道的是，整个事件都是科学协会主席事先安排的一个实验，目的是为了研究证人的观察和记忆能力。

实验结果令人沮丧：现场人员对事件的描述包含许多失真的细节，并且遗漏了大量关键事实。在穆恩斯特伯格看来，对照他此前针对哈佛大学本科生进行的记忆实验，这次实验中大家糟糕的表现可以"告诫人们不要对普通人的观察能力盲目自信"。实际上，"纵观世界各地的法院系统，每天都有许多证人宣誓作证，他们的证言掺杂着真相和谎言，记忆和幻想，知识和暗示，实践经验和错误结论"。

一个世纪之后，穆恩斯特伯格的上述论断仍然掷地有声。2007年，约翰·杰里米·怀特最终被改判无罪后，让我们看看司法领域有哪些变革。怀特出狱后，佐治亚州在全州大力推进证人辨认程序改革，倡导引入最先进的执法规则和强制性的执法人员培训制度。不过，除了创设执法人员如何组织辨认的自愿性培训项目外，并没有实际推行那些以实证研究为基础的重大改革。在美国绝大多数辖区，这种半途而废的改革屡见不鲜，联邦最高法院也未能在全国范围内推动实质性的改革。

当然，自从穆恩斯特伯格率先将心理学研究引入法律领域以来，在数十年间已经推动了一些制度变革。在最近30多年来，仅仅针对证人辨认问题，就已经有2000多份研究成果问世。随着研究方法日趋规范，对记忆的理解更加深入人心，我们现在已经有条件系统地改革刑事司法系统处理证人证言的程序。

首先，我们要让法律系统内外的人们都认识到，目前的辨认程序存在问题，为了实现正义，必须解决这些问题。诚如穆恩斯特伯格所言："如果有一天，法学家们都已经认识到现代心理学的重要性，公众才能形成舆论氛围推动司法制度的改革。"个人、群体和制度都会犯错，我们要像对待诸如此类的错误一样，认真反思证人可能会犯的错误。前文已经指出，针对警察列队辨认程序的研究显示，证人错误指认无辜者的概率为30%以上。试想一下，在现代社会中，如果汽车生产商制造的刹车尾灯每到三分之一的合理里程就发生故障，或者医院每诊治三个病人就发错一次药物，我们能否容忍这些问题？显然不能。我们会强烈要求这些部门立即进行整改。但是，当司法制度存在类似的问题时，我们为什么就置之不理呢？

当然，在多数情况下，即使证人在列队辨认程序中错误地指认某个无辜的陪衬者，这个无辜者也并未被判决有罪。但是，考虑到每年有成千上万的证人作出指认，即使证人实际犯错的概率很低，最终也将导致巨大的危害后果。同时，有人可能会拿经常开错药的医院打比方：通常情况下，病人要么在服药前注意到医院开错药物，要么在服用医院开错的药物后并没有什么严重的副作用。但是，面对那些因服用医院开错的药物而遭受严重身体伤害的病人，或者因此而丧命的病人的家属，我们难道能说："医院不应该犯这样的错误，不过，由于医院总体上运转良好，我们不打算作出改变？"

我们也不能忘记，因辨认程序不规范而面临不利后果的人，不仅仅是被错误定罪的无辜者。当无辜者被认定为罪犯后,警方会停止寻找真正的作案人。实际上,在我们所了解的 230 个因错误辨认而导致错判的案件中,无辜者最终被改判无罪,警方通过 DNA 证据查获真正的作案人。其中约有 50% 左右的案件,罪犯随后又实施了其他犯罪行为。

一旦证人的记忆被警方扭曲,他所提供的错误信息反过来会误导执法机构,警察和检察官投入大量的时间精力围绕错误的线索进行调查,并千方百计针对无辜者提起指控。他们不仅未能为被害人实现正义,还浪费了非常宝贵的司法资源。鉴此,规范证人辨认程序,并不是为了袒护被告人,也不是给执法机构出难题,而是为了实现刑事司法的公正和效率。实际上,许多警察也都非常支持改革。佐治亚州调查局发言人在怀特无罪释放后指出:"**没有哪个执法人员希望抓错人、办错案。**"

尽管弗吉尼亚州、北卡罗来纳州、康涅狄格州和俄亥俄州等州都已成功引入新的辨认程序,但相比之下,新泽西州更加与时俱进,大胆使用最新的研究成果。2001 年,新泽西州的检察长发布了全新的证人辨认规章,其中一项要求是,证人辨认由主办侦查员以外的警察负责。此外,还要求照片辨认与现场辨认都采取逐一分别辨认的方法,并对辨认过程录音录像。10 年之后,新泽西州最高法院在此基础上更进一步。由于担忧"证人辨认结论缺乏可靠性",并且明确认识到"存在错误辨认的现实可能性",新泽西州最高法院制定在法庭上使用证人辨认结论的规范要求:当被告人提供证据表明,证人可能受到警方违反规定的不当影响时,检控方就需要承担证明辨认结论具有可靠性的证明责任。即便检控方可以向陪审团出示争议证据，法官也必须就错误辨认的风险向陪审团进行充分的告知。改革者们期待，新泽西州能够成为其他各州学习借鉴的范本。

我们将目光投向海外，许多国家都有可资借鉴的经验。在英国、新西兰、澳大利亚、加拿大和挪威等国，早已实行提高证人回忆准确性和询问过程完整性的法律制度。基于认知心理学和社会心理学的研究成果，这些国家的法律制度强调与证人建立良好的关系，促使证人尽可能全面具体地陈述案件事实，同时尽量避免证人被打断。研究显示，此类询问程序能够将证人证言的准确性提高25%～50%。

认知型询问①之所以非常有效，主要原因之一就是，这种方法尽可能保持证人的原始记忆，严格避免暗示性问题，防止证人随意猜测。认知型询问的益处提示我们，有必要深刻反思我们处理证人证言的具体方式。实际上，证人对罪犯的记忆，就如同犯罪现场的毛发或者指纹一样，很容易遭到篡改和滥用，但我们并未像处理现场证据那样对待证人证言。我们从未担心记忆可能受到影响、发生遗忘或者存在误传。我们从未对证人证言进行认真审查或者客观评估。这种情况需要作出改变。诚如雨

---

① 认知型询问（cognitive interview），是研究人员、警方和事故调查员普遍应用的一种询问方法，有助于询问对象更好地理解问题并组织答案。该方法综合运用认知心理学研究成果，使询问对象增强对问题的理解，提高回忆的能力。

果·穆恩斯特伯格所言，如果只是要求法院"充分利用所有的现代科学手段（如在故意杀人案件中，对现场干燥的血迹进行检验鉴定），但是却对充满偏见和无知的原始证明手段照单全收（如案件中证人对案件事实的回忆）"，这种做法是远远不够的。

穆恩斯特伯格认为，为了解决上述问题，需要更加重视另外一类证人：专家证人。这是一个不错的主意。如果说基因学家在法庭上是DNA证据的代言人，那么，考虑到普通证人的记忆是通过专家证人的证言在法庭上呈现，是否也应当将心理学家视为记忆证据的代言人？为了提高刑事司法系统的客观性、一致性和准确性，专家证人是否为最有效的途径？

第七章 | 专家证人：如何编造谎言

关于什么是确凿的证据，让我们来看看在臭名昭著的"罗德尼·金案"中的录像证据。

那天凌晨，乔治·郝乐迪正在酣睡，突然被空中盘旋的直升机发出的巨大声响吵醒了，他带着新买的索尼录像机走到阳台上，想用这个新装备录下现场的场景。尽管当时是凌晨1点多，但录像机拍摄的现场充满了巡逻车大灯发出的刺眼灯光。现场人影攒动，在摄像机最初拍摄的镜头中，十几名警察将金先生团团围住，他从地上站起来，跟跟跄跄走了几步，随即被警察用金属警棍当头痛击。他的胸口多次遭到警棍电击，你甚至能够看到电火花在闪烁。在接下来短短的一分半钟里，金先生被连续击打65次，警察们挥舞着俱乐部常用的那种棒球棍，反复殴打他的头部和肩部。金先生倒在地上后，警察们继续狠狠地踢打着他。他在地上来回翻滚，痛不欲生，但警察们并没有停手；殴打终于停止了，警察们将他五花大绑，把他的双手双脚捆在身后，让他面朝下趴在沥青地面上。警察们随后把他拖到路边，丢在血泊之中，让他孤零零地等待着救护车。

这是你能亲眼目睹的最为残暴的警察暴力行为。直到24年后的今天，我仍然不忍直视这段视频。

金先生的头盖骨有9处骨裂，眼睛凹陷，下颌骨粉碎性骨折，腿骨骨折。他遭受严重的脑震荡，双膝受伤，面部神经遭受永久性损伤。警察们声称，金先生当时一定处于吸毒状态。这只是他们对自己暴力行为的一种托词，实际上，在金先生体内并没有检出毒品成分。尽管金先生当时确实超速行驶，这也是警察执法的动因，但他从未触犯过刑律。

当时，全美上下各大主流网站都在反复播放这段视频。在法院对直接涉案的3名警察及主管官员开庭审判之前，民调显示，超过90%看过这段视频的洛杉矶居民都认为，警察是在过度使用武力。案发后几周又有一些案件细节陆续披露出来，这些细节使警察行为更加难以令人容忍。在案发当晚早些时候，其中一名涉案警察接到当天最后一个报警电话，这是一起涉及非裔美国人的家庭暴力事件，该警察称之为"迷雾中的大猩猩"。① 就在暴力殴打金先生之后，另一名警察兴致勃勃地嚷道："好久没这么痛快地扁人啦！"在医院抢救室，他们还在奚落奄奄一息的金先生："这局棒球玩得很过瘾……我们打了好几个全垒打。"将这些细节整合起来，情况似乎显而易见：一群带有种族歧视的白人警察纯粹为了找乐而殴打一名黑人平民。

对这起事件，各个党派的政治领导人意见高度一致。洛杉矶时任市长汤姆·布莱德利认为，"涉案警察使用警棍殴打当事人，还对当事人拳

---

① 《迷雾森林十八年》(Gorillas in the Mist)，是1988年上映的剧情类电影，讲述的是主人公在20年的时间里为保护即将灭绝的黑猩猩而斗争,最终献出自己生命的故事。

打脚踢，他们的行为毫无疑问违反了法律规定，他们应当接受法律的审判"。时任美国总统乔治·布什始终宣扬法律与秩序（law and order）的施政理念，这为他赢得了警察部门的大力支持。他也对这起事件发表了类似的看法："视频中可怕的现场情况深深地刺痛了我们所有人，我们必须终结警察无端使用暴力的行为。执法官员绝不能凌驾于他们宣誓捍卫的法律之上。警察的暴力行为令人痛心疾首，在我看来，我们没有任何理由放任这种行为。这种行为简直令人发指。"

鉴于该案证据十分确凿，影响极其恶劣，司法部决定重新核查此前6年间因警察暴力而引发的所有投诉案件。各地警察机构都在执法培训中将该案视频作为反面教材，告诫警察在执法过程中不能使用暴力。洛杉矶市警察局长达利·盖茨因该案被迫引咎辞职。

如果我们要盘点警察暴力领域的典型案例，该案一定榜上有名。

然而，案件的审判结果却让所有人都大跌眼镜。1992年4月29日，4名涉案警察均被无罪释放。

人们如潮水般涌入中南部地区的大街小巷。有人打砸抢店铺，有人肆意殴打路人，还有一些人到处纵火。在整个事件中，约有50人死亡，1000余座建筑遭到破坏，2000千余民众受伤，12000余人涉嫌构成犯罪。

我们不禁会问：怎么会这样呢？

法院的无罪判决引发了美国20世纪最为严重的暴乱，这起案件之所以能判无罪，主要归功于两个人在庭审中的表现：一个是斯泰西·库恩警官，他是该案现场的主要负责人；一个是查尔斯·杜克警官，他是被告方的首席专家证人。杜克警官在庭审时作证指出，在郝乐迪先生拍摄的视频中，警察使用警棍殴打、电击以及拳打脚踢当事人的所有行为，都是符合执法规范的正当行为。

人们普遍认为，尽管将案件审判地点转移到白人居住区，使被告人更加占有优势，但真正使被告人赢得诉讼的因素，就是前面提到的这两个人。他们的证言非常关键，但是关于该案的报道却并未告诉我们个中缘由。

被告人库恩、劳伦斯·鲍威尔、西奥多·布里塞诺和蒂莫西·温德面对看起来极端不利的证据，仍然能够以无罪之身走出西米谷法院的大门，并不是由于警方的两位证人具有特殊的才能，而是由于我们的司法制度存在所谓的"专家悖论"（expert paradox）。对于那些专家更加擅长解决的专业性问题，我们应当向专家求助，但实践中往往反其道而行之：当我们自身的分析能力严重不足，需要向专家求助时，我们却试图自己解决问题；当专家证据存在误导性，对解决问题没有实际帮助时，我们却容易轻信专家的意见。在法院审理该案过程中，正义女神之所以未能眷顾金先生，就是因为陪审团一方面过于相信自己有能力判断库恩是否说谎，另一方面又过于相信杜克警官模棱两可的说辞。

陪审团注视着被告席上的库恩，他穿着白衬衫，系着红色条纹领带，锃亮的脑门反着亮光。在陪审团看来，库恩非常放松，稍微有些驼背，眨眼速度缓慢，有时两只眼睛先后眨眼，先眨右眼再眨左眼。每当库恩回答问题时，他都不紧不慢，直截了当，准确到位，吐字清晰。每当库恩需要回想某些事情时，他都会抬头望向右上方，一幅认真思索的模样。库恩面向陪审团时，他凝聚着目光解释道，他担心金先生当时吸食了毒品，随后又将目光投向检察官，坚定不移地声称，现场警察所采取的所有行为"都是合理且必要地使用最低限度的武力""警察的工作有时是残酷无情的。这就是现实的生活"。陪审团对库恩的说法深信不疑，他们看着库恩抿了抿嘴唇，安静地等着回答下一个问题。然而，陪审团信以为真的那些肢体语言，只不过是库恩混淆视听的伎俩而已。

无独有偶，由于杜克警官契合了陪审团心目中的专家形象，他所宣称的"警察尽责审慎地使用武力"的说辞，也得到了陪审团的认可。杜克警官此前担任洛杉矶警察局自卫技能培训的教练，拥有20多年从业经验，当他戴着麦克风和教鞭站在陪审团面前，就完全控制了法庭的局面。他身材挺拔，蓄着棕色胡须，双目炯炯有神，看起来极其权威，极其冷静，极其客观。他向检察官指出："在我掌握所有事实之前，绝不先入为主。"他是否对现场视频感到震惊？答案是否定的。在他看来，现场的警察们是在执行既定的政策和规程；当警察面对危险的犯罪嫌疑人时，就应当采取这样的措施。

同样重要的是，杜克警官为了论证其主张的合理性，还在法庭上巧妙地运用一些精致的科学方法。金先生被警察殴打的视频之所以具有较强的证明价值，就在于其具有动态性和即时性。众所周知，当我们观看电影时，感觉仿佛身临其境，亲身经历银幕上发生的故事。杜克警官充分利用视频剪辑技术，将警察殴打金先生的现场视频分解为若干片段，从而消解了视频的冲击力。据此，辩护律师针对每个视频片段进行分析："当他处在3时36分19秒这个位置时，警察使用警棍殴打金先生的做法妥当吗？"整个分析过程看起来非常自然，专家是在努力帮助我们更加准确地理解事情经过，在大家看来，对事物进行分解剖析，是科学方法的基本要求。杜克警官所采用的这种方法，即慢速播放视频、仔细观察殴打动作，这正是我们期望看到的方法：专家们使用特殊的方法解释事物的真相。杜克通过给视频添加时间标记和叠加坐标，使他显得更加具有客观性和权威性。

杜克似乎是在努力揭示案件事实真相，但他所做的一切努力，实际上都是为了让陪审团产生有利于被告人的偏见。通过杜克的剪辑手法，这些之前看起来极其粗暴、肆意和恐怖的殴打行为，变成了一幅幅僵化、呆板和冷淡的画面；一场彻头彻尾、显而易见的警察暴行，变成了一系列粗糙的视频碎片。更加令人叫绝的是，杜克通过规避现场的动态行为，将金先生刻画成一个好勇斗狠的攻击者。具体言之，他始终关注金先生在每个视频片段中的具体行为，如警察只是试图控制金先生抬起的胳膊，金先生踢腿的姿势以及金先生摇晃的身体。陪审团认为杜克借给他们一双慧眼，实际上，他们完全被杜克所蒙蔽了。

同时，我们对专业技能的运用存在一个重大的误区。为了搞清楚这个问题，我们有必要看看实践中两种不同的场景：有些情况下，我们将专家搁在一旁，对自己的知识和技能充满信心；有些情况下，我们则完全听信专家证人，特别相信他们的"专业手段"。**在任何刑事司法制度下，最重要的任务都是辨明真相与谬误。**在"罗纳德·金案"中，陪审员在法庭上全神贯注地倾听库恩和杜克警官的证言，竭尽全力查明事实真相。这些心怀善意的人们是如何上当的呢？原因何在？

我们在生活中经常需要识破谎言。回想每天的所作所为，你需要频繁使用这项技能：儿子究竟有没有刷牙？汽车真的像修理工说的那样必须更换刹车吗？配偶在道歉时是真心认错吗？学生的奶奶真的生病了吗？面对诸如此类的情形，我们理所当然地认为，作为成年人，绝大多数人都具备准确辨别各种谎言的基本素质。当我们需要查明事实真相时，就理所当然地以专家自居。

我们的司法制度也信奉这种理念。根据法律的期许，12名西米谷市的陪审员完全能够注意到库恩警官的眨眼行为，聆听他语气平稳的回答，进而作出最终的裁决。例如，联邦第三巡回法院的《刑事案件陪审团模范指引》，涵盖特拉华州、新泽西州和宾夕法尼亚州的联邦法院，其中明确规定，陪审员是真相的守门人，"你们是认定证人可信度（credibility）

的唯一裁判者。可信度是指证人是否值得信任，即证人是否在讲真话？证言是否准确？你们可以相信证人的全部证言，也可以相信部分证言，或者完全不相信这名证人"。

在审判开始前，第三巡回法院的法官会向陪审员阐明，在法庭上判断证人的可信度并没有什么特别之处，"你们判断证人是否可信时，可以基于他（她）作证时的行为举止、对有关问题作出的解释以及在案的所有其他证据，就像你们处理其他重大事项时，认真判断一个人是否诚实、坦诚以及记忆是否准确一样"。陪审员由此得到的信息就是，他们已经具备判断证人可信度所需的所有方法和知识。当他们坐在陪审席上观察每一名证人时，他们应该听从自己内心的判断。辨明谎言并不需要高深学问或者尖端科技："你只需要运用自己的常识、良好的判断力以及经验。"

凡此种种都反映出，我们相信普通人有能力查清案件事实：究竟发生了什么？谁应当对此负责？行为人在实施特定行为时究竟在想什么？我们无需请刑法学教授帮助解答这些问题。实际上，担任陪审员并不要求具备法律、法庭科学分析或者心理学方面的专业知识。陪审员甚至并不需要具有高中学历。我们的司法制度信任普通人的能力，赋予他们认定案件事实和适用有关法律的重要职责。

与之相反，那些官方指定的专家，只不过是科学、技术和专业知识的传递者：通常情况下，我们所探讨的科学证据，包括 DNA 证据或者功能性磁共振成像证据，只能通过专家证言才能进入法庭。但他们在法庭上只是配角。当专家证人出庭作证时，我们不会告诉陪审员一定要听从他们的意见。例如，在第三巡回法院，对专家证人的意见，陪审员可以赋予"自己认为合适的证明力"。实际上，陪审员可以选择"完全无视专家的意见"。

如果我们认为，普通人有能力辨别谬误和误差，那么，一般意义上的测谎究竟指的是什么？我们所相信的常识又指的是什么？

每年当我讲授法律和神经科学课程时，都会首先提到欺骗问题。我先描述自己前晚的活动情况，然后让学生们判断我的陈述是否真实：为朋友们做晚餐，去酒吧观看周一足球之夜，等等。

每年上课的时候，我讲的都是真实的情况，但毫无例外的是，几乎所有的学生都认为我在说谎。他们指出，我没有直视他们的眼睛，我所做的手势"太多"，或者我的语速比平常要快。他们所关注的这些行为迹象与普通人的经验智慧相差无几。基于有关实验和调查，人们在判断某人是否说谎时，目光漂移是最常见的评估因素。警察和刑事司法制度的其他参与者关注的也都是类似的事情，考虑到他们有相同的培训和教育背景，这一点也就不足为奇了。

还记得雷德讯问法吗？警察开始对犯罪嫌疑人进行讯问前，首先要确定其是否在说谎。为了确定犯罪嫌疑人是否说谎，《雷德讯问手册》指出，侦查人员必须注意观察"非言语行为,① 由此判断其是放松还是焦虑，是笃定还是犹豫，是问心无愧还是悔罪或者羞愧"。举例言之，"如果某个犯罪嫌疑人回避眼神接触，就可能说明其在隐藏某些信息"。如果警察知晓欺骗的征象，例如，坐立不安或者摆弄衣服，就能够有效地识别谎言。

与此类似，为了评估当庭证言的可信度，法官经常会提示陪审团注意观察证人的行为，而不是轻信证人的陈述。例如，在第三巡回法院，法官明确指示陪审员注意考察"证人的穿着、行为，以及作证时的举止"。事实上，我们相信陪审员能够作出准确的判断，进而允许他们负责案件的裁决。如果陪审团观察某个被告人的表现后，根据他的肢体语言认定其在说谎，就可以将之作为认定有罪的证据。

问题在于，研究人员看过这些常见的线索后，认为大多数线索与人们是否撒谎并无关联。尽管有些线索有一定参考价值，但此类线索大多涉及言语信息（例如，说话语气紧张或者缺乏必要细节）而非视觉信息。大量研究显示，人们在撒谎时比平时更少移动他们的手臂和腿部（这与人们通常的认识恰恰相反），视线飘移也与说谎没有关联。更糟糕的是，当人在巨大压力下努力表明自己可信时，言行通常更为夸张，观察者很

---

① 非言语行为（nonverbal behaviors），通常伴随言语内容一起出现，对言语内容予以补充、修正，或独立地出现，代表独立的意义。非言语行为能够提供许多言语不能直接提供的信息，甚至是想要回避、隐藏、作假的内容，借助于非言语行为，可以更全面地了解人的心理活动。

容易将之错误地认定为说谎的征象。一个诚实的人在自己家中说话时会与你有眼神交流,但当他被传唤出庭作证时,就会低头盯着自己颤抖的双腿。

证人的可信度也会受到一些完全无关的因素影响。如果英俊潇洒的乔治·克鲁尼出庭作证,人们对其证言的信任度,要比其他相貌普通的人的证言高得多。同理,如果事先告诉人们,某个证人是著名诗人或者抗癌英雄(非实质性的正面细节),人们对其证言的信任度,要显著高于牙科医院辍学的学生或者令人生厌的人(无关的负面细节)。还有一些线索更加荒诞。例如,初步证据显示,相对于蓝眼睛的男士,人们更加倾向于信任棕眼睛的男士,除非蓝眼睛男士长着一张宽阔的脸庞。研究人员认为,棕眼睛的男士通常长着更圆的脸庞,因此,实际的影响因素还是人的脸型:圆脸看起来总是更加喜庆一些,喜庆的脸型更容易使人产生信任感(比较而言,不被信任的脸型就是那些看起来容易生气的脸型)。

总体言之,我们识别谎言的能力非常糟糕。在近期针对200余项研究成果的一项分析中,试验参与者正确辨别谎言和真话的概率仅为54%,这个结果只比随机猜测略高一点而已。我们想象中的那些对识别谎言具有重要影响的因素——无论我们判断的对象是老熟人还是陌生人,无论谎言涉及重大事项还是些许小事,无论我们是与当事人互动还是从旁观者角度观察——在实践中都基本上无济于事,最多不过是改变几个百分点而已。进一步讲,即使是那些被视为识别谎言的专业人士,例如,警察、法官、精神病专家、审计师等,在辨明真假方面实际上与普通人相差无几。

然而,就像我的那些学生一样,接受测试的对象往往对自身识别谎言的能力特别自信。不过,尽管这些人对自己的判断很有信心,但与那些对此持怀疑态度的人相比,他们的判断结果正确率并没有高到哪里去。如果将具体场景从实验室搬到真实世界有助于提高识别谎言的能力,那当然是好的,但我们有理由认为,法庭上识别谎言的能力将会变得更糟。首先,试验参与者可以不受约束地关注他们认为最有助于判断谎言的因素,而陪审员则会被明确告知需要重点关注的因素,特别是证人的行为举止,但这些因素很可能使他们误入歧途。如果陪审员缺乏视觉观察能力,如盲人,通常会在资格审查环节因此而被排除在陪审团名单之外。颇具讽刺意味的是,与许多法院的观念相反,如果陪审员是盲人,与那些重点关注证人肢体语言的陪审员相比,他们通常更能够准确地评估证言的可信度,因为他们不会被证人低头凝视和双腿发抖等行为举止所误导。

再者,与实验室环境相比,在真正的庭审中,即使被告人是无辜者,或者证人讲的都是真话,他们看起来也可能非常紧张,这些紧张的迹象通常会被错误地当作欺骗的表现。同时,有些不诚实的证人在说谎时却并不会显露蛛丝马迹,这可能仅仅因为他们此前和律师进行了大量排练准备而已：研究显示，就说谎而言，排练确实可以达到以假乱真的效果。最后，我们很难判断，陪审员究竟如何评估那些看起来具有参考价值的说谎迹象。例如，他在仔细聆听证人当庭陈述的同时，究竟如何在法庭远端看到被告人的瞳孔扩张？如何从大量行为线索中选择关注的重点？

鉴此，我们可能需要反躬自省：我们识别谎言的直觉，与有效的科学证据存在较大的差距，不过，目前至少已有成熟的手段能够弥补我们的认知缺陷。这就是测谎科学。

这里存在一个悖论。逻辑显示，一旦我们对自身识别谎言的能力充满信心，就很难接受有关专家提出的意见。同时众所周知的是，只要出价够高，专家就可能唯利是图、颠倒是非。但是，当我们观看杜克警官对录像视频的分析时，当专家假借科学之名站在我们面前侃侃而谈时，我们就会在审判的场景下丧失这种判断力。专家的方法和手段消除了我们的顾虑，这主要是因为，这些做法看起来能够摒弃主观性和偏见。由此导致的结果是，我们通常过于轻信专家带入法庭的科学和技术知识。

没有什么比评估谎言更能说明问题的了。我们认为说谎会在行为举止上有相关迹象，这让我们很容易接受那些看起来带有科学分析性质的谎言识别方法。许多所谓的专家长期以来一直在鼓吹，他们的方法、技术和设备能够揭示出此前无法发现的隐性事实：通过摇晃的身体、哆嗦的双手、颤动的眼睑、流淌的汗珠或者发红的皮肤来识别隐藏的谎言。

数百年来，人们始终高度关注心脏方面的研究。丹尼尔·笛福，小说《鲁滨逊漂流记》的作者，在 1730 年一篇有关打击犯罪的文章中建议，为了准确识别罪犯和无辜者，可以检查犯罪嫌疑人的血液循环情况，"不管他脸上是什么表情，也不管他如何巧舌如簧，只要他说话时心跳不平稳、脉搏有波动、忽然感到心慌，就相当于供认自己就是罪犯"。

大约 200 多年后的 1923 年，威廉·马斯顿将这一构想付诸实施，他发明了测谎仪来检测收缩压的变化情况，并将检测结果应用于办案过程。像笛福一样，马斯顿在事实和虚构领域都付出了大量心血，这无疑一种巧合，但结果却令人振奋，马斯顿设计的"收缩压谎言测试"，就如同他创作的漫画人物神奇女侠一样，有着神奇的魔法索套，可以锁定坏人并迫使他们说出真相。

然而，马斯顿在 1923 年遭遇了冰冷的现实：他的谎言测试方法被引入法庭审判，该案中，被告人詹姆斯·弗赖伊被指控犯有抢劫罪和谋杀罪。法庭最终拒绝马斯顿作为专家证人出庭作证，理由是他的测谎方法并未得到科学共同体的普遍接受。不过，他的积极探索为第一台现代测谎仪奠定了坚实的基础，现代测谎仪可以同时测试人的脉搏、血压和呼吸等情况。弗赖伊案件确立了美国专家证言可采性的认定标准，这一标准持续沿用了数十年时间，至今在一些州仍然适用。

尽管测谎技术在情报部门、商业机构、警察部门甚至私人领域得到普遍应用，每年的测试量达数十万之多，但科学家们仍然对此持保留态度，因此，测谎结果始终不能作为指控刑事被告人的证据使用。1998 年，联邦最高法院指出："对于测谎证据的可靠性，目前尚未达成共识。"之所以面临这种局面，部分原因在于，即使是最高级、最复杂的测谎仪，它也仅能测量人的生理反应，例如，心血管、呼吸和皮肤电流活动，而这些反应并不一定与欺骗紧密相关。有人说谎时并不流汗，而有人说真话时也汗流浃背。

目前该领域已有一些新的发展，例如，以神经语言编程为基础的测谎技术，其理论基础在于，那些惯常使用右手的人，在说真话的时候会朝左边看，在说假话的时候则会朝右边看，但这项技术也存在类似的问题。如果科恩警官在出庭作证时眼睛向右看，就真的能够说明问题的话，这当然是个不错的主意，但是并没有证据证明，眼睛移动情况能被用来识别谎言。进一步讲，那些根据人的非言语行为来发现谎言的方法和技术，在实际的有效性方面，与早期通过检查人的头骨来判断犯罪倾向的做法相差不多。

这些失败的尝试促使人们更加关注谎言的来源：大脑。直到最近，这一设想才真正成为可能，神经科学的突破性发展，特别是脑电图和功能性核磁共振成像，终于使我们有机会窥探大脑内部的奥秘。时至今日，我们可以一边询问某人是否杀害他的妻子，或者向他出示血迹斑驳的浴室照片，一边观察他的大脑内部变化情况。

神经科学的这些突破性进展，在测谎世界领域始终备受关注。私人公司、执法机构和情报部门近年来一直致力于研发实用创新项目。2011年，美国国防部高级研究计划局（DARPA）投入高达2.5亿美元资金开展认知神经科学研究，同时，国土安全机构也在过去10年间投入数百万美元研发有效的测谎技术。如今，即使是普通公民，也可以享用最新的技术。你是否需要"证明"自己从未出轨或者从未在单位盗窃？如果你有这方面需求，只需花费几千美元，就能找到至少两家公司，使用功能性核磁共振成像或脑电图设备来评估你的大脑活动。

由此看来，律师们将功能性核磁共振成像或脑电图设备带到法庭上展示，这恐怕只是时间问题了。不过在现阶段，学者和法官始终怀疑这些新技术能否应对实践挑战，特别是刑事案件带来的挑战。相比之下，让某人接受脑部扫描来确定其婚姻忠诚度是一回事，而让陪审团基于专家提交的测谎证据认定谋杀案件被告人无罪则完全是另一回事。

2012年，马里兰州蒙哥马利县巡回法院的埃里克·M. 约翰逊，不得不对加州大学圣地亚哥分校精神病学助理教授弗兰克·海斯特的专家证言作出裁定。海斯特受聘于"无谎MRI"公司，对一名被指控犯有残忍谋杀罪行的男子的大脑进行研究。他及其所在公司作出的声明十分醒目且令人振奋：他们能够揭露出被告人大脑内部的秘密真相。

检控方指控，加里·史密斯，一位前陆军军官，在一次退伍军人聚会中饮酒打球后，射杀了他的室友兼战友迈克尔·麦昆。

当警察赶到现场盖瑟斯堡公寓时，他们发现加里浑身是血，正在门外呕吐。这起案件是加里报的警，他在报警时对接线员哭着说，"哦，我的上帝，救救我……我先把他送回家，当我返回时，发现他头上有个大洞"。毫无疑问，警察进入现场时，已经发现迈克尔的尸体。但是奇怪的是，现场并没有枪支。

加里向警察讲述的故事有很多版本。他回家的时候发现迈克尔已经死亡，但武器和凶手都不见了。不对，枪当时就在那，迈克尔是自杀的。哦，不对，加里自己当时就在公寓里。他当时十分恐慌，因为迈克尔使用的枪就是他的。他把枪扔进了湖里。

这些奇怪的故事，正是这个案子的症结所在。那个夜里，到底发生了什么事？

加里希望"无谎MRI"公司的专家能帮他把事情经过搞清楚。于是，公司让他躺进核磁共振仪设备里，并向他询问一系列问题。专家让他在回答一些真实事项时说谎，例如，他是否曾去伊拉克参战等，从而确定测试基准；当专家向其询问与谋杀相关的问题时，则要求他如实陈述。

"你朝迈克尔·麦昆开枪了吗？"

加里说，他没有。

海斯特教授随即查看了不同的功能性核磁共振成像图。海斯特知道人说谎时大脑哪些区域会变得特别活跃，因此，当他掌握了加里说谎时的大脑状态后，就重点审查加里回答迈克尔死因问题时的大脑图像。

在海斯特看来，加里故意说谎时的大脑图像，与其回答谋杀案有关问题时的大脑图像明显不同。即使是门外汉也能看出上述区别：当加里故意说谎时，大脑扫描图像中有更多红色和黄色的区域。由此可见，对于室友的死，加里说的是实话。

如果事情真有那么简单就好了。

首先，我们尚且没有足够的数据来判断，基于功能性核磁共振、脑电图和其他大脑扫描技术的测谎方法是否足够有效，以及能否在法律领域得到可资信赖的应用。有些技术并没有独立的、经过同行复核的研究基础支撑；它们只是建立在推销者未经证实的说辞之上。例如，一家名为"脑波科学"的公司，提供以脑电图为基础的所谓"大脑指纹技术"，宣称能够"通过测量脑电波，科学地识别特定信息是否储存在大脑之中"，并声称"准确率高达99%以上"。"脑波科学"公司网站宣称："许多老练的罪犯已经发现了反测谎的方法。但大脑指纹技术让谎言无处遁形。当测试对象发现外部刺激时，就会不由自主地产生脑波反应。测试结果将是万无一失。"这样看来，益处真是显而易见："侦查人员只需在计算机屏幕上向犯罪嫌疑人显示与犯罪有关的照片或者语言，然后再观察其脑电波反应，就能够确认罪犯或者排除犯罪嫌疑人。"你信了吗？反正大多数科学家不相信。

在测谎技术领域，实证研究最多的当数功能性核磁共振，它的原理是通过测定脑部特定区域的氧合血流量来识别谎言，但是相关研究却始终因缺乏标准化方法、样本数量小和结果不一致而屡遭诟病。最值得关注的一个问题就是，实验参与者通常都知道自己正在参与实验，并且根据实验要求说谎或者说真话。当一个人试图掩盖射杀室友的罪行时，他的行为表现，难道真的会与某人按照指示对其抽取的扑克牌说谎时的反应一样吗？当一名大学生受雇参与一项研究时，他的行为表现，难道会与一名有着吸毒史、可能被判处死刑且谎话连篇的精神变态者一样吗？如果那个精神变态者想要在测试时作弊，他能成功吗？

我们一直都知道，有些花招可能使测谎仪无效，实际上，这些反测谎手段对功能性核磁共振仪也十分有效。你只需轻轻晃动头部、卷起舌头、曲起脚趾或者屏住呼吸，就可以导致功能性核磁共振仪的数据无效。你还可以在回答问题时想其他事情（例如，回忆各州的首府，或者做做算术题，如从100开始，每次减去3），这些做法也可以导致测试结果无效。许多功能性核磁共振测谎方法的理论基础都是，人们说谎要比说真话面临更多的认知困难，说谎会激活更多的大脑区域（因此，当加里故意说谎时，其大脑图像将会显示更多的黄色和红色区域）。但是，如果你在说真话时，大脑还在忙于思考其他事情，大脑图像显示的结果就可能非常类似于你在说谎。相反，如果你认真记住所有的谎言，能够毫不费力地回忆起来，你就可能看起来像个圣徒。

尽管面临诸如此类的问题，可以预见的是，总有那么一天，特定的测谎手段可以达到80%、90%甚至99%的准确率。等到那时，我们所关注的问题将是,这种准确率是否达到足够高的标准。如果人类能够将误差幅度纳入考虑范围,并且像对待其他证据那样对待专家证言,那自然无需多虑。但是仍然有理由怀疑,我们是否真的胜任这项任务。

一直以来,我们都担心陪审团可能高估科学证据的证明价值。在20世纪90年代,律师、法官和学者都对"白大褂综合征"心存顾虑,担心陪审员可能盲目地信赖专家,并未对其证言进行认真的审查判断。这种担心演变为"CSI效应(CSI是指犯罪现场调查)",有些电视节目(如《CSI》《法律与秩序》《无迹可寻》)讲述的重大案件,经常涉及DNA测试、纤维分析和指纹数据库等科技手段,这些信息促使社会公众认为科学证据已经得到广泛应用,并且几乎是万无一失。

目前,研究人员正在探索神经科学证据究竟如何影响刑事庭审的结果。其中,大脑扫描图像可能对陪审员产生特别强烈的影响。在一项试验中,与测谎仪或者热成像技术显示被告人说谎的庭审证据报告相比,当参与者了解到被告人未能通过功能性核磁共振的谎言测试后,更多的人认定被告人有罪。功能性核磁共振之所以具有如此巨大的影响,一个重要的原因就是,我们可能将其在刑事诉讼领域的应用,与其在医学领域诊断肿瘤或者中风的功能混为一谈。我们认为,这两类诊断影像应该是一回事。

尤其令人不安的是,即使是训练有素的法官也很难摆脱神经科学的特殊魔力。在一项研究中，181 名州法院的审判法官审阅了乔纳森·多纳休的卷宗，乔纳森在汉堡王餐厅实施抢劫过程中，反复用手枪击打餐厅经理的头部，造成永久性脑损伤，乔纳森行凶的理由仅仅是"那个杂种老是哭个不停"。根据精神病专家的证言，乔纳森符合精神病人的认定标准。此外，有一半法官还阅审了"一位神经生物学家也是精神病成因方面的知名专家"的证言，该专家是基于基因测试提供了相关研究成果。测试结果显示，乔纳森体内含有一种与反社会行为相关的特殊基因，需要特别指出的是，该基因导致患者大脑发育出现问题，最终导致其缺乏"正常的暴力抑制机制"。另一半法官并没有看到这份额外的专家证言。

你可能会认为，这份精神病诊断意见将在量刑时发挥重要作用——即便了解被告人行为的神经生物学原因，也不见得会增加多少刑期。你可能也会认为，法官会以这份科学证据为由将乔纳森羁押更长时间，毕竟精神病人可能会在将来给社会带来严重威胁。

但是，你又错了。将被告人具有反社会基因的专家证言提交给法官，实际上是一把双刃剑。尽管如同你的预期，法官将精神疾病的证据作为总体上从重处罚的依据，但关于精神疾病成因的神经生物学解释却促使法官大幅减轻对被告人的处罚，平均刑期减轻了 7% 左右。神经生物学家的证言改变了法官们对被告人精神状态的思考方式。由于乔纳森的犯罪行为的根源是他的大脑出了问题，从这个角度看，他的行为突然显得有些身不由己，因此无需过多责罚。

当然，我们关注的问题是，是否应当赋予专家证言如此重要的分量，同时，许多神经科学家也对此表示忧虑，一方面，基于当前的科学进展，将基因学和大脑功能的一般性研究成果运用于特定的个体，结果并不完全可靠；另一方面，有关精神疾病的生物学机制解读是否应当对量刑产生影响，也值得进一步研究。目前，法官已经接触有关专家证言，了解精神病人的心理成因以及如何抵制治疗的情况。关键问题在于，如果说当事人患有疾病，就无需对自己的行为负责，那么按照这种说法，无论当事人的疾病源于儿时遭到的精神虐待、体内特有的基因还是曾经遭到的头部创伤，都应当给予一视同仁的对待。

在前文提到的退役士兵"加里·史密斯案"中，法庭进行了长达3天的审前证言开示，约翰逊法官遇到了我们刚刚讨论的一些研究成果。他不得不决定是否允许海斯特教授出庭在陪审团面前就相关研究成果作证。这可不是一个容易作出的决定，眼前这个男人被指控谋杀了他的朋友兼室友，他已经命悬一线。他所提出的唯一请求就是能够让陪审团考虑一下这个潜在的无罪证据。如果你被指控犯有谋杀罪，而手上又有证明自己无辜的证据，尽管该证据的科学基础尚有争议，难道不应当至少让那些决定命运的人看一眼吗？

但约翰逊法官说不行，他认为，头部扫描不能作为证据提交给法庭。加里·史密斯最终被认定犯有过失杀人罪并被判处28年监禁刑，该案目前还在上诉阶段。

约翰逊法官的裁决非常审慎。但是，这并不代表所有法官都会把以神经科学为基础的测谎手段拒之门外，然后静等该科学领域发展完善。在世界的另一端，早已出现截然不同的案例。2008年6月12日，在印度孟买，沙里尼·潘沙克·约什法官作出了一项历史性的判决，基于头部扫描证据认定被告人犯有谋杀罪。

案件的起因源自一个爱情故事。阿迪蒂·莎马和伍迪提·巴拉提在十几岁就已相识。他们就读于曼安新工程学院时开始约会，并在订婚后一同前往位于浦那的印度现代管理学院商学院。但是，阿迪蒂很快就悔婚了，她和MBA班上的同学帕拉文·坎德瓦坠入爱河。阿迪蒂和帕拉文中途退学，并前往另一个州生活，尽管阿迪蒂的父母很失望，但一切都还正常。

半年之后，阿迪蒂返回了浦那，据称在麦当劳约见了以前的恋人伍迪提。不幸的是，伍迪提第二天晚上就去世了。

根据检察官的指控，在两人谈话过程中，阿迪蒂使用含砷的糖果对伍迪提下了毒。这个案件的转折点在于，阿迪蒂在最初的测谎测试显示其涉嫌谋杀伍迪提后，同意接受脑电图测试。她坐在椅子上，头部安放了32个电极设备，技术人员向其大声宣读各种日常的陈述，包括以第一人称陈述的案件关键事实："我买了砷""我和伍迪提在麦当劳见面"等。

负责操作大脑电波签名测试（BEOS）的侦查人员声称，她头皮表层显示的电子信号对她极其不利。当她听到犯罪细节时，大脑中代表再现过去经历的特定区域变得非常活跃。阿迪蒂不只是听说了谋杀案件，她还拥有与该案相关的"经历知识"，她就是凶手。令人震惊的是，当侦查人员得出这一结论时，阿迪蒂连一句话都没有说过。

大脑电波签名测试结果被沙里尼·潘沙克·约什法官当作定案的主要证据，她在判决书里用长达9页的篇幅解释这项证据，并说明采信该证据的理由。由于阿迪蒂随后在孟买高等法院获得保释，开始了上诉之旅（上诉有可能会持续多年），我们很容易将该案视为例外情况，并可能在现有的诉讼程序中得到救济。但这可能是一个严重的错误，因为世界各地的律师目前都在努力推动向法庭出示类似的证据。

在美国，法院一直不准许基于神经科学的测谎技术作为证据提交给陪审员，但是法官已经允许当事人使用大脑图像对证人证言提出质疑，以及减轻被告人的刑事责任。在过去10年间，刑事辩护律师已经在数百件案件中引入神经医学证据，这一趋势仍在蔓延。当格雷迪·纳尔逊杀害他的妻子，并捅伤和强奸11岁的女儿时，纳尔逊的律师恳请迈阿密的法官允许神经科学家出庭证实纳尔逊大脑的异常情况。这项证据救了纳尔逊一命。两位陪审员反对判处纳尔逊死刑，正是神经科学促使他们做出这一决定。其中一位陪审员指出，"（这份报告）彻底改变了我的决定"，"这项技术真的使我摇摆不定……看过大脑扫描之后，我确信这家伙的大脑确实有些问题"。如果不是这两位陪审员提出异议，纳尔逊将被判处死刑。

即便测谎技术尚未被准许在法庭上使用，但是它仍然对我们的司法制度具有重大的影响。尽管测谎仪一直被刑事审判拒之门外，但是它仍然在许多案件的定罪裁决中发挥了关键的作用。无论是联邦还是地方层面，测谎仪都在侦查过程中得到普遍的应用。在胡安·里维拉被错误定罪的案件中，我们发现，侦查人员甚至就测谎结果对犯罪嫌疑人说谎，目的就是要促使他们认罪，同时，由于测谎技术带有"硬科学"的标签，因此，即使是对无辜者，它也会有相应的影响。例如，警察告诉凯文·福克斯，如果他能通过测谎测试，就将洗脱强奸杀害亲生女儿莱利的嫌疑。然而，测试人员还是对福克斯撒了谎，他们告诉他，测谎是完全可靠的，测谎结果在伊利诺伊州法院是可以采纳的证据，测谎结果显示福克斯就是罪犯。与"里维拉案"类似，测谎结果对福克斯造成毁灭性的打击，他面对测谎结果，不得不承认自己根本就没有犯下的罪行。

在缓刑和假释程序中，包括性犯罪者被释放后的监管环节，测谎都是常规的工作程序。以新泽西州为例，该州约有 5600 余名性犯罪者需要接受监管，这些人每年至少要进行一次测谎。他们被固定在测谎仪上，需要回答一系列问题，例如是否在脱离监控时接近未成年人，是否滥用毒品，或者是否感觉同在快餐店工作的那位 16 岁同事很有魅力。如果他们未能通过测谎，就意味着将要丢掉工作，还要带上电子脚环，甚至可能再次入狱。在一些州，他们甚至要参加"性生活史披露考试"，该考试涵盖他们的整个生涯，一旦发现其他罪行，他们就将面临相应的指控。

在科幻小说中，政府可以读取人们大脑中的信息，这些虚构桥段如今早已成为现实，我们相信在不久的将来，脑电图和功能性核磁共振将成为新一代的大脑信息读取工具。这些技术正在对我们的法律制度产生影响，而那些赞成使用这些技术的人们，不会再像对待测谎技术那样，等待这些技术获得科学共同体的认可之后再予推广使用。

我们有必要促使法官为推动采纳新型测谎证据做好充分的准备。现有的办案指引很难满足上述要求，最主要的问题并不是证据的采纳标准问题，联邦最高法院早已建立相关标准，为各地法院决定是否采纳专家证言提供了指引，例如，有关研究是否具有可证伪性和可验证性？是否经过同行复核？是否得到科学共同体的普遍接受？已知或者可能的误差率是多少？这些都是值得关注的问题。但问题在于，多数法官都无法对这些问题作出准确的回答。近期一项调查显示，仅有5%的州法院法官能够解释"可证伪性"的含义，同时，理解"误差率"含义的法官更是少之又少。此外，在一项针对佛罗里达州巡回法院法官的实验中，研究人员发现，法官在作出采纳或者排除专家证言的决定时，根本就没有考虑科学的质量问题。随着与法律相关的科学创新不断涌现，科技手段的复杂程度与日俱增，我们有必要认真审视上述问题。

联邦和各州司法机构应当抓紧对法官审查判断专家证言的技能进行专业培训。如果连一名叉车操作员都要达到本行业的基本能力标准，难道法官不更应当如此吗？不管是叉车操作员还是法官，专业能力的欠缺都将导致灾难性的后果。要求法官必须学习了解科学知识，并不是贬低法官，而是表明法官的工作非常重要。在下一章，我们将会讲到法律教育对他人的益处，这方面也有相关的先例。实际上，在最近几年，研究人员已经为法官们编写了如何认定神经科学证据的办案指引，全国各地也已经举办了许多专业研讨会。但是我们仍然需要大力拓展和加强这项工作——我们还可以提前谋划，在一些法学院开设更多与法庭科学有关的课程。第一本法律与神经科学的教科书刚刚出版，现在已有20余家法学院开设了法学和神经科学方面的课程，我本人也在讲授有关课程。

当然，培训只是解决问题的路径之一。我们还需要进一步确定，究竟有哪些新兴科学的专家证言不应当纳入法官的视野。我们也可以考虑禁止法庭采纳有关读取记忆方面的证言，禁止警察使用功能性核磁共振设备讯问犯罪嫌疑人，或者要求警察事先申请特殊的令状，以便"搜查"某人头脑中存储的犯罪记忆。

几百年来，我们一直强调要坚决捍卫公民的隐私权。根据传统的英国法，即使当局持有令状，也不能获取公民的私人文书。在美国，联邦宪法第四和第五修正案就是为了保护所有人的隐私而设计的，即使被告人被指控犯有最严重的罪行。

但时至今日，许多人对隐私权产生了不同的认识：我们愿意在社交媒体上向熟人以及陌生人敞开心扉，分享我们内心深处的秘密、信仰、希望和情感。当我在上课时提到，现在有很多公司关注我们的购物习惯、网络使用情况、旅行记录和其他不胜枚举的生活细节，它们收集这些人口统计信息和个人数据后加以分析，据以预测我们的行为，但同学们听到这些后都耸耸肩表示无所谓。那么，当某个公司在我还没向别人透露有关信息的时候，就已经知道我是一个同性恋或者孕妇，或者正在考虑离婚，难道也无所谓吗？反观当下，即便有人已经披露，美国政府长期大范围地监控外国首脑和本国公民，此举也并未严重危及当权者的利益。毋庸讳言，正如美国自由联盟近期所评论的那样，许多美国人并不认为，未经同意就窥探犯罪嫌疑人或者被告人的思想是"对人类尊严的严重冒犯"。

但是我们，我们所有人，不仅仅是少数神经伦理学家，都应该冷静地思考这个问题：关于隐私权与安全之间的理性均衡，有必要留待后来者作出更加明智的选择。考虑到大家身处不同的文化背景，最合适的视角可能是站在被告人的立场上：设想自己可能某天被指控实施犯罪行为，并且不能确定自己究竟是无辜者还是罪犯。站在这个视角，我们就不会因循传统的办案路径，让警察使用大脑扫描等方式进行讯问，除非此类方法已经得到科学的确证。不过，我们会支持被告人出示有利证据的权利，即使其对证言的真实性不能提供完美的证明。对于测谎证据，我们没有理由对控辩双方设置同样的证据门槛。**既然测谎技术目前尚未达到绝对的确定性，它所适宜扮演的角色就应当是盾牌，而不是利剑。**

第八章 | 法官：裁判员还是激进派

2005年7月，约翰·罗伯茨还在哥伦比亚特区上诉法院任上，时任总统乔治·布什提名他担任联邦最高法院大法官。当时距离上一个大法官就任已有10年之久，当年9月首席大法官威廉·伦奎斯特又溘然长逝，这是个难得的机遇。现在有两个职位空缺，布什总统希望罗伯茨能够接任这一要职。罗伯茨面临的最大挑战就是参议院司法委员会的任职前听证。

此前，如果一个人能够拥有罗伯茨身上的耀眼头衔，包括哈佛大学双学位，多年政府律师和私人律师的执业经验，在联邦最高法院代理过39个案件，以及担任联邦上诉法院法官，参议员通常不会如此大张旗鼓地召开听证会。不过，自从1987年罗伯特·伯克的提名被否决后，情况已经发生变化。

与罗伯茨一样，伯克获得罗纳德·里根的提名时，拥有显赫的履历，也在担任哥伦比亚特区巡回法院的法官。他深受保守党高层的拥戴，是许多人梦想成为的人。尽管自由党成员竭力诋毁伯克，在听证会接近尾声时，民意仍然站在他的一边。不过在众目睽睽之下，伯克的一系列失误使局面发生了反转。在听证会结束时，共有58名参议员投了反对票，这是联邦最高法院大法官提名史上失票最多的一次。

罗伯茨和他的团队决意不能重蹈伯克的覆辙，最终他们取得了成功。伯克当时看起来刻板无趣、盛气凌人，说他希望到联邦最高法院任职，那将是一场"知识分子的盛宴"，相比之下，罗伯茨则表现得平易近人、极富魅力。伯克当时热衷于评论热点法律问题，甚至批评"罗伊诉韦德案"的判决，罗伯茨则避免直接对争议问题表明立场。尽管如此，当罗伯茨评论法官的角色时，还是引起了一些涟漪："法官就像裁判员：裁判员并不制定规则；他们只是适用规则。"

罗伯茨当然不是第一个援引这一暗喻的人，但是在2005年秋天，这是国会山（Capital Hill）的许多政要和离任者非常推崇的司法理念。称职的法官只是居中裁判，他们并不亲自上阵。他们将自己的背景、经历和偏好统统抛在一边，将明确的法律适用于明确的事实。相反，不称职的法官则喜欢对政策进行解读，并任由个人意见影响最终的判决。他们是非民选的激进派，通过对原本无需解释的事情进行人为"解读"，并且在裁判席上制定法律，最终实现自己的目的。

通过将法官划分为两种不同的类型，并自诩为称职、客观的法官——既没有纲领，又没有阵营，罗伯茨成功地摆脱掉伯克失利带来的阴影，既顺应了保守的意识形态，又有更为宏大的目标。更为重要的是，他营造了一个司法理念的世界，那些追随者们（萨缪尔·阿利托、索尼娅·索托马约尔、埃丽娜·卡根），不得不承认裁判员角色框架的正确性，否则就会面临自我孤立的局面。

大法官索托马约尔在参议院听证会上的经历非常曲折艰难，这仅仅是由于她此前曾经公开阐述自己的理念，即"法官的个人经历会影响其对事实的判断"，同时，法官可能在"所有案件中，至少在大多数案件中"无法真正保持不偏不倚。在索托马约尔看来，法律通常是不明确的，不得不进行解释，"无论是基于个人经历或者社会心理、文化等方面的内在差异，我们的性别和国籍都可能或者实际上会影响我们的判断"。

对许多参议员和美国公众而言，这种理念是完全不能接受的。如同德克萨斯州共和党参议员约翰·考恩所言，索托马约尔的职业成就并不能帮助她渡过听证会这一难关："真正的问题在于她如何看待法官的角色：法官究竟是主动作为还是居中裁判。"当时一些民主党参议员对此提出批评意见，认为这个比喻未能准确把握法官角色的全部特性，索托马约尔立即予以附和，并再次表示她不是激进派，将会严格适用法律。

这正是罗伯茨的过人之处。在他的任职前听证会上，他不仅要稳扎稳打，确保自己顺利通过听证会的质询；而且要主动进攻，借此机会从长远上重塑司法裁判的属性。关于法官的职责和义务，过去一直存在争议。对于那些认为个人背景知识应当影响司法裁决的法官，以及那些试图任命更多的妇女、黑人、西班牙人、亚洲人、穆斯林进入司法机构的总统，将法官的理想角色定位为裁判员不失为一种有效的制衡机制。如此一来，就无须鼓吹司法裁判主体的多元化。对于那些认为法律并非客观明晰、一成不变，而毋宁是模棱两可、因时而异的人们，这种角色定位也不失为一种有效的限制手段。作为裁判员的法官，必然要严格执行法律条文，恪守法律文本原意，决不能脱离法律规则裁判案件。

大法官罗伯茨的隐喻成了主流意识形态，这在某种程度上是由于，将司法职业划分为客观公正的专家和带有偏见的理想家，非常契合我们对司法机构的直觉和印象。实践中确实有些法官置身于诉讼之中，或者试图扭曲诉讼结果。实际上，多数美国人觉得，"司法能动主义"① 已经面临危机；约有3/4的美国人认为，大法官们有时会受到他们的政治观念或者个人偏好的影响。

至于哪些法官存在偏见，公众通常会存在认识分歧。有些人认为，大法官金斯伯格是一名危险的激进派，始终坚持己见，而大法官斯卡利亚则是客观公正的化身；而其他人的观点却完全相反。类似地，约有45%的保守派共和党人认为，联邦最高法院具有自由派倾向，只有9%的人认为它是保守的；自由派民主党人的观点则呈现出不同的模式：约有48%的人认为联邦最高法院是保守的，只有15%的人认为它有自由派倾向。

毫无疑问，这种认识上的分歧值得我们深思。我们对司法公正的观念，实际上并非来自事实，而是源于其他一些因素。最主要的原因在于，

---

① 司法能动主义（Judicial Activism），是对美国司法制度中审判行为的一种见解，其基本宗旨是，法官应该审判案件而不是回避案件，并且要广泛运用他们的权力，尤其是通过扩大平等和个人自由的手段去促进公平，即保护人的尊严。同时，法官有义务通过运用手中的权力，尤其是运用将抽象概括的宪法保障加以具体化的权力，为各种社会不公提供司法救济。

我们在竞争环境下总是习惯于将第三方（例如，法官、媒体、观察员和裁判）视为敌对势力，认为他们更加偏向于对方，实际情况可能并非如此。在针对该问题的一项著名研究中，实验参与者被划分为亲以色列群体和亲阿拉伯群体，他们都观看了1982年以色列军队入侵西贝鲁特事件的主流电视报道。考虑到文化认知方面的影响（陪审团一章对此有专门论述），尽管两个群体观看了同样的报道，但他们会看到不同的所谓"客观"事实，这一结果在情理之中。令人惊奇的是，两个群体都认为，电视报道对自己所属的群体存在严重的偏见。

因此，即使司法偏见并不存在，我们也可能会臆想它的存在。同时，由于我们往往坚信自己观点的正确性，如果某个法官的立场与我们格格不入，我们通常会试图对其提出质疑。鉴此，我们眼中的激进派类型的法官与裁判员类型的法官之间的差异，可能与他们实际存在的偏见根本无关，而是与他们是否和我们拥有相同的世界观有关。

不过，这也只是裁判员理论框架面临的部分问题而已。基于罗伯茨的理念，我们倾向于认为，司法偏见是一种有意为之的选择。这就是我们通过立法禁止司法人员在政治机构任职，禁止司法人员收受诉讼当事人礼物，或者禁止私人关系影响司法裁判，以及诸如此类举措的根本原因。然而，鉴于实践中极少有法官会收受贿赂或者在家人唆使下违法裁判，这种公开的、有意为之的偏见并不是司法机构面临的主要问题。司法偏见也并非局限于一小撮品行不佳或者缺乏诚信的激进派法官。实际上，所有的法官都容易受到各种潜在的偏见影响，这些偏见影响他们对客观事实和法律的认知，也影响他们最终的裁决结果。

尽管人们希望法官们在进入法庭之前能够端正身份，恪守首席大法官罗伯茨倡导的裁判员角色，但法官们根本做不到这一点。如同陪审员一样，人们的个人背景和生活经验难免会影响他们的认知、情感、推理和判断。在宣誓就任时，罗伯茨宣称要在履职时保持客观中立，但是实践中并不存在没有政见、没有偏好的法官。这只是一种神话，就如同说最高法院只有8只独角兽和一个精灵一样荒诞。

尽管极少有法官会承认自己受到政治倾向的影响，但是，研究人员分析联邦法院的两万余份裁决后发现，法官在对待联邦机构的决定时存在着明显的党派偏见。民主党任命的法官倾向于推翻"保守派"的判决（此种情况下，通常是由通用电气或者埃克森之类的公司提起诉讼），并维持"自由派"的判决（此种情况下，通常是由雪乐山俱乐部之类的工会或者公益组织提起诉讼），而共和党任命的法官则恰恰相反。此外，尽管自由派法官通常面临质疑，但联邦最高法院的保守派法官实际上在"司法能动主义"领域走得更远（这主要体现在他们推翻的联邦机构决定方面）。其他研究也发现，法官的政治倾向与不同党派面临的司法待遇之间存在类似的关联，其中，民主党任命的法官更加偏向于少数族裔、工人、已判刑罪犯和未登记移民，而共和党任命的法官则更加偏向于大公司和政府。

当然，法官并不只是受到政治倾向的影响；年龄、种族、性别等因素都会影响法官的履职方式，这一点与陪审员面临的影响相差无几。尽管大法官索托马约尔当时迫于形势收回"性别和种族影响裁判"的主张，但她实际上是对的：身份和个人经历的确会"影响法官对案件事实的认定"。这还意味着，审判席上的法官经常会对案件形成预断。例如，大法官斯卡利亚就经常面临外界质疑，认为他站在公众立场上看待同性婚姻等问题，然后在处理涉及此类问题的案件时不能及时转变角色。不过实事求是地讲，没有哪个法官在处理案件时能够真正做到心无杂念。他们在浏览案情摘要和听取言辞辩论时，都会受到学生时代、军旅生涯、夏日假期、检控经历或者家庭生活等因素的影响。近期研究发现，如果法官的后代是女儿而非儿子，他在处理与性别有关的民权案件时偏向妇女权利的概率将增加16%左右。这种司法现象很可能是共和党任命的男性法官助推形成的。有意见认为，如果法官有一个女儿，这将促使他更加深刻地理解妇女在同工同酬或者生育健康等领域面临的实际困难，让他接触到原本无法了解的另一个社会侧面。

诸如此类的研究显示出，现阶段法院的组成缺乏代表性，这已经成为一个严重的问题。例如，在州上诉法院层面，白人男性几乎达到2/3的比例，所占比例远远高于其他群体。该问题还引出了一个历史难题。美国的法律制度根植于遵循先例原则，即，法院原则上应当遵循先前判例确立的法律规则,实际上,许多刑事法典也体现了法官们之前的裁判规则。例如,哪些行为构成强奸?有效的正当防卫辩护包含哪些要件?被害人是否必须当庭与被告人对质?心理学研究成果显示,我们应当尊重法官或者立法者基于性别、宗教、性取向和政治倾向等因素制定的各种规则。

不过,我们现在所面对的各种规则,大多是由少数经过常青藤教育并具有北欧和西欧血统的男性基督徒所制定的。联邦最高法院制作的先例,有的形成于180年前,当时非裔美国人还没有机会表达自己的主张;有的形成于190年前,当时妇女还没有步入社会领域;有的形成于220年前,当时西班牙裔还没有权利发表意见。因此,即便你碰巧遇到一位拉丁裔法官,她的出身背景和基本立场对你有利,她所适用的精致的法律制度却是在数百年前构建起来的,这些法律制度奠基者的人生经历可能与你完全不同。

司法决策不仅受到法官身份的影响,还受到法官思维方式的影响。实践表明,我们的决策既包含下意识的直觉快速反应,也涉及周密细致的深思熟虑。你可能认为,法官因其职业属性和专业培训,通常会格外依赖严谨的逻辑推理,但实际上,法官们往往或者主要凭借直觉做出决策。与我们大多数人一样,他们在做出司法决策时,无论是裁决是否允许将某个证据提交陪审团,还是裁决是否判处被告人入狱服刑,也喜欢走思维捷径。

有些时候，这些经验法则是非常管用的。当法官并不确定能否驳回律师提出的某个异议时，他可以参考此前与该律师打交道的情况作出判断，如果该律师总是提出肤浅的异议，而对方律师表示极力反对，法官就可能考虑驳回异议。凭借这种方法，法官经常能够作出正确的决定。不过，这种凭借直觉的处理方式，如果依据的参考因素不具有相关性，或者立足于不可靠的因果关联，也可能会导致系统性错误。

让我们看看所谓的锚定效应，[1] 最初的数值（例如，你的手机号码后两位数字）可能会影响你对随后所作的价值判断，例如，一瓶白酒的价值。在20世纪70年代中期，研究人员发现，数字的锚定效应对人的判断能力有重要的影响，特别是对联合国有多少比例的会员国是非洲国家之类的问题，不过，我们通常不会想到，锚定效应可能会影响一位资深法官对重要事项的判断，例如，因交通事故丧失右臂的被害人应当获得多少赔偿金，或者强奸犯或盗窃累犯应当被判处多长刑期。不过，当研究人员带着这些问题对法官进行实地调查时，他们发现，锚定效应确实具有重要的影响。当被问及被告人的刑期问题时，法官们很容易受到一些

---

[1] 锚定效应(Anchoring effect)，是指当人们需要对某个事件作定量估测时，会将某些特定数值作为起始值，起始值像锚一样制约着估测值。在作决策的时候，会不自觉地给予最初获得的信息过多的重视。有学者指出，人们在进行判断时常常过分看重那些显著的、难忘的证据，甚至从中产生歪曲的认识。例如，医生在估计病人因极度失望而导致自杀可能性时，常常容易想起病人自杀的偶然性事件。这时，如果以此为基础作出判断，则可能夸大极度失望病人将会自杀的概率，这就是人们在判断中存在的锚定效应。

无关因素的影响，例如，记者在休庭后的电话联系中提到的数字（你认为本案被告人将被判处3年以上还是3年以下刑罚？）或者检察官随意提出的量刑建议。令人惊诧的是，即便只是玩骰子，也能影响法官的量刑结果。

这项研究令人惊诧之处在于，专业技能和经验并未发挥应有的作用。实验参与者们都是刑法专家，曾经审理过大量类似的案件，但是他们和其他没有此类背景的法律人士一样，都会受到无关因素的影响。尽管也有研究显示，专业技能在特定情形下能够帮助法官克服那些普通人不能克服的认知缺陷，但这项研究的结果证明，法官拥有的专业技能只是使他在量刑时变得更加自信而已。

这个问题的成因并不复杂：法官通常需要面对不确定的情况作出决策。我们如何才能确信能否决定对被告人假释，被告人的照片是否存在不公正的偏见效应，或者何种情况下才能宣告审判无效？在司法实践中，法官据以解决此类问题的证据通常互相矛盾，这主要是由于在对抗式诉讼制度下，控辩双方负责整理事实、梳理证据，分别就各自的诉讼主张开展论证，此种情况下，法官很容易受到各种虚假论证的误导。而那些旨在帮助法官依法裁判的法律规则，也往往会出现失灵的状况。

例如，根据法律规定，法官不应当考虑那些带有偏见且与案件没有关联的事实，如被告人5年前曾因扒窃而被逮捕的事实。尽管这一事实可能使被告人看起来更有可能是本起盗窃案件的作案人，但该事实与被告人是否有罪实际上并没有关联。不过,在两项分别进行的实验中,研究人员发现,当法官审理此类虚拟的案件时,他们通常无法摆脱此类信息的影响,即便他们明知这些事实在法律上不具有可采性。

至于性别、种族、阶级等因素,也都面临着类似的问题。法官们都知道,诸如此类的因素不应当影响司法裁决。在实践中,他们通常会指示陪审员在评估证人、被告人和律师时不能受到此类因素的影响。但是法官也生活在社会之中,不可避免地会受到此类因素的内在影响,无论是妇女在养育子女方面的社会角色,还是变性人的社会问题,都概莫能外。这个问题实际上非常复杂,**法官在更衣室中披上法袍并不能免除各种偏见的影响。**

如果法官难免怀有偏见,那么,他们所持的偏见是否稳定不变?带着这个有趣的问题,研究人员决定观察法官们在较长时间段内究竟如何作出裁决。他们在两个以色列假释委员会选定八位经验丰富的法官。

这些法官总共驳回罪犯提交的64.2%的申请。不过,这并不是研究人员关注的焦点,他们想了解的是法官在每天不同时段所作的裁决。具体言之,这些法官在每天早晨所作的裁决与午休之后所作的裁决是否存在区别?身为裁判员的法官,在每天不同时段所作的裁决应当没有区别。但是,这些法官在实践中的表现如何呢?

通过对1000余份裁决进行分析,结果显示,法官们在每天早晨或者第一次餐后更加倾向于批准罪犯的假释申请(约有65%的申请获得批准），在每天晚上或者休息之后则恰恰相反，批准假释申请的比例逐步降低，直到零为止。此外，犯罪的严重性和罪犯已经服过的刑期，原本应当对法官的裁决产生影响，但实践中却往往对裁决没有任何影响。可见，每天的不同时段才是影响裁决的重要因素。

为什么会这样呢？

这项研究的主持者认为，每天随着时间的推移，法官们开始变得精神疲惫，不再费力审查被告人的申请，而是选择维持现状，从简处理，不断驳回假释申请。连续不断进行决策，将会极大地消耗人的精力；为了消除疲劳，我们通常需要休息或者补充营养。

需要特别强调的是，这并不是实验室的研究测试。这项研究所涉及的两个假释委员会负责处理以色列全国约40%的假释申请。而委员会的法官们完全不了解这种偏见的性质或者危害。这一点正是精神疲惫之所以如此危险的重要原因：人们通常不会感到自己已经十分疲惫，此种情况下，似乎没有理由怀疑自己所作的判断。

每个法官都希望自己的司法决策能够保持一致性，然而近期一项研究结果显示，这种期望实际上只会导致更大的偏见，这种适得其反的效果着实令人有些沮丧。作为一名教授，每当我在期末批改学生试卷时，都会面临这一问题。例如，我任教的刑法课有80名学生，我可以对其中不超过20%的学生评为A或A-，尽管理论上我可以在批改前5份试卷时就给出3个A，但我的预期是前5份试卷只给1个A，这种心理预期影响着我的评分方式，促使我在开始评分时掌握的尺度更加严格。学者们把这一现象称为"限缩效应"：① 如果人们需要连续对许多事项作出裁断（例如，在午餐前批改的所有试卷，或者某天审理的所有案件），一般会将这些事项分为若干独立群组以便统筹考虑，避免裁断结果严重偏离预期水平。基于这项研究，如果法官在处理假释申请时，接连遇到 5 名表现很好的申请人，那么，他在连续批准 4 个申请后，就很难再批准第五个人的申请。原因很简单，就是因为这不符合他预期的裁判模式（根据他的预期，只能批准 2/3 的假释申请）

法官的前一个判决可能对后一个判决产生影响，或者法官审理案件的具体时段可能对判决结果产生影响，这些都与我们理想中公正的司法制度完全背道而驰。打破沙锅问到底，我们需要对影响司法决策的因素进一步加强研究。1930 年，著名法学家和上诉法院法官杰里米·弗兰克深刻地指出："如果法律源自法官的判决，而法官的判决又基于他们的直觉，那么，法官获得直觉的方式就是司法过程的关键。那些促成法官直觉的因素就是法律的渊源。"

由此可见，法官并不像首席大法官罗伯茨所说的那样，是客观、中立和公正的化身。但实际上，真正的裁判员也是如此。

---

① 限缩效应(Narrow Bracketing)，是指通过人为地限定分析评估的范围,以便按照预期方案得出相应的评估结果。在经济学领域,限缩效应一般是指投资者本能地以孤立视角作出财务决策,而不考虑其他"会影响整体财富状况"的决策选项。

一些社会科学家始终关注司法决策过程，而另一些人则非常重视裁判存在的偏见。这两种研究思路殊途同归：在许多竞技领域，裁判们尽管看起来非常中立和客观，但实际上都存在裁判失误和执法不公等问题。如同前述案件中，法官和陪审团会受到摄像机视角的影响一样，网球裁判也会受到认知偏见的影响。例如，裁判在判断网球的触地点时，会受到网球前进方向的影响，所以他很容易将界内球判为界外球，却较少将界外球判为界内球。与法律同行类似，裁判也容易受到各种无关因素的影响。例如，在棒球比赛中，白人裁判往往给白人球员比黑人球员更小的好球区；在跆拳道比赛中，身穿红色赛服的选手比身穿蓝色赛服的选手更容易获得较高的点数；在足球比赛的争议碰撞中，身材较高的球员更容易被判犯规。此外，就像法官为保持均衡的假释申请驳回率而下意识地改变裁决方式一样，篮球裁判倾向于维持犯规判罚的相对均衡，棒球裁判也往往缩小二次击球的击球区，并扩大三次击球的击球区。最后，如同法官一样，裁判也往往无法忽视看台观众的影响：主场比赛占有极大的优势，几乎所有赛事都概莫能外；现场观众数量越多，主场比赛优势越大。

许多人都希望拥有裁判员一样的法官，但实际上，他们真正想要的可能是机器人法官，而且最好是那种不是由人来设计运行程序的机器人法官。只要由人来担任法官，总会面临人类大脑存在的各种局限，就像一个装配过时的硬件系统：更新世（pleistocene）时期的电路、速度超慢的处理器和容量有限的存储空间。

这给我们提出一个有趣的问题：前文已经提到，法官（以及裁判）极少认为自己存在偏见，他们坚决否认自己会受到无关因素的不当影响，更不会承认自己依赖于本能而非纯粹的理性。实际上，许多人都坚信自己能够摒弃偏见因素，专注于案件中的关键细节。目前已有大量研究显示，将法官刻画为客观的裁判员有些过于理想化，实际情况可能并非如此，那么，法官们为何还要自欺欺人呢？

答案在于，自我反省和个人观察往往存在局限性。假如一位上诉法院法官坐在法庭上，左边放着宪法条文，右边放着案例汇编，电脑里面显示着下级法院的案件审理报告，此时他将非常自信地认为，他仅仅是将法律条文适用于本案的事实。但是，主观上认为自己客观公允地适用法律和毫无偏见地援引判例，并不等于实际上也是如此。

法律培训、执业经验、职业准则和事业预期等因素有助于法官克服某些偏见，但也可能会固化对法官客观性的迷信。例如，为确保法学教育更加贴近社会，学生们要学会"不带感情地"处理复杂敏感的法律问题，如哪些性行为属于强奸犯罪，等等。当学生们能够心态平和地讨论非自愿的性行为时，他们就知道应当如何客观地看待事物。不过，人们学会淡定地处理问题，并不意味着他们能够减少或者消除各种偏见。实际上，仅仅是不带感情地讨论性侵犯等问题，既非客观也非公正，只是自我感觉如此而已。

类似地，20世纪，许多法学教授的课堂教学重点都是讲解判例和法律的结构以及含义，要求学生融会贯通。我们通过案例教程形成对法律的认识，并将法律视为一系列逻辑连贯的规则，可以采用合乎逻辑的方式加以演绎、学习和运用。毫无疑问，判例和法律应当成为法官裁判的准绳，这些规则也有助于消除或者减少司法偏见，不过，教授们却异想天开地构想出一个童话般的法律世界，其中不仅有明确具体的规则，还有履职尽责的法官。尽管这种法律世界并不存在，但是所有法官从入职伊始都心怀这种美好的憧憬。

一旦法官坐在裁判席上，那些帮助他们保持客观性的法律解释方法，往往会掩盖裁判过程的真相。例如，大法官安东尼·斯卡利亚倡导文本原旨主义理念，[①] 建议法官"寻找法律条文的含义，赋予法律条文最初的含义，既不能妄自揣测立法者在法律条文之外的意图，也不能随意推测法律条文正解的预期后果"。基于这种观点，法官的判决取决于法律条文，并且仅仅取决于法律条文。对于扮演裁判员角色的法官而言，这种做法看起来完全摒弃了个人主张或者政治偏见，因此是一种理想的选择。

但实际上，法律条文很少只有一种解释，同时，对法律渊源的正确历史含义进行解读，具有内在的主观性和猜测性。例如，联邦宪法第四

[①] 文本原旨主义（Textual originalism），是指宪法保持着它制定时期的状况，应当坚持宪法起草者的思想解释宪法，因此，判决应当严格依照宪法制定者的原意，不应当以法官自身意愿为转移。

修正案规定："公民的人身、住宅、文件和财产不受无理搜查和扣押的权利，不得侵犯。"有人可能会问，究竟什么是"搜查"呢？如果在当事人家对面使用热成像装置检测其是否使用热灯在家中种植大麻，这是否属于"搜查"？如果在当事人的车上安装 GPS 追踪设备，这是否属于"搜查"？对此，文本原旨主义并不能提供明确的答案；它只是为那些主观性的做法披上了合法的外衣。

对于诸如此类的情形，法官可以根据案件需要对法律条文的含义作出解释，并为自己的解释寻找正当的依据，在这样做的过程中，法官始终认为自己只是在适用法律而已。

尽管文本原旨主义使我们很难发现法官在裁判过程中存在的偏见，但所有法官，无论信奉大法官斯卡利亚的理念，还是支持大法官金斯伯格的信条，都会在适用法律时通过某种方式显示自己做法的正当性。即便是在联邦最高法院，大法官和法官助理在审查案件事实问题时，也非常青睐这种做法。

人们通常认为，大法官们并不认定事实；他们只是基于法庭上认定的事实适用法律。但实际上，大法官们为了准确适用法律和政策，需要针对案件事实问题进行大量调查研究。大法官们（或者他们的助理）并不依赖地方法院移送的案卷材料，而是经常使用 Google、Westlaw 或者联邦最高法院图书馆馆藏资源调查有关事实，例如，空气中二氧化碳的排放量究竟有多少，妊娠晚期堕胎行为是否主要发生于生活贫困的妇女群体，或者多数民众是否认为正当防卫是一项基本权利，等等。有学者对过去10年间的120项重要判决进行了分析研究，结果发现，大多数判决都援引了1项或者多项参考资料。

乍看起来，这种做法并无不妥。如果案件的争议问题是，行为人驾车逃离警方控制是否构成《武装职业罪犯法》规定的"暴力重罪"，那么，大法官或者法官助理为查明警方抓捕行为导致的伤亡结果开展一些背景调查，这种做法难道有什么问题吗？在合众国诉赛克斯案中，大法官肯尼迪和托马斯查阅交通事故统计数据后，认定驾车逃逸属于暴力重罪。当大法官缺乏某方面的专业知识，或者案卷材料中缺乏有关数据材料时，难道不应该这样做吗？

诚如学者们所言，大法官们试图了解更多的信息，这种做法原本无可厚非，但他们所获得的信息却非常值得质疑。在许多案件中，大法官们所发现的"事实"存在各种瑕疵，或者带有误导性。

法官和普通人一样，都习惯于依靠直觉作出判断，然后寻找有利的证据作为依据，排除或者无视不利的证据。前文提到的戴维·罗森鲍姆案件就存在类似问题，警察、应急处置人员和医生到达现场后，凭直觉认定戴维就是一个醉汉，然后就仅仅关注与最初的判断相符的事实。当法官进行事实调查时，他们早已形成内心的预期，并自然而然地寻找预期的事实。实际上，人们的内在动机是证实某个主张，而不是发现事实真相。

假如你是一名法官，试图查明赛克斯案件的事实细节，你的本能想法就是（你可能会受到四年前斯考特诉哈里斯案件中警察追捕和撞车经过录像的影响），行为人驾车逃离警方当然属于暴力重罪。但是仅有想法还不行，你需要为这个想法提供正当理由，于是就有了这样一种合理化解释：追捕行为在实践中导致许多人伤亡。这种解释看起来应该是正确的，你只需要寻找相应的佐证。接下来，你需要上网搜索相关资料，直至找到此类研究成果。当你发现有研究显示，警察追捕行为会导致人员伤亡，这反过来就会使你确信，驾车逃逸确实是暴力重罪。这个过程看起来就像从事实得出结论，但实际上你只是基于直觉反应进行先入为主的调查。

人们通常认为，手中掌握的材料越多，得出的结论越准确。但实际上，仅就拥有较多信息这一点来说，可能只是更加容易为某个错误的命题找到论据而已。假如一些政治科学家询问共和党人，在克林顿总统任期内，年度财政赤字规模究竟是增加、减少还是维持不变？（实际上，赤字规模是减少的。）那些在政治方面信息非常灵通的人（掌握95%的信息）比信息相对闭塞的人（掌握50%的信息）更容易给出错误的答案。当人们就里根总统任期时的通货膨胀情况询问消息灵通的民主党人时，情况也是如此。这些受访者的直觉是其他党派的总统在任期内非常失败，由于有大量信息可以佐证自己的直觉，因此，他们很容易得出带有明显倾向的错误结论。

我们的分析能力也容易受到类似问题的困扰：我们越是擅长分析某类问题，就越容易产生思想上的偏见。在一项试验中，研究人员向数学水平各异的人们提供了一些基础数据，要求他们评估皮疹治疗方法或者枪支管制的有效性。对于皮疹治疗方法，实验结果完全合乎预期：数学水平较低的人提供正确答案的概率，仅仅是数学水平较高的人的50%左右。但对于枪支管制的有效性问题，那些数学高手的表现非常有趣。如果相关数据指向的结论与他们的观念不符，他们就选择无视这些数据。当有关数据显示犯罪减少时，这些精于数学的保守派得出正确答案的比率只有20%；而当数据显示犯罪增加时，他们得出正确答案的比率则高达85%。自由派的情况则恰恰相反：当数据显示犯罪减少时，70%的人得出了正确答案；而当数据显示枪支管制无效时，正确答案的比率还不到50%。尽管大家都知道如何基于数据得出准确的结论，但是在意识形态影响下，人们往往只是根据直觉作出判断。这些研究表明，尽管审判席上的法官经验丰富，但他们可能并不如我们想象的那么公正。

联邦最高法院审理的都是争议较大的案件，争议各方都有相应的支持者，此种情况下，问题将会变得更加棘手。实际上，当大法官卡根在赛克斯案中提出异议，认为驾车逃离警方控制在本质上并不具有暴力性和攻击性时，他很容易找到相应的论据，例如，当事人有理由担心，在后面驾车追逐他的不是警察，而是罪犯。通过认真分析大法官们援引的各种资料，我们会发现，大法官们的调查研究带有明显的倾向性，并不像想象的那样客观中立。浏览近期的判决意见，你会看到其中既有权威的学术期刊，也有特殊利益群体的网站和博客文章。

我们不能希冀法官们与世隔绝、不问世事，整天待在象牙塔中。他们也有家人和朋友，也要参加野餐、婚礼和娱乐活动，也要读书、看电影和享受假期。他们和普通人一样，也有思维定式，也会受到知识、偏见和信念的影响。

大法官斯卡利亚每天早晨都会阅读两份报纸：《华尔街日报》和《华盛顿日报》。他曾向《纽约时报》记者坦言，"过去喜欢看《华盛顿邮报》，但这份报纸变得让我实在难以接受，我再也不想看了"。他无法忍耐"(《华盛顿邮报》)对绝大多数传统问题的态度。它充满了偏见，通常不怀好意。说实在话，我可不想每天早晨都没有好心情"。他"通常"会收听电台访谈节目，这是他了解新闻的主要渠道。他过去经常参加自由派和保守派共同参与的宴会，但近期很久都没有参与此类活动。

我们通常都戴着有色眼镜看待这个世界。如果你居住在弗吉尼亚州北部，整天收听国家公共电台（NPR）的节目，经常与自由派人士打交道，那么，当你开展司法调查时，就通常会点击特定的网站，关注特定的研究成果，并且有选择地使用学者的研究论文。即使你指派助理开展调查，情况也是如此。

一般认为，Google 之类的搜索引擎可能有助于避免研究受限，但实际上，搜索引擎自身带有内在的偏见性。许多搜索引擎都带有过滤器，可以根据你曾经浏览的网站、Facebook资料或者其他个人信息确定你的个人偏好，然后根据你的个人偏好筛选搜索结果。实际上，搜索引擎在你不知情的情况下，在后台自动筛选那些你可能认为更有说服力的资料，以及那些更有可能支持你的观点的资料，并且排除那些可能让你产生怀疑的资料，进而有选择地为你提供有关素材。

此前通常认为，"法庭之友"① 制度有助于帮助法官们弥补知识缺陷，但实际上也于事无补。虽然他们通常自称为客观的顾问，但其实是根据自己的偏好选择有利的素材，进而提供倾向性意见。法官们经常采纳"法庭之友"的建议，仅2008年至2013年间就达100余次，但却极少对此进行审查，有时援引电子邮件作为依据，有时援引顾问直接资助的研究作为依据，有时援引未公开发表的研究成果作为依据，有时则完全不考虑依据问题。随着"法庭之友"在案件中大量出现并逐年增加，法官们仿佛拥有了一个庞大的知识库，不过，这一制度实际上只不过是更加便于法官们论证自己的结论而已。

正如前文所述，影响法官决策的许多偏见都非常微妙或者极具隐蔽，很难被人察觉。

---

① 根据布莱克法律词典的解释，"法庭之友"是指"非诉讼当事人，因为诉讼的主要事实涉及其重大利益，得请求法院或受法院的请求而于诉讼过程中提出书面意见者"。法庭之友的历史非常悠久，最早可追溯到罗马法，当前在国际、区域司法机构或贸易协定中频繁采用。

这就如同在一排均匀排列的台阶中，突然出现一个略高的台阶。此前很长一段时间，在布鲁克林36号大街的地铁站，就有一个这样的台阶。日复一日，这个台阶绊倒了许多途经此处的行人。但是大家都对此无动于衷，即便那些跌倒受伤者也是如此。你看，有个男子险些掉落怀中的婴儿，有的妇女不慎摔倒在地，但他们或者踉跄着站稳，或者掸落身上的灰尘，然后只顾继续埋头前行，有的人抱怨自己运气不好，有的人埋怨自己行动笨拙，有的人则只是认为自己走神而已。由于极少有人注意到台阶本身存在的问题，这个蹩脚的台阶在那里持续存在了很长时间。直到有一天，有人决定拍摄地铁入口的情况，结果突然发现，原来这个台阶存在明显的缺陷。在短短不到一个小时内，摄影师拍摄到了带有喜剧效果的场面，一共有17个人被这个台阶绊倒在地。这段视频被放到网络上不到一天，纽约市交通局就派员更换了这个台阶。

我们有必要采用类似的方法分析法院的运作情况。法官们需要反思，他们是否更加愿意在早晨而不是晚上批准假释申请？他们是否更加愿意批准白人申请者而非黑人申请者提交的申请？他们需要反思，他们究竟是如何进行司法调查？他们是否经常作出偏向政府的判决？女律师是否比男律师在法庭上更容易受到礼遇？但是，如果没有人认真追踪他们的裁决情况，他们又如何发现这些问题呢？

幸运的是，我们现在已经拥有许多监测和分析方法。与此前相比，记者行业和学术界更有条件发现司法领域的差别待遇和司法不公情形。

例如,《波士顿环球报》对马萨诸塞州 1500 个醉驾案件进行分析后发现,裁判结果存在严重的失衡现象。2010 年度,有 82% 接受法官审判的被告人被宣告无罪(远高于全国平均水平),相比之下,只有 51% 接受陪审团审判的被告人被宣告无罪。这些办案法官在接受采访时,对上述结果表示非常吃惊,他们显然并未意识到,自己原来对指控方如此不留情面。可见,通过外部监测机制将所有数据汇总在一起时,就能够发现内在的偏见效应。记者们的努力没有白费,最高法院对这个问题进行了长达一年的研究,最终提出了一系列改革建议,包括降低无罪判决率,不让辩护律师挑选最有利于自己当事人的法官,等等。这些改革举措不仅有利于促进司法公正,也有利于在性命攸关的案件中挽救当事人的生命。

最高法院指出,纸质媒体原本是新闻调查的重要阵地,但随着纸质媒体江河日下,大学研究经费也捉襟见肘,司法机关应当加强案件档案管理,以便从中发现潜在的司法偏见。如果马萨诸塞州法院收集有关法官审判和陪审团审判的定罪率数据,可能早就会注意到上述问题。

从个体角度看,心理学研究发现,如果法官们知道哪些偏见会影响自己的行为,认识到自己并不能免于偏见,并且深刻反思自己的行为方式,就能够通过这种自我监督机制获得益处。司法机关可以通过举办专门的心理学培训(联邦法院已经针对潜在偏见问题进行多次培训)或者收集个人办案数据等方式,帮助法官开展自我监督。在司法实践中,法官们很少在办案过程中获得反馈意见,律师们极少会这样做,上诉法院也极少针对感知偏见或者错误提出针对性的建议。这种情况下，法官很难认识到被告人的种族、性别或者年龄等因素会影响他的判决，也很难确定他所判处的严厉刑罚是否奏效。法官们每天都是例行公事，只顾处理手头上的案件。不过，如果他们看看办案数据，可能会对自己的工作有所反思。

法官通常会对案件有一种直觉判断，对经验丰富的法官而言，这种直觉对审判工作很有裨益。不过，由于这种直觉可能会产生错误，有必要认真加以审视。

这些问题和建议同样适用于警察、律师、陪审员和证人：司法领域所有扮演重要角色的人都有必要对自身的行为进行反思。这可能有些危言耸听，但**怀疑并不是正义的敌人，盲目确信才可能导致非正义**。在许多案件中，有益的质疑并不会自动出现，因为很多不利因素压抑了质疑的空间。

关于如何审视自己的直觉和决定，时任纽约州最高法院法官弗朗克·巴尔瓦罗树立了良好的表率。尽管这个问题非常棘手，但巴尔瓦罗独辟蹊径，"我有一个习惯……每当我作出一个判决，都不会一判了之。我会在头脑中再次反思这个判决"。有这样一个案件，让巴尔瓦罗反复思考，辗转反侧。那是1999年10月，被告人唐纳德·卡根放弃了接受陪审员审判的权利，完全听由巴尔瓦罗作出判决。卡根辩称，他在布鲁克林电影院外枪杀威弗尔·温德时，完全是基于正当防卫。但是，巴尔瓦罗法官还是认定他构成二级谋杀罪和非法持有武器罪，判处15年监禁刑。

尽管这件事已经过去10多年了，巴尔瓦罗还是告诉他的妻子帕蒂，"我真的觉得我需要再看看这个案件。我需要审查一下案卷材料。我觉得情况可能不大对头。这个案子始终困扰着我"。当他重新审查案卷材料后，他感觉"天要塌下来了""毫无疑问，我犯了一个错误。我很难受，浑身都很难受"。

他意识到，此前担任激进民权律师的背景和经历，导致他在办理该案过程中出现失误，"在该案审判过程中，我认定唐纳德·卡根是个白人种族分子，当时正在四处寻衅滋事，并故意杀死了温德先生（被害人是黑人）"。这种思维定式导致他忽视了案件中表明卡根是正当防卫的证据。

再次审视案件事实，看起来温德才是寻衅滋事的人。当时，喝醉的温德试图抢劫卡根的金项链，卡根出示枪支只是为了吓唬温德。温德的朋友将他拖到一边，但是温德挣脱后继续纠缠卡根。卡根不得已再次拔出手枪，这时温德开始抢夺枪支。在厮打过程中手枪响了，温德中枪死亡。2013年12月，在卡根被定罪14年后，巴尔瓦罗法官站在证人席上，坦言此前他所作出的定罪裁决应当被撤销，"我现在意识到，当年错怪了这个白人青年，我当时认为他是一个偏执狂，故意杀死了一个非裔美国人…我在审判过程中被偏见误导了"。

我们极少听到法官承认自己因存在偏见而导致错判。巴尔瓦罗法官的做法需要极大的勇气：不仅要公开自己所犯的严重错误，还要甘愿承受外界的恶意攻击，检察官甚至称他是一个弱智的老家伙。不过在巴尔瓦罗看来，他唯一能做的事就是勇敢面对现实："司法系统应当经常进行反思，我们是否实现了正义？我们是否存在错判？这就是我现在努力要做的事。"

第三部分 刑罚

第九章 | 公众：以牙还牙

法国法莱斯市的 500 多名市民赶到刑场，他们聚集在绞刑架前，法莱斯市的子爵亲自主持行刑过程。

在此之前，被告因残忍地撕咬一名儿童的脸部和胳膊而被法庭定罪。这是一桩严重的罪行，尽管被害人最终不治身亡，但被告当庭没有悔罪，也没有向被害人家属道歉。实际上，被告自从被抓捕归案后，就从没有说过一句话，即便被判处严厉的刑罚后，她仍然一言不发。最终，她被判处绞刑，在行刑之前还要面临以眼还眼的处罚——殴打她的头部和胳膊。

当她被捆绑到绞刑架上示众时，围观群众都急切地等待最后时刻的到来。她穿着男性的衣服，刽子手专门从巴黎赶过来行刑。时间定格在 1386 年，法国北部城市的群众正在围观一场行刑秀。但是，被告始终没有说话。

当一切准备就绪后，围观的男男女女们终于等来了最后的时刻。子爵一定认为，对这起残暴的犯罪行为，适用绞刑是罚当其罪；当刽子手行刑完毕，罪犯横尸绞刑架后，子爵命令画师将现场的场景绘制成圣三一教堂的壁画。30 多年后，亨利五世和他的英国同胞毁坏了这个教堂的主体部分，法莱斯市民经过共同努力重新绘制了这幅壁画，此后，这幅壁画继续存世 400 余年。

遗憾的是，1820 年教堂进行翻修，这幅壁画不幸被粉刷覆盖，未能留传至今，尽管如此，我们仍然能够确信当年的被告始终保持沉默的隐情。

原来她是一头猪。

法莱斯市的此类事件很多，大家并不感到稀奇。在那个时代，动物经常面临审判和惩罚。如果老鼠和蝗虫侵扰村庄或者毁坏庄稼，就会被提起诉讼。獒类经常因攻击行为而被送上断头台。凶残的公牛一旦撒野，就会被抓捕、审判和定罪。马类闯入他人的领地后，就会被法庭判处火刑。

对动物犯罪进行法律追究，并不只是偏远山区的原始惯例，还在法律条文和宗教文献中有明确的规定。这是一种经过批准的官方行为，并且需要遵循特定的程序。在一些案件中，甚至还有律师专门为动物被告进行辩护。

据柏拉图记载，在古希腊时期，"如果家畜或者其他动物导致他人死亡，除非这一后果是在参与竞技类的运动会时造成的，否则，死者家属可以对涉案动物提起谋杀罪的指控。一旦涉案动物被定罪，就将被处死并丢弃到境外"。令人出乎意料的是，审判活动并非是在乡下庭院或者偏僻地点进行，而是在社会经济文化中心——雅典会堂进行。

无独有偶,《旧约》也规定:"如果牛类撞伤他人,并致人死亡,涉案的牛将被判处石刑,牛肉亦不得食用;不过,牛的主人并不承担责任。"

许多涉及动物审判和惩罚的案例记载都来自欧洲次大陆,但实际上,世界各地都有类似的情形。例如,19世纪印度的一份人种学报告记载:"如果老虎在村庄附近害人,那么,整个部落都会武装起来进行抓捕;如果抓到并杀死肇事老虎,死者家属可以举行一场虎肉宴,为被害的亲属复仇。如果整个部落动员起来都未能抓住肇事老虎,那么,死者家属就必须继续进行抓捕,直至杀死肇事老虎或者其他老虎,并举行一场虎肉宴,否则他们就将颜面尽失,并且被其他部落成员所孤立。"

我们往往会将这些行为视为早期蒙昧时代的制度残余,当时的人们主要基于报复目的而进行惩罚。时至今日,惩罚的目的已经大不相同,主要是为了威慑潜在的罪犯,以及监禁危险分子。同时,惩罚的对象仅仅是那些具有自制力和理解力的群体。惩罚本身也是公平和公正的。

按照现代的法律标准,过去的案例就显得有些荒诞不经了。现代法律制度对违法犯罪的主体要件有明确要求,例如,行为人应当能够认识到行为的道德过错,系基于恶意行事,或者明知法律规则的要求等,而一头牛显然并不具备符合这些要件的要求。如果认为牛应当被追究法律责任,这无疑是一种迷信行为,就像1916年田纳西州法院所说的那样,当四轮货车发生交通事故时,如果有人认为货车或者拉车的牛应当对事故承担责任,这与我们的司法理念是格格不入的。牛车可能会导致严重的事故,但如果据此认为牛应当承担责任,无疑有些匪夷所思,这种蒙昧的观念早已被现代社会所摒弃。

20世纪启蒙运动的进展程度并不均衡。当田纳西州法院作出上述声明的同时,邻近的肯塔基州市民却在一系列案件中表现得有些泥古不化。

1918年,肯塔基州通过了一项法律,对杀死绵羊的狗类,不再以谋杀罪进行审判。不过,当地法院的反应比较迟缓,在随后的10余年间,仍然有许多狗类被依法追究。

1926年冬天,一只名叫比尔的柯利犬被指控品性邪恶,联合通讯社对该案进行了报道:在肯塔基州诉比尔案件中,陪审团经过审理后作出裁决,认定对被告的指控成立。县法院法官布鲁伊特宣判比尔死刑,随后,比尔被依法执行死刑。在审判过程中,比尔的主人牵着它出庭受审。证人们出庭就比尔的一贯品性作证,比尔此次又攻击了一名女子,这是本案的直接致因。法官下达死刑判决后,比尔就被执行电刑。它的头部被送往莱克星顿实验室进行医学研究。

这不是取悦选民的闹剧,而是现实的司法,刑事诉讼对被告人的审判过程就是这样进行的。难怪时隔两年之后,英联邦律师汉密尔顿向《纽约时报》记者透露,与其他谋杀案件一样,一只名为凯撒·比尔的德国牧羊犬在犯罪后也必须要接受审判。

与那只普通的比尔相比,名字很有贵族气息的凯撒·比尔在法庭上获得了更好的待遇。可能是由于皇家名字的缘故，凯撒·比尔获得了有效的律师帮助。尽管它因为杀死绵羊而三次被定罪，并三次被判处死刑，最终却被肯塔基州上诉法院无罪释放。有趣的是，凯撒·比尔的主人，亨利·盖尔女士宣称，如果比尔被判死刑，她将竭尽全力上诉到最高法院。她之所以如此毅然决然，不是因为这起死刑案件审判本身的荒谬性，而是由于她坚信比尔是无辜的。

我们习惯于认为，司法已经实现现代化和文明化，法律仅仅惩罚那些有罪过的人，同时，法律适用也无关个人好恶，而是基于保护社会的需要。不过，即便时至今日，我们的本能仍然会不时地蠢蠢欲动。

我们经常会产生报复动物的想法。当冲浪者在澳大利亚海岸不幸被鲨鱼拖走时，我们要求取消对大白鲨的法律保护，以便伺机进行猎杀。当登山者在黄石国家公园不幸被大灰熊攻击时，我们开展全面调查，重建犯罪现场，进行 DNA 比对，最终将凶手绳之以法。

有些情况下，我们甚至有惩罚无生命物体的冲动。例如，当你的电脑丢失某个文件或者在关键时刻死机时，你是否想要挥拳将它砸烂？当椅子压到你的脚趾时，你是否曾经踢它两脚？

此外，当我们痛恨的那些人，例如，强盗、小偷或者恐怖分子，遭到惩罚和报应时，即便他们遭受的痛苦并不能使我们更加安全，我们仍然会感到报复的快感。

究竟是什么让我们乐于进行惩罚？我们从未认真想过这个问题。

每当谈到道德和惩罚等主题，我们都感觉自己是理性的人。当有人问你，杀死自家的宠物狗并将它吃掉的行为是错误的吗？你会立即回答：当然是错误的！如果继续问你，为什么这个行为是错误的？你可能会提出一大堆理由。但是，这些所谓的理由能够自圆其说吗？你是先有一个直觉的判断，然后再加以论证的吗？

现有证据显示，尽管我们的许多决定都是深思熟虑和认真推理的产物，但是，内在的道德观念经常会在潜意识层面指引我们的行为。在一项著名的实验中，人们首先浏览一些书面材料，其中涉及一些公众普遍认为不道德的行为，例如，近亲之间的性行为，然后向研究人员陈述自己的意见。这项实验的特点在于，研究人员对行为的场景进行了精心设计，人们在直观上难以找到反对有关行为的理由。例如，在一个乱伦场景中，兄妹二人都是成年人，采取了避孕措施，双方自愿发生性行为，并且没有任何不良感受。此外，乱伦行为没有再次发生，而且当事人始终保守着秘密。实验参与者们很快作出判断，他们认为这种性行为是错误的，但是当他们发现，自己给出的反对理由不能成立时（例如，有人主张，该行为可能导致婴儿存在基因缺陷，而实际上双方采取了有效的避孕措施），就显得有些无所适从了。即便不能对自己的意见提供正当理由，大部分人仍然坚持己见：约有 80% 的参与者坚持认为这种行为是错误的。

这个实验再次印证了我们的观察结论：即使我们有能力进行认真细致的分析，但在大多数情况下，我们都不是自己想象中的那种中立、客观和理性的裁决者。同时也显示出，我们的判断本身并不可靠。就连我们的道德决策，也是（或者说通常是）在本能的判断（快速、下意识的思维捷径）而非严谨的理性指导下作出的。上述情况下，我们在道德方面有些固执己见。我们往往不假思索地得出判断结论，然后急切地提出一个可能的假说，试图以此作出合理的解释。

不过，心理学家有办法帮助我们发现内在的问题。实际上，我们进行道德决策时，并不是如此率性而为。通过对大量群体处理同一问题的做法进行统计分析，就能够发现其中的规律。

举例言之，有一个名叫戴维的年轻人，为了赢得一场重要的国际象棋比赛，向参与比赛的一位大师投毒，但最终投毒未遂，我们是否应当惩罚这个年轻人？如果应当进行惩罚，具体应当如何处罚？人们可能提出许多惩罚戴维的理由：例如，戴维具有人身危险性，有必要剥夺他的犯罪能力，避免他继续为害社会；又如，我们可以通过惩罚戴维以儆效尤，威慑其他潜在的投毒犯不要实施类似行为，或者督促戴维改过自新；再如，那些故意犯罪的罪犯应当为他们的犯罪行为付出代价，根据犯罪的严重性判处适当的刑罚。

在这个案例中，人们往往着眼于未来，秉承实用主义的态度：之所以要惩罚戴维，主要是为了避免将来遭受损害。但是，这种自我认知并没有告诉我们，究竟是哪些动机实际上在发挥作用，换句话说，人们通常并不知道哪些因素真正主导着他们的判断。难道是报复心理（以眼还眼的内在动机）实际上在发挥作用？

遗憾的是，这个问题很难通过实验予以解答，因为那些促使我们羁押罪犯或者威慑潜在罪犯的因素，例如，犯罪的严重性或者罪犯的主观恶性，也是促使我们对罪犯进行报复的因素。再以前述案件为例，如果戴维不是想要谋杀竞争者，只是试图使其身患疾病，人们可能不会再像之前那样试图剥夺戴维的犯罪能力，或者威慑他人不要实施类似行为，因为戴维的行为在将来可能造成的危害已经显著降低。不过与此同时，人们对他的报复倾向往往也会显著降低，因为与预谋杀人相比，预谋使人身患疾病的做法似乎没必要兴师问罪。可见，通过改变戴维犯罪行为的严重程度，并不能证明报复是一种独特的动机。

正是基于这个研究困境，宾夕法尼亚州州立大学心理学家杰夫·古德温和我尝试进行一种新的实验方法：研究对动物罪犯而非人类罪犯的惩罚问题。当我们追捕并猎杀那些攻击人类的鲨鱼时，我们不会自欺欺人地认为，其他鲨鱼可能会引以为戒，认识到攻击人类会遭到惩罚，进而在将来改变行为方式，以免遭受类似的惩罚。因此，我们可以直接将威慑作用排除在可能的动机之外。毋庸置疑，我们也不会为了剥夺鲨鱼的犯罪能力而对它进行惩罚，因为我们只需确保鲨鱼完全处于控制之下，无须考虑下一步要做什么。

假如有这样两起案件。一起案件中,鲨鱼攻击了一个戏水的年轻女孩;另一起案件中,鲨鱼攻击了一个48岁的恋童癖者。这头鲨鱼随后被抓捕归案,并被当局判处死刑,唯一的争议问题是执行死刑的方法。当局决定采用注射方式执行死刑,为了减少给鲨鱼造成的痛苦,究竟应当使用多大剂量的药物?

如果你的动机是确保海滩的安全,在回答这个问题时就无须考虑被害人的身份,因为鲨鱼终归要被杀死,它已经不能在将来继续危害他人。不过,如果你的动机是为了进行报复,就可能作出不同的选择,因为杀害无辜少女比杀害性犯罪分子看起来更为恶劣,有必要施以更加严厉的惩罚。毫无疑问,结果完全在杰夫和我的预料之中:人们给那头杀害恋童癖者的鲨鱼注射了更多的毒剂,却给杀害少女的鲨鱼注射了较少的毒剂①。

我们可以改变动物罪犯的类型,更换犯罪的场景,但结果仍是如此。人们在报复心理驱使下惩罚那些攻击他人的鲨鱼、牛类和狗类,这与人们惩罚那些犯有类似罪过的人类罪犯没有实质的差异。

在纯粹理性的层面,我们一般会说,之所以要抓捕一头攻击冲浪者的鲨鱼,唯一的目的就是确保海滩的安全,而不是由于这头鲨鱼理应被绳之以法。不过,我们的真实意图却可能秘而不宣,许多科学家的研究

---

① 译者注:注射死刑中剂量越大,死亡过程越短暂,痛苦感越低。

成果显示，人们公开声称的惩罚理由，往往与他们的真实动机并不相符。

实际上，科学界正在逐步形成一种共识，即**相对于威慑作用或者剥夺犯罪能力，报复心理才是我们诉诸惩罚的终极原因**。这也促使一些心理学家认为，一旦社会上出现某种危害行为，例如，发生谋杀案件，人们几乎是本能地产生对罪犯进行报复的动机。在他们看来，人们只是在少数情况下才会通过更加审慎的推理过程克服这种本能反应，研究如何惩罚罪犯才能威慑潜在的罪犯并且营造安全的社会环境。

尽管我们通常意识不到报复心理的影响，但实际上这种心理可能会产生非常严重的后果，甚至可能对我们历经多个世纪精心设计的法律制度造成严重损害，导致我们难以兼顾公共安全、保护无辜和公正审判等价值目标。我们一直致力于消除任意性的做法，例如，我们不考虑子弹究竟是击中了目标还是目标后面的墙壁，炸弹袭击的被害人后来究竟是成为影星还是无家可归者。同时，我们还努力构建理性的法律制度，以便准确区分哪些人应当遭到惩罚，哪些人应当免于惩罚。但是，**面对强烈的报复心理，这些法律保护都可能变得毫无意义**。

根据古代英国法律，如果你想让某人对犯罪承担责任，只需证明这个人实施了"不法行为"。罗格持斧子杀死了查尔斯，是吧？好的，就此结案。到了13世纪，除了要证明犯罪行为（actus reus）之外，还要证明另外一个要件：犯罪意图（mens rea）。当罗格持斧子砸向查尔斯头部时，他是否存在可归责的主观心态？如果答案是否定的，罗格就不应受到责难或者惩罚。故意挥舞斧子导致查尔斯死亡，这一行为本身并不足以认定罗格负有刑事责任，法庭需要确定罗格当时的主观心态。他当时的神智是否清醒？他是否患有严重的精神疾病，不能理解自己行为的性质和后果？罗格当时是否声称要杀死查尔斯？当他挥动手中的斧子时，是否正在试图砍树？在现代法律人看来，这些显然都是需要关注的问题。诚如著名法官奥利弗·温德尔·霍姆斯所言："即使一条狗，也能区分究竟是被人绊了一下，还是被人踢了一脚。"

在联邦最高法院看来，法律将"恶意目的和不法行为"规定为犯罪构成要件，意味着某些人不应受到责难和惩罚。关于缺乏责任能力（或者限制责任能力）的主体，通常包括未成年人、精神病人、严重的智障人员和动物。当然，世界各国的法律制度不同，对责任能力的规定也不尽相同。例如，英国年轻人承担刑事责任的年龄起点是 10 岁，意大利是 14 岁，瑞典是 15 岁，比利时是 18 岁。在美国，尽管各州的法律规定存在差异，但根据普通法，7 岁以下的儿童不应当对违法行为承担责任，7 至 14 岁的未成年人被推定为缺乏责任能力，除非检控方提供证据证实，被指控的未成年人知晓自己的所作所为，并且认识到行为是错误的。前文已经指出，即便年轻人已经接近成年，但由于他们的大脑尚未发育成熟，也有必要给予特殊对待，根据法律规定，未满 18 周岁的未成年人不得被判处死刑或者终身监禁不得假释等刑罚。少年法院制度得以产生与发展，其理论基础主要在于，年轻人缺乏成年人的责任能力，应当在法律上给予区别对待。少年法院的先行者本杰明·琳赛在1910年指出："由于未成年人尚未成熟，刑事法律不能适用于他们。"类似地，根据美国法律，无论犯罪行为多么恶劣，如果罪犯"智力低下"，对他们判处死刑都是违反宪法的；根据一些州的法律规定，如果被告人提出抗辩，主张自己患有严重的精神疾病，符合精神病人的法律标准，就不得对其进行处罚。

尽管这些法律制度的出发点都是好的，但杰夫和我开展的多项实验显示，人们似乎并未严格执行相关制度。由于可归责性与精神能力紧密相关，实验参与者通常认为，高智商的成年人比低智商的成年人或者儿童更应当受到惩罚（人们也认为儿童比一条蛇更应当受到惩罚）。不过，这些判断容易受到犯罪危害性的影响，同时也没有一个严格规范的框架帮助人们判断哪些人应当受到惩罚，哪些人不应受到惩罚。人们认为，同样是从桥上向高速公路抛掷饮料瓶，14岁的儿童应当比8岁的儿童受到更加严厉的惩罚，但是具体要在少年拘留中心关押多长时间，则取决于抛掷饮料瓶造成的危害后果。如果该行为引起严重的交通事故，导致一名妇女和她年幼的女儿死亡，无论肇事儿童的年龄大小，都将面临较长时间的惩罚。进一步讲，如果8岁儿童和14岁儿童同样实施抛掷饮料瓶的行为，前者导致严重的交通事故，而后者并未造成人员伤亡，那么，前者在拘留中心接受处罚的期限将是后者的两倍还多。实际上，即便比较的对象是 8 岁儿童和 20 岁的成年人，如果分别造成前述后果，这个倒霉的儿童接受处罚的期限仍然是成年人的两倍以上。

上述研究成果反映出，我们对待违法犯罪分子的司法程序存在较大的裁量空间和灵活性，这种情况应当促使我们认真进行反思。哪些犯罪分子是真正的精神病人？这个问题看起来有客观的标准，实际上却极富主观性。对这个问题的认定结论，更多地取决于犯罪的性质，而不是被告人的真实精神状态或者责任能力。司法实践中，哪些少年犯应当移交普通法院审判，哪些又应当在少年法院审判？对此类问题，尽管法律明确要求，未成年人的心智尚不成熟，应当加以特殊保护，但是这些法律规定在实践中并未得到严格执行。无怪乎每年有 20 余万未成年被告人像成年人一样接受审判。无独有偶，尽管最高法院判例要求，对犯谋杀罪的未成年被告人不得强制判处终身监禁，对犯有较轻罪行的未成年被告人不得判处终身监禁不得假释，但许多州法院仍然试图寻找这些判例的漏洞。例如，一些州法院的法官拒绝对此前强制判处终身监禁的案件作出改判，或者对未成年人判处 70 年或者 80 年监禁刑不得假释，这实际上是变相判处终身监禁。这些法官之所以故意规避最高法院判例的要求，在很大程度上是他们骨子里的惩罚动机在作祟。

尽管我们公开宣称，不能像对待成年人那样处罚未成年人，不能惩罚那些因患有精神疾病而无法理解自己行为性质的被告人，但实际上，我们往往是说一套、做一套，并未遵守承诺。

如果我们的司法决策能够始终保持知行合一，在客观评估所有相关证据基础上作出罪责刑相适应的刑事处罚，就能够更好地落实法律规定，对未成年人和精神病人判处较轻的刑罚。不过，我们通常是率先作出处罚决定，然后再为决定寻找正当理由。我们希望让行为人对犯罪行为承担道德责任，为了实现这一目的，除了案件事实之外，我们对社会控制、主观意图甚至自由意志的认知也会对案件的处理结果产生影响。

上述做法确实有些怪异：我们一般认为，人们相信自由意志，并根据已有的世界观作出处罚。不过，人们的观念具有极强的可塑性，研究显示，一旦降低人们对自由意志的信任（例如，让人们参加一个神经科学培训班，了解人类行为的内在原因），他们在作出处罚决定时就变得不再那么严苛。反之也是如此，我们的惩罚欲望可能会促使我们更加相信自由意志。例如，当人们听说，一个不称职的法官将无辜的孩子遣送到牟利性的少年拘留中心，最终因此而被问责，他们会更加相信自由意志的力量；相比之下，如果只是招聘新校长这种一般性的事件，并不会影响人们对自由意志的看法。人们在期待惩罚不称职的法官过程中，似乎改变了他们对人性的理解，也改变了他们对法律职责的认识。

谈到道德直觉问题，即使那些看起来天经地义的事情，实际上也并不是那么理所当然。在特定情况下，我们甚至能够通过惩罚无辜者而获得满足感。这一点看起来有点匪夷所思，毕竟我们的法律制度始终强调避免无罪的人受到刑事追究。本杰明·富兰克林说得好："宁可放纵100

个罪犯,也不能冤枉一个无辜者。"著名的英国法学家威廉·布莱克斯通提出了近似的观点,许多法官和学者也有类似的论述。就连《圣经》都主张,如果索多玛没有故意杀害无辜者,上帝就不会给它带来灭顶之灾。在刑事诉讼领域,这个理念应当是公认的最为基本的制度基础。

但是我们应当如何看待原始部落的做法?他们努力猎捕那只杀死部落成员的老虎,不过,如果他们找不到那只肇事的老虎,就会随机杀死其他一只老虎。难道惩罚无辜者能够给我们带来满足感?

杰夫和我设计了一组实验,涉及鲨鱼攻击人类后的3个不同场景。在第一个场景中,一头鲨鱼被猎捕后杀死,随后的尸体解剖证实它就是肇事元凶。在第二个场景中,被猎杀的鲨鱼经过尸体解剖后,被证实是无辜者,只是碰巧与肇事鲨鱼的品种和外形相似。在第三个场景中,被猎杀的鲨鱼完全是无辜的,属于另一个同样危险的品种。毫无疑问,实验参与者更加赞同猎杀肇事的鲨鱼而不是另外两头无辜的鲨鱼,但对于猎杀另外两头鲨鱼的做法,他们认为所犯的过错并不相同。他们更加倾向于惩罚那头与肇事鲨鱼属于同一品种的鲨鱼,尽管该头鲨鱼和另外一头同样危险但却不属于同一品种的鲨鱼都是无辜者。

这种心态在许多生活琐事中也屡见不鲜。例如,有研究者发现,棒球运动中存在着用球砸头现象,当棒球运动员看到同伴被对方球员击球打中时,往往会为了报复而随意将球砸向对方的无辜球员头部。研究发现,大约有50%左右的棒球迷认为,击球手在职业联赛对抗中采取这种做法是可以接受的。特别是当本方球员实施这种报复行为时,球迷更加赞同用球砸向无辜的对方球员头部。

这项研究令人担忧地显示出,一旦我们遭受损害,就会试图寻找"替罪羊",并通过惩罚"替罪羊"来寻求心理平衡,这种心态有时可能会导致我们背离公平正义的要求。实际上,我们内心深处对这一点心知肚明,只是碍于面子不愿承认而已。我们的历史书和新闻报道中随处可见这种残忍的非正义:当警方宣称强奸案件的犯罪嫌疑人是黑人后,暴徒们对一名无辜的黑人男子滥用私刑;黑社会帮派奉行"一命换一命"的暴力信条;在"9·11恐怖袭击事件"后,对所谓的"敌方战士"滥用水刑。抛开现象看本质,这些报复行为并非意外事件、反常现象或者附带损害。它们实际上反映出我们的真实本性,这就是人性的本来面目。

如果我们完全不考虑那些确保公正惩罚的基本法律要件,那么在实践中,我们的惩罚动机就可能会受到各种无关因素的影响。假定在一起案件中,被告人彼得·福斯特求爱不成,一怒之下谋杀了一名年轻的白人女子,法院需要对其判处相应的刑罚。

如果改变被害人的肤色,换成一个黑人女子,那么,被告人被判处死刑的概率将随之降低。大量研究显示,与杀害黑人的行为相比,杀害白人的被告人更有可能被判处死刑。同样是被判处死刑,非裔美国人更有可能被实际执行死刑。

需要指出的是,除了被害人的种族外,还有许多因素影响案件的裁判结果。还以这个案件为例,如果其他因素保持不变,仅仅改变彼得的种族,也会对裁判结果产生重要影响。黑人被告人更有可能被判处死刑。与白人被告人相比,他们申请保释需要缴纳更高的保释金,更有可能被判处监禁刑,更有可能被判处较长期限的刑罚。那些未成年的黑人被告人,不仅更有可能被移交普通法院审判,还往往比同龄的白人被告人面临更重的刑罚。

针对模拟陪审员和实际裁判者开展的多项实验,都能够证实刑罚领域存在着种族偏见。例如,当未成年犯假释官员在听证时听到与黑人相关的词语时(例如,哈莱姆黑人居住区、可怕的长发绺和篮球),就比他们听到中性的词语(例如,天空、孤独)更加倾向于认为,这个被告人更加暴力,应予惩罚,容易再犯,并且罪有应得。这在很大程度上是一种隐性而非公开的偏见。

科学家们认为,这种潜意识的偏见有着深远的制度根源,主要是奴隶制时期以来文化传统中黑人的负面原型,以及新闻媒体对黑人和犯罪的过度渲染。这些负面原型对黑人被告人的行为提供了模式化的解释,即他们的行为源自暴力和犯罪的本性。当人们关注被告人的罪恶品性,不重视犯罪行为的客观情形,就自然会对被告人施以更加严厉的处罚。在近期开展的一项实验中,两组实验参与者分别阅读一份案件材料,被告人年仅14岁,有17项犯罪前科,此次又强奸了一名老年妇女。研究人员询问实验参与者，他们是否赞同对非谋杀案件的未成年被告人判处终身监禁、不得假释。这两组参与者了解的案情基本相同，只有一点差异：第一组参与者阅读的案件材料中，被告人是一名黑人；另一组参与者阅读的案件材料中，被告人则是一名白人。第一组参与者得知被告人是黑人后，更加倾向于对这个未成年被告人判处严厉的刑罚，同时还认为这个未成年被告人与成人一样罪有应得。

令人慨叹的是，只要提到些许种族方面的因素，就能对案件处理结果产生影响。在审判实践中，种族因素可能通过许多方式对案件产生重要影响，包括被告人的肤色乃至检察官、法官或者证人使用的隐语。当然，并不是所有人都会受到这些因素的影响。对有些人而言，如果将被告人描述为"市中心的暴力罪犯"，而不仅仅是"暴力罪犯"，就可能促使他们判处更加严厉的刑罚，而另外一些人却可能根本不理会这些带有种族意味的表述。同时有证据显示，当人们意识到种族因素存在影响时，例如，他们对种族因素特别敏感，或者种族歧视已经表现得非常明显，他们就可能会尽量避免对黑人被告人更为严苛，以免自己看起来像个种族分子。

将彼得的种族由白人变为黑人后，将会导致其被判处更重的刑罚，这一点实际上毫不为奇：毕竟我们大多数人都非常熟悉刑事司法系统内在的种族偏见。但是，如果我们了解更多的细节，是否仍然能够淡然处之。让我们改变彼得的鼻子构造，让他的鼻孔更大一些，鼻子轮廓更平一些。这一改变是否会影响案件处理结果？

答案是肯定的。大家不仅关注你是否是黑人，还关注你是什么样的黑人。被告人鼻子的宽度、嘴唇的厚度、肤色的深度都与死刑适用存在关联：如果被害人是白人，那么，被告人的面部特征越像典型的黑人，就越可能被判处死刑。对于非死刑案件，同样存在类似的问题。有项研究显示，那些带有典型黑人特征的重罪被告人，要比种族特征不明显的被告人在狱中多待 8 个月以上。

谈到鼻子和嘴唇，如果我们给彼得做一番整容手术，是否会对他有所帮助？如果让他看起来更好看些，是否会影响可能判处的刑罚？我们经常听到这样的段子，年轻貌美的女司机因交通违章被警察拦下，随后通过不断抛媚眼来逃避处罚，尽管这种事通常被当作笑谈，但实际情况可能就是如此。研究显示，罪犯的相貌会影响其可能被判处的刑罚，这并不是由于人们认为英俊的被告人是无辜的，而是由于人们认为他们更加情有可原。简单地说，如果你拥有英俊的相貌，这就如同为你罩上一层光环，使你的行为看起来更加正当得体。尽管切萨雷·龙勃罗梭和我们前面提到的那些人相学家早已离世，但我们仍然是他们学术衣钵的传承者。我们不仅对罪犯的骨骼结构存在先入为主的观念，还坚信自己能够通过相貌辨识品性善良的人。

不过，即便不进行整容手术，彼得仍然可以通过改变法庭上的言行举止来影响裁判者的判决结果。被告人可能基于各种原因没有在诉讼过程中流露感情，例如，他可能认为当庭悔罪毫无意义，或者认为这可能会让法庭觉得他是有罪的。实际上，心理学家发现，如果被告人在行为举止方面表现出悔恨之意，或者公开道歉、表示悔罪，就能够促使人们对其产生更好的印象。相反，如果被告人拒不道歉或者毫无悔意，人们就倾向于认为他品格不佳，更有可能再次犯罪。相应地，人们往往会对那些悔罪或者道歉的被告人判处较轻的刑罚。

上述现象在司法实践中普遍存在，在死刑案件中表现得尤为突出。检察官通常会谴责那些不悔罪的被告人，陪审员也往往将之作为判处死刑的关键因素。大量案件数据显示，那些看起来执迷不悟的被告人，由于在诉讼过程中表现得狂妄自大、令人厌烦、孤僻冷漠、工于心计，往往会比认罪悔罪的被告人面临更加不利的诉讼结果。

当然，对死刑案件而言，被告人悔罪和道歉可能并不管用。近期有项研究显示，当人们因超速被警察拦住后，如果向警察主动认错，就将被处以较低的罚款，并且很有可能只是接受口头警告而已。

我们在前面一直关注的是彼得的相貌问题，让我们转换一下思路：假定在陪审团对彼得案件进行评议之前，早间新闻碰巧播出一则报道，恐怖分子用炸弹袭击了多伦多的地铁系统。这起发生在加拿大的恐怖袭击事件与彼得以及案件审判毫无关联，尽管如此，有大量的心理学研究显示，此类事件很有可能会影响最终判处的刑罚。

人类是动物王国中神奇的存在：一方面，人类和其他物种一样，都有生存繁衍的本能；另一方面，人类又能够清醒地认识到死亡的宿命。一想到死亡，总是令人寝食难安。我们不愿面对生命的残酷现实：我们只享有一次生命，并且各种不可控的因素（例如，醉驾、鲨鱼、闪电、癌症或者伊波拉病毒）可能在瞬间就带走宝贵的生命。

幸运的是，我们已经找到各种途径来舒缓这种令人窒息的恐惧感，其中就包括信仰制度，宗教信仰能够为我们的生活带来意义、稳定性和秩序。例如，宗教告诉我们如何度过有意义的生活，如何避免各种危险，同时还慰藉我们，死亡并不是生命的终结。类似地，法律制度教育我们如何成为良好公民，避免公共安全遭到不法侵害，同时也安慰我们，当前的生活方式是恒常持久的。

我们越是感到恐惧，就越是抓住这些信仰制度不放，激烈地捍卫这些信仰制度。这就是加拿大的悲剧事件为何会影响彼得案件的内在原因。大量实验显示，人们一旦想到死亡问题，例如，看到恐怖袭击的新闻报道，就会倾向于更加严厉地惩罚罪犯，因为此种情境下，罪犯无疑构成了潜在的威胁。

在一项研究中，研究人员邀请亚利桑那州的多名法官对一起假定的卖淫案件判处保释金。在接触案件事实之前，有部分法官接受了性格测试，期间谈到了死亡问题。这些在潜意识中思考死亡问题的法官平均判处的保释金数额是 455 美元，而那些没有受到诱导的法官判处的保释金数额要低得多，仅仅是 50 美元。研究人员分析认为，当法官们经过诱导而思考死亡问题后，就会积极捍卫他们的世界观，并对那些看起来危及既定制度的人判处更加严厉的处罚。如果这是一个真实的案件，被告人的命运就很可能因此而受到非常严重的影响：为了努力实现预期目的，法官们将会判处更高的保释金，这将导致被告人不得不在羁押场所等待审判。

研究发现，仅仅是向法官提示死亡问题，就会导致法官判处更加严厉的刑罚，这一现象在各类案件中都有体现，包括人身伤害等重罪案件以及醉驾等轻罪案件，尽管如此，并非所有的裁判者都会受到这种影响。例如，那些自信心很强的人就不会受到死亡问题的困扰，这可能是由于他们具有较强的自我意识，能够帮助他们克服死亡的恐惧。此外，一些人也可能认为，卖淫者和有些罪犯并没有多大的危险性。事实上，如果某类犯罪契合了裁判者的世界观，例如，一个极力反对同性恋的法官审理一起攻击同性恋的仇恨犯罪，裁判者就很可能会对被告人从宽处罚。

总体上讲，如果法官和陪审员在审判时思考死亡问题，被告人通常就会面临不利的判决结果。问题在于，裁判者可能因为各种因素而想到死亡问题，对此，被告人只能听天由命了。各种外部事件，例如，飞机失事、传染疫情或者战争，都会影响法庭的裁决或者量刑，与此同时，法庭内部的各种因素也有同样重要的影响。司法实践中，许多犯罪都涉及人与人之间的暴力冲突，因此，当法官在审理抢劫、暴力伤害或者谋杀等类型的案件时，就像彼得案件一样，一旦了解到案件细节，就很难不思考自身的脆弱性问题。

检察官和证人经常会强化这种思维方式。检察官可能会强调指出，醉驾案件的两名被害人很可能会被撞身亡，也可能会请求陪审员站在被害人的角度换位思考。类似地，证人可能会描述谋杀案件对被害人家庭的重大影响。

死亡问题的影响在死刑案件中表现得最为突出。在此类案件中，人们不可避免地会思考死亡问题；同时，被告人通常是社会中的底层群体，例如，精神病人、瘾君子、少数族裔或者穷人等，因此很容易被视为危险分子。此外，只有那些赞同死刑的公民才会被遴选为死刑案件陪审团成员，我们有理由认为，这类陪审员更容易受到死亡问题的影响。实践证明，赞同死刑的陪审员更倾向于作出定罪判决。与此同时，当被告人命悬一线时，我们所设计的制度保障也能够弱化这些隐性偏见的影响：陪审员会意识到司法错误将付出很大的代价，法官会认识到他们的判决很可能因被告人上诉而接受上诉法院审查，此类案件的律师往往具有更加丰富的经验，整个诉讼过程也会得到更多的社会关注。不过，诸如此类严肃的问题并不会给被告人带来什么好处，实际上，犯罪的严重性还会导致被告人面临更糟的境地。

许多人相信罪恶的存在，在这种隐含在刑事案件背后的诉讼观念影响下，上述问题可能会产生扩增效应。我们曾经分析过"嫌犯面部照片"体现的犯罪观念，当某些可怕的事情发生时，我们就倾向于将那些罪恶的人视为问题的根源。这种理念促使我们确信，在一个公正的世界里，各种社会危害都有明确并且可以辨识的根源，这些问题的根源是能够得到妥善解决的。每当我们想到，社会上的大多数人都可能会实施严重的犯罪，就难免感到非常不安，实际上研究也确实表明，许多人在特定情势影响下会实施犯罪行为。

为了试图揭开"罪恶之谜"，研究人员对此前人们公认的各种假说进行归类分析，其中就包括一种观念，即有些人是天生犯罪人，这些罪恶的人从犯罪行为中获得快感。这些观念促使我们产生惩罚的动机：如果你相信纯粹罪恶的存在，就自然会倾向于赞同严厉的惩罚，并且将改造罪犯视为毫无意义的努力。这一点已经得到研究的证实：当人们被问及上述问题，或者对罪犯作出量刑裁决时，就清晰地反映出惩罚动机的存在。在一项研究中，实验参与者需要决定是否对制造胡德堡惨案（枪杀13名无辜者）的凶手纳达尔·马利克·哈桑执行死刑。经过调查发现，如果实验参与者相信罪恶的存在，就能够据此推断他们倾向于赞同执行死刑。

尽管许多公众都认为罪恶是一种无法改变的特性，但是我们对他人是否罪恶的判断却可能受到各种因素的影响。即便是一些看起来无关紧要的事情，例如，罪犯的衣着、音乐品味和最喜欢的读物（例如，哥特风格的衣着，喜好重金属音乐，热衷神秘文学），都可能会促使人们认定该罪犯更加罪恶，进而对其判处更加严厉的刑罚。达米恩·埃克尔斯，一个未成年犯罪团伙的头目，1993 年在阿肯色州因谋杀 3 名 8 岁男孩而被定罪，很可能已被执行死刑，但是基于上述研究成果，我们很难不注意到他的个人特征，例如，他的名字、黑色衣着、对重金属音乐的热爱以及对巫术的兴趣，等等，这些因素都会在审判过程中对其产生不利的影响。

这些研究结果非常令人不安。那些真心相信世界上存在纯粹罪恶的人们，往往就是负责裁量刑罚、复核案件和制定政策的决策者。当州长或者总统审核死刑犯提交的赦免申请时，如果他们像乔治·布什总统那样，认为"世界上非善即恶，根本不存在中间状态"，这种观念将直接影响他们对案件的处理结果。如果最高法院的大法官都像安东尼·斯卡利亚一样，真的相信恶魔是实际的存在，这也会影响他们的裁决结果。

如果人们认为，是罪犯自身以外的各种力量导致其实施可怕的犯罪行为，这些罪犯将处于非常不利的境地。这种观念还将导致可悲的悖论：那些更容易在他人身上发现罪恶的人们，自身却更容易实施罪恶的行为，即对那些并非基于不良品性，而是由于基因和环境问题才实施犯罪的人群，赞同适用或者直接施以严酷的刑罚。

综上所述，我们内心的信仰和动机，难道和中世纪那些审判并处决一头猪的法国人有什么实质区别吗？

哈佛大学心理学家斯蒂芬·平克曾经雄辩地指出，以整个人类历史为参照，现代世界是相对祥和的。他还指出，由中立的第三方来履行惩罚职责，这是暴力行为减少的重要原因。大家通常认为，现代司法系统在法官、陪审员、警察、律师和矫正官员的主导之下，已经取代了过去那种血亲复仇的司法传统。不过，由于人们的外在行为模式已经发生改变，我们现在很难确定人们的头脑中究竟在想些什么。

我们宁愿相信，迷信在法庭上没有容身之地，人们也不再有血亲复仇的动机。我们宁愿相信，人们不会从惩罚中获得快感。我们宁愿相信，人们从同辈中获得的温暖通常会超过对同辈的厌恶和憎恨，就像纳尔逊·曼德拉所说的那样，"在每个人的内心深处，都存在怜悯和宽容""爱比恨会更自然地走进人类的内心"。曼德拉的格言很容易引起共鸣，因为他说出了我们的心声。但是，现实的世界仍然存在着不和谐的音调。

在西方国家，毫无疑问，我们早已不再对犯罪的猪或者人公开执行死刑，也早已不再对被告人施以绞刑或者五马分尸。但是，我们的内心难道真的像天使一样纯洁吗？或者，我们仅仅是通过华丽的外表来掩盖热衷报复的内心？当我们认真审视刑罚的效果（下一章将会专门论述这一问题），就可能会发现，司法实践与理性预期仍然存在很大的差距。我们的刑罚制度究竟是如何对待罪犯、潜在的罪犯、被害人和普通的市民？我们是否只是对那些罪有应得的罪犯还以颜色？我们以正义之名适用的刑罚是否能够促使人们弃恶从善？刑罚制度使我们变得更加安全了吗？

第十章 ｜ 罪犯：扔掉监狱的钥匙

今天谈到东州监狱，首先想到的就是里面著名的鬼屋。人们排队参观，络绎不绝。如果你想在万圣节前后去现场参观，最好提前预约购买门票。每年的游览项目都比之前更加惊悚，就像网站宣传的那样，"这里比你想象的更加黑暗、血腥、恐怖"。2013 年，监狱方推出一款新的闯关项目，在监狱 11 英亩范围内潜伏着残暴的警卫、疯狂的医生和凶残的囚犯，游客要在闯关过程中努力躲避这些人的追捕。如果你在门票之外再加 70 美元，就可以享受 VIP 专享项目，可以在引导下参观死囚牢房、阿尔·卡朋的监室和地下行刑室。至于"墙壁 LED 射灯特效恐怖项目"，也包含在门票之中。

这间监狱坐落在费尔蒙特大街的酒吧和小酒馆之间，高耸的角楼和冷峻的高墙，使它显得与周遭环境格格不入；说实在话，这个地方更加适合中世纪的战略布局，与街上行人如织的现代都市不太搭调。我们很难想象，在这些快要坍塌的遗迹和废弃的牢房中，当年关押着镣铐加身、终年不见天日的罪犯。但是，当这个监狱年久失修，最终被改造成为旅游景点后，其所蕴含的精神却获得重生，激活了现代美国的刑罚制度。

冥冥之中自有天意，费城的第一批欧洲移民注定要在罪犯改造方面拔得头筹。毕竟，宾夕法尼亚州的创立者就是一名罪犯。伟大的威廉·

佩恩在着手开拓新世界之前，曾经先后屈身于伦敦塔和纽盖特监狱。他的许多贵格党同辈都是逃避迫害的外来移民，他们也都亲身体会过英国刑罚制度的低效和残酷。

鉴此，佩恩领导制定的早期刑法典另辟蹊径，大幅删减了英国严酷的肉刑和死刑，采用了更加文明的监禁制度。不过，到了18世纪中期，这种先进的理念却陷入了难堪的窘境。尽管当时彻底废止了鞭刑，但宾夕法尼亚的监禁环境已经变得污秽不堪、人满为患、秩序混乱。世易时移，重振佩恩政治遗产的时候到了。以本杰明·富兰克林为代表的费城政治新星，以及美国心理学之父本杰明·拉什等人，推行了一系列改革项目，其中就包括解决公共监狱困境的社会改革项目，最终建立了据称是世界上第一个完全现代化的监狱——东州监狱。这个监狱最关键的创新举措就是单独监禁制度。1831年，托克维尔和博蒙特代表法国政府考察东州监狱后指出："在单独监禁情况下，罪犯开始自我反省。在独处时反思自己的犯罪行为，罪犯学会痛恨犯罪；如果他的灵魂没有被犯罪吞噬，也没有丧失对美好事物的向往，他就会在独处时产生悔罪心理。"1829年10月25日，监狱收押了第一个罪犯，他名叫查尔斯·威廉姆斯，亮黑色的皮肤，宽阔的嘴巴，鼻子上带着伤疤。他是一个农民，有一些文化水平。他被判处入室盗窃罪，赃物是一块价值20美元的金表、一枚金质印章和一个金钥匙。首任监狱长萨缪尔·伍德亲自收押了查尔斯，他对查尔斯从头（眼睛：黑色）到脚（足长：11英寸）进行了检查，然后将一个头套罩在查尔斯棱角分明的脸上。

在这座堪称强制修道院的监狱，头套是关键的监禁装备，有助于防止罪犯之间交流、互动或者窥探周围环境。只要查尔斯被押解出监室，就需要带上这个头套。当头套第一次被摘掉时，查尔斯才有机会看到接下来两年他的起居环境：粉刷一新的白墙，钢质的床架，一个高脚凳，一个衣架，以及吃饭和盥洗的设备。随后，他开始了服刑生涯，并且体会到独居反思之道：不能和狱友聊天，不能接受子女探视，不能了解高墙之外的新闻，更不能吹口哨。他偶尔会与狱卒聊天，但即便如此也要遵守相应的规则。查尔斯已经不再是之前的查尔斯了，他变成了"1号"囚犯，在他的囚服上和监室门上都印着这个醒目的标识。

在现代的改革者看来，这并不是酷刑，反而是人道的待遇。如果典型的监狱单纯是为了施加严酷的刑罚，让那些被社会抛弃的人自生自灭，那么相比之下，教养院则是用心良苦，致力于矫正罪犯和预防犯罪。

这当然不是说要悉心照顾那些罪犯，实际情况远非如此。监禁过程相当令人煎熬：毕竟，极度的痛苦本身也是威慑犯罪行为的有效手段。不过，监狱内部的野蛮行为已经禁绝，带有拱顶和天窗的监室显示出，这已经不再是中世纪的地牢，而是现代文明进步的象征。当时的美国总统在白宫内都没有自来水，而在东部监狱服刑的罪犯们却早已使用冲水马桶和中央空调了。

现代监狱终于问世了。

1831年托克维尔将费城称为"以现代监狱系统著称"的城市，不知他会如何形容友爱之城或者美国其他各州。美国拥有全世界不到5%的人口，但却拥有全世界1/4的罪犯。约有230万美国人曾被判刑，超过600万人处于矫正监管状态，在数量上远远超过其他国家。即使是顶峰时期的古拉格集中营，关押的人口也显著低于美国目前处于假释、拘禁或者缓刑状态的罪犯数量。在每10万美国人中，就有707人身陷牢狱之中。相比之下，在每10万人口中，分别有284个伊朗人、118个加拿大人、78个德国人身陷囹圄。

尽管美国已经取消奴隶制度150多年，但现在监狱系统羁押的黑人数量比1850年的奴隶还多，同时，监狱中黑人所占的比例也高于南非种族隔离时期关押的黑人比例。如果你是黑人，男性，并且没有高中文凭，就很可能将在监狱中度过一生。

尽管美国羁押率较高的原因有很多，但违法犯罪的类型不断增多以及量刑趋于严厉，始终居于最突出的位置。

1961年伊利诺伊州刑法典修订时只有72页，但是到了2000年，刑法典已经多达1200页。伊利诺伊州并不是特例：在美国各州，对于滥用毒品或者签发空头支票等相对轻微的非暴力犯罪，通常都会判处被告人入狱服刑，这些犯罪在其他国家只不过是给予轻微的警告而已。在德国和荷兰，只有不到10%被定罪的罪犯被判入狱服刑，美国的比例却高达70%。美国法院对被告人判处的刑期远远高于其他国家。如果被告人在温哥华入室盗窃，通常要在加拿大监狱服刑 5 个月左右。但是，如果被告人驾车往南行进一个小时左右，到达华盛顿州贝灵汉市，并在那里实施同样的犯罪行为，就将被判处三倍以上的刑期。对于严重犯罪，情况也是如此。例如，在挪威，被告人不会被判处 21 年以上的监禁刑，但是在美国，我们通常是将罪犯关进监狱后，就直接将钥匙扔了。

与许多欧洲国家不同，美国还有各种加重处罚制度和强制最低刑规则，即便只是看起来不起眼的违法犯罪，也可能要入狱服刑几十年。例如，福利斯特·希科克与 3 个朋友在聚会上吸食可卡因，其中一人不慎因吸毒过量致死，希科克因谋杀重罪被判处 40 年监禁刑。林德罗·安德里德因为在商场盗窃 9 盒儿童录像带而被判处 50 年监禁刑，之所以判处这么重的刑罚，仅仅是由于 12 年前他有三次入室盗窃的犯罪前科。根据加利福尼亚州的法律，三次犯罪就要从重处罚，即便第三次犯罪仅仅是从卡马特超市拿走一个灰姑娘贴画粘在腰带上。2003 年，联邦最高法院提审了林德罗案件，最终认定下级法院的量刑并不属于残酷和不寻常的刑罚。在其他一些国家，最高法院也会做出类似的裁决。

美国特殊论的理念也延伸到了刑罚领域。尽管美国是唯一一个实行死刑的西方国家，但最为与众不同的刑罚制度却是单独监禁。在 19 世纪和 20 世纪，这种做法在美国大多数地区已经被废止，但是在过去三四十年间，我们发现监狱系统又回归到东州监狱模式。时至今日，单独监禁已经成为美国监狱的常态，约有 8 万多名罪犯处于单独监禁之中。

近期一些积极的迹象显示，美国监狱系统和其他工业化民主国家的差距正在缩小，至少略有缩小。尽管在 20 世纪 70 年代初期，美国监狱人口数量呈现出稳步增长态势，但是在 2009 年达到峰值后，现在已经有些回落。这在某种程度上是由于强制最低刑的棘轮效应逐步显现，罪犯申请赦免的概率有所增加，以及对轻微非暴力毒品犯罪从轻处罚的呼吁开始发挥作用。另外，各州和联邦层面开始对那些具有改造潜力的罪犯实行矫正项目，将那些不会给公共安全带来危险的老年罪犯释放出狱，并且废止一些自动取消假释的法律规定，罪犯不至于因轻微违法行为而被再次收押。在加利福尼亚州，最严厉的"三振出局"法律规定已经被废止，除非被告人所犯的第三次犯罪是严重的重罪或者暴力重罪，否则就不再适用原来的规定。

这些都是非常重要的改革，但是我们也要认识到，所有此类改革都是一系列事件综合作用的结果，包括犯罪率突然大幅下降，经济出现严重衰退，以至于政府当局努力削减财政费用。我们不能确保这种发展趋势能够始终保持下去。此外，一旦考虑到原有的案件基数情况，就会发现改革进展实际上非常有限。目前各州和联邦监狱关押的罪犯数量仍然是 1978 年的 5 倍左右。许多州包括加利福尼亚州，仍然实行"三振出局"法。尽管商场盗窃犯罪不至于被判处终身入狱，但这些法律规定还根本谈不上轻缓谦抑。如果林德罗在盗窃录像带后将手指伸进衬衫口袋中，假装自己持有枪支，根据新的法律规定，他仍将被判处严厉的刑罚。

问题在于，如果不能清醒地认识到，我们既不知晓实际的惩罚动机，也不了解刑罚的实际效果，就不可能推动更加实质性的变革。尽管我们非常青睐监禁手段和单独羁押制度，但这些做法并没有实现预期的效果。实际上，如同 200 年前缓解公共监狱困境的改革项目一样，我们所信奉的还是那个错误的司法理念。

我们现在认为，罪犯和潜在的犯罪人都是理性的人，他们基于成本——收益分析作出犯罪的决策，这与当年的观念如出一辙。沿着这种思路，为了减少犯罪，我们只需增加惩罚的力度，直到让人觉得违法犯罪没有收益为止。惩罚措施越是令人感到煎熬，越是让罪犯感受不到犯罪的益处，就越能够警醒人们不要选择实施犯罪行为。严厉的刑罚之所以具有正当性，就在于其仅仅适用于那些罪有应得的犯罪人。不过，作为道德主体，我们也认识到，不能对罪犯施加肉体上的痛苦，这就要求当局摒弃各种体罚虐待方法。在此基础上，严厉的监禁刑就成为退而求其次的选择，监禁刑既不涉及虐待罪犯，又能够发挥有效的威慑作用。对于那些不怕被关押拘禁的犯罪分子，监禁刑还是剥夺犯罪能力的有效手段。如果罪犯不受管束，就一直将其关押起来；其他听从管束的罪犯已经深知监禁刑的厉害，将会改过自新、远离犯罪。

简言之，我们的监狱是人性化的，我们的刑罚是与犯罪相适应的，我们的法律制度让公众更有安全感。这就是东州监狱先驱们的口号，也是我们秉承的信念。不幸的是，我们都错了！而且是大错特错！

单独监禁究竟是什么样的？

为了能有切身体会，你可以走进浴室，锁上浴室的门，躺在浴缸之中，闭上双眼。当你睁开双眼后，设想一下，你在接下来的五年中只能待在这个地方。现在请你看看这个新王国。

早晨醒来时，日光灯早已亮着，实际上灯光整晚一直亮着。在床上翻一下身，就能碰到对面的墙壁，到处是灰白色或者白色墙壁。整个房间的面积可能是13英尺×8英尺，或者8英尺×10英尺，或者14英尺×7英尺，总之，你跨出一步就会碰到墙壁。房间里没有窗户，最多能看到一个裂缝。

房间里有一个马桶和水槽。你需要日复一日、长年累月地待在这个地方。只有在淋浴时，或者定期到外面稍微大一点的地方放风，你才有机会离开牢笼。

在缅因州，监狱里不允许播放广播或者电视。在加利福尼亚州的鹈鹕湾，单独监禁的罪犯只有在紧急情况下才能够拨打私人电话。在马萨诸塞州沃波尔监狱的惩戒中心，环境相对较为宽松：如果表现好的话，每30天可以收听一次广播，每60天可以观看一次13英寸的黑白电视，每月最多可以拨打4次电话。在监狱里面，人与人之间是不能接触的。监室的门通常是固体金属制造的，防止不同监室的罪犯互相说话。对许多罪犯来说，每天只有当狱卒打开门闩塞进餐盘时，才能感受到人气。如果你想与人接触，唯一的办法就是违反监管规则，例如，在休息时遮住灯光，或者故意挡住门闩，这时你就会被"带走"。全副武装的警察会闯入你的监室，将你按倒在地，捆住你的手脚。当警察跪压在你双腿和后背上时，你的衣服可能会被撕坏。随后，你将被赤裸地捆绑在约束椅上面。

自从"1号"囚犯被关入东州监狱，185年已经过去了，但令人吃惊的是，美国的单独监禁制度并没有什么变化：还是一个狭小的监室，孤独封闭的环境，囚犯只要违反监管规定，就会面临严厉的惩罚。早在沃波尔监狱开始建造的一个世纪之前，费城的监狱就已经设计了"静默椅"。与此前相比，现在最大的变化在于，我们已经拥有更多的证据表明，单独监禁就是一种酷刑。

人类需要进行社会交往，这不是奢求，而是人的基本需求。我们的大脑生来就需要与人沟通，身处群体之中使我们获得了进化优势，让我们更好地躲避捕食者，获得更多的食物和资源，找到理想的伴侣，等等。有研究认为，一旦切断与外界的联系，我们就会感到孤独的痛苦，这促使我们重新与他人取得联系。过去数十年间累积的证据表明，人们与外界隔离后，将会导致复杂的健康问题。东欧国家在20世纪后半叶针对官方孤儿院的一项研究结果显示，婴儿没有食物会死亡，没有社会联系也会死亡。研究人员近期发现，社会关系对成年人也不可或缺：经过一段时间的观察，那些社会关系良好的群体比社会关系不佳的群体的幸存率要高出50%左右。换个角度看待这个问题，拥有良好社会关系的益处与戒烟相差无几。孤身一人不利于身心健康：许多研究表明，孤独不仅有害于身体健康，也不利于精神健康和认知功能。

当年，美国军方曾经对越战期间被俘并监禁的海军飞行员进行研究，结果发现，单独监禁的做法对他们造成了严重的身体伤害，与直接对身体施加酷刑相差无几。作为一名战俘，约翰·麦凯恩在狭小的监狱中被单独拘禁了2年多时间，在此期间他还遭到了身体虐待。他获释后坦言："孤独，实在是太糟糕了。与其他各种虐待相比，它更能摧垮你的精神，更能削弱你的抵抗。"

单独监禁不仅能使已有的精神疾病恶化，还能导致新的疾患。如果一个健康的人成年累月被单独拘禁在监室之中，就可能会出现抑郁、焦虑和认知功能障碍。许多单独监禁的罪犯都表现出焦虑、妄想、遗忘、幻觉、易怒和偏执的报复倾向。只需单独监禁几天时间，就会出现诸如此类的心理问题。此外，罪犯还经常出现自残行为，监狱中约有一半的自杀事件都是单独监禁的罪犯所为。

对于我们所取得的这些进展，有必要认真进行一番反思，现有的制度究竟比费城的创立者们想要取代的野蛮制度有多大的进步？19世纪费城的民众从托克维尔和博蒙特的访问报告中得知，在二人所访问的所有美国监狱中，只有东州监狱没有使用鞭刑，大家一定会引以为傲。不过，如果你有机会询问一下东州监狱的"1号"罪犯,在经历数月的单独监禁后,他难道还会认为这种禁闭好过肉体惩罚?

在现代美国,我们已经在过去几十年间大幅削减了死刑,禁止对未成年人、智力低下者和强奸之类的犯罪适用死刑,并且努力推动程序改革,更好地维护被告人的合法权益。但是,我们是否真正减少了被告人承受的痛苦?我们的制度是否真正变得更加人道?只要看看现实情况,我们就很难作出肯定的回答。我们的关注点始终在于反对死刑,但是在美国,每年只有极少数人被执行死刑。与此同时,成千上万的罪犯都成年累月地处于单独监禁之中,成千上万的罪犯都被监禁数十年的时间,没有获得假释的机会。很少有人冷静地思考这个问题,对罪犯像活死人一样终身监禁,难道真的比注射死刑更加人道吗?

实际上,早在美国的犯罪矫正模式推行之初,一些有识之士就已经质疑这种做法的残酷性。1842 年 3 月 8 日,查尔斯·狄更斯在游历美国期间访问了东州监狱,他向监狱负责人指出:"实事求是地说,尼亚加拉瀑布和这个监狱是我最希望见到的两个地方。"他随后"花了一整天时间逐个监室进行参观,并与罪犯们进行交谈"。尽管他最初是带着兴奋的心情进行参观,但他最终发现,费城监狱的做法实在令人反感:"我相信,只有极少数人能够体会到,这种可怕的刑罚将会长年累月地给罪犯们带来无尽的酷刑和痛苦。我认为,这种缓慢进行、日复一日的精神折磨,比任何肉体酷刑都要更加痛苦。"

在狄更斯看来，费城监狱之所以推行这种残酷的刑罚，并不是由于费城民众存在暴虐的习性。事实上，监狱的工作人员看起来非常友善，并且"非常急切地想要实现正义"。问题也不在于人们想要对罪犯施以酷刑；问题的根源是，人们对这种形式的酷刑并没有理性的认识。就像狄更斯所写的那样："在我看来，这种监狱惩罚制度的设计者，以及推行这种制度的绅士们，并不清楚自己的所作所为究竟意味着什么。"我们总是像梦游一样对待发生在身边的暴行，过去如此，现在也是如此。人们经常创造一些"残忍而错误"的事物，并且对这种残忍无动于衷。

这种梦魇式的制度能够延续一百多年时间，在很大程度上是由于我们没有充分认识到单独监禁和长期羁押的实际危害。在当今的沙特阿拉伯，武装抢劫行为将被判处砍头处决的刑罚，随后还将被钉在十字架上。在印度尼西亚，赌博者将在大庭广众之下被处以鞭刑。这些刑罚的残暴性和残忍性是显而易见的。从这个角度看，狄更斯是对的：我们之所以没有考虑过废止单独监禁刑罚，一个重要的原因就是，"这种刑罚的残忍性和残酷性是内在的，不像肉体上的伤疤那样对人们的感官具有强烈的冲击力；这种刑罚导致的伤害也是内在的，人们听不到罪犯们无声的哭泣"。这是"一种秘密的惩罚，很难唤醒人们沉睡的人性来加以反对"。尽管如此，我们不能否认伤害的存在，在现代科学的帮助下，我们现在能够看到此前隐而不见的大脑印记。研究人员对前南斯拉夫关押的战争罪犯进行调查后发现，有两个特殊类型的罪犯存在大脑异常：一类是遭到大脑外部创伤的罪犯，一类是长期被单独监禁的罪犯。

监狱造成的痛苦之所以极少获得怜悯，另外一个原因在于，这种痛苦距离我们比较遥远，也通常不会直接将我们牵涉其中。眼不见心为净，通过从身体、精神或者心理等各个方面远离罪犯，我们能够最大限度地减少惩罚罪犯时产生的心理排斥感。当你必须亲自动手将罪犯按压在电击板上时，你会发现，这时按下电击按钮的心理压力，要比你在隔壁房间远程按下电击按钮的心理压力大得多。类似地，与身处现场但与执行工作无关的人员（例如，只是向执行人员提出一些问卷调查问题）相比，负责按下电击按钮的执行人员要面临更大的心理压力。但是对于监禁刑的情形，罪犯不仅没有和我们同处一室，还被关押在重重围墙和高栏之内，与外界几乎没有任何联系。

此外，与肉体惩罚相比，单独监禁的损害是慢慢形成的。大家都知道，如果要对陌生人施加惩罚，逐步提高惩罚力度的做法更容易让人接受，例如，最初每答错一个问题，就将电击电流增加 15 伏特，然后逐步增加到 450 伏特，相比之下，如果一开始就将电击电流设定为 450 伏特，这种做法是很难令人接受的。同时，如果罪犯遭受的损伤不是鞭刑或者殴打之类的惩罚行为所导致的结果，就容易遭到人们的忽视。研究表明，人们通常认为，不作为所导致的损害，在道德过错方面要小于作为所导致的损害。毫无疑问，单独监禁并没有直接对罪犯造成损害；这种做法只是剥夺了罪犯与他人接触的机会，由此导致罪犯丧失避免损害的能力。

最终的结果是，即便我们知道罪犯已经在监狱中自杀，也很少会对此感到愧疚。毕竟是罪犯自己选择割腕自杀，不是监狱守卫所为（当然也与我们无关）。同样重要的是，他是因为犯罪才被关押在监狱中服刑，这让我们联想到有关监狱的第二个迷信：即使监禁的环境非常残酷，罪犯也是罪有应得。

这种恶有恶报的观念让我们更加容易认可监狱的做法，如果换做其他场景，我们可能会认为这种做法过于残暴。司法部的统计显示，每年约有 20 余万被羁押的罪犯遭到性虐待，约有 1/3 的罪犯遭到暴力强奸，或者在暴力威胁下被强奸。许多此类被害人都曾多次遭到侵害。

我们现在对这些数据已经习以为常。狱内强奸已经成为电视节目（如《监狱风云》）和电影（如《肖申克的救赎》）的重要主题。罪犯性侵的桥段已经成为娱乐节目和夜晚脱口秀节目的常见场景。随着人们观念的变化，当卫生与公共服务部（负责保护美国人的健康）部长之子销售一款名为"别丢掉你的肥皂"的棋盘游戏时，人们也都见怪不怪了，在这款游戏中，你"要想获准假释，就需要努力通过 6 个不同的位置"，同时"没有人会选择走前门！"。

我们之所以对这些问题一笑了之，一个重要的原因就是我们把入狱服刑看作罪犯自己的选择：既然罪犯选择实施犯罪行为，那么，入狱服刑就是罪有应得。不过，这种观点忽视了引发犯罪的情势因素，也没有注意到美国的司法现实：即便你没有做任何可能严重损害他人的事情，仍然可能被判处长期的监禁刑罚。

让我们回顾一下林德罗·安德雷德案件，林德罗从卡玛特超市取下《人鱼童话（二）》《灰姑娘》《圣诞老人》和《小妇人》几盘录像带，塞入裤子口袋，试图蒙混过关。他是一个吸毒成瘾者，试图偷些东西换取毒品，他能够有效控制自己的行为吗？作为退伍军人，3个孩子的父亲，他真的罪有应得吗？他应当因此而面临性侵害的威胁吗？在修改加利福尼亚州"三振出局"法过程中，选民们呼吁，像林德罗之类的商场盗窃者不应当再被判处50年监禁刑不得假释的严酷刑罚。但是，他仍然需要入狱服刑，仍将面临监狱内部司空见惯的各种侵害危险。

如果监狱中遭到强奸的并不是那些罪大恶极的罪犯，我们就不能再将罪有应得作为置之不理的正当理由。实际上，那些遭到侵害的往往是非暴力犯罪的初犯者，往往是年轻的弱者，往往是智力低下者。他们往往在未成年时就曾遭到过性虐待。令人非常纠结的是，那些看起来最应当遭到残酷虐待的罪犯，不仅能够在监狱中免受残酷虐待，反而理所当然地成为施暴者。令人感到费解的是，那些原本需要加以谴责的虐待行为，竟然被司法制度默许为额外的惩罚。

与此同时，遭受单独监禁的也不总是那些罪大恶极的罪犯。尽管单独监禁比普通监禁更加严酷，但令人惊讶的是，监狱长可以随意决定将哪些罪犯单独监禁，其他管理者或者法官极少对此进行监督，哪些情况需要调整监禁模式也没有明确规定。在一些监狱，如果在你的床垫下面发现一点大麻，如果你的姓名出现在帮派成员名单之中，如果你身上有禁止的纹身，就很可能遭到单独监禁。

当我们了解到究竟有多少遭受单独监禁的人员存在心理问题时，内心感到极度不安。研究显示，罪犯群体中精神病人所占的比例，已经达到美国成年人口中精神病人所占比例的五倍以上。在缅因州超级监狱中服刑的罪犯，约有一半以上被诊断患有严重的精神疾病。

心理学家发现，那些患有心理疾病的人群，通常很难自觉遵循各种规则，这是许多此类人员最终遭到监禁的主要原因。由于这些人难以自控，容易给他人造成危险，因此，在特定情形下将他们隔离起来，对主流社会确有一些益处。但是，如果将这些人完全与世隔绝，严格执行各项管理规定，稍有违反就予以严厉惩罚，也是不合时宜的。然而这就是冷酷的现实：在美国，因严重精神疾病而被关押在各种监狱中的罪犯数量，要比精神病院中的病人数量多出三倍有余。这些罪犯入狱服刑之后，只有 1/3 左右的人员能够接受相应的治疗。

这些人入狱服刑后，就被视为普通的罪犯，他们实际上无法适应监狱的管理模式。在州立监狱中，患有精神疾病的罪犯在打斗中受伤的比例是普通罪犯的两倍，同时，此类罪犯约有一半以上将被认定为违反监管规定。一旦发生此类情况，他们就将被处以单独监禁，这无疑会导致他们的精神疾病更加恶化。更加糟糕的是，如果罪犯的精神状态恶化，例如，乱丢食物或者粪便，或者攻击守卫，监狱就会施以更加严厉的隔离处罚，对其增加数年甚至数十年的刑期。

一方面，刑罚的严厉程度会受到一些无关因素的影响，例如，被告人嘴唇的厚度等；另一方面，法院在量刑时也可能会忽视一些原本存在关联的因素，例如，犯罪的恶劣程度。即便是死刑这种适用最为严格的惩罚，也会受到上述两个方面问题的影响。我在前文已经谈到种族因素如何影响死刑判决，不过，我们还没有关注那些影响量刑结果的裁判标准。

2005年，最高法院指出，"死刑判决仅仅适用于那些实施极少数最严重罪行的犯罪分子，由于这些犯罪分子的罪行极其严重，应当对他们判处死刑"。但是，近期有学者对1973年至2007年康涅狄格州所有的谋杀案件进行了统计分析，结果发现，现有的司法制度根本没有坚持罪责刑相适应原则：有些罪行极其严重的谋杀犯并没有被判处死刑，同时，对于哪些罪犯应当被判处死刑，哪些罪犯不需要被判处死刑，并没有明确的法律原则。

我们的先辈们致力于设计一套稳定、公平和均衡的法律制度。为了实现这些目标，我们又设计了许多实施机制，例如，为法官准备的统一量刑指南，试图消除法官的专断和偏见。但实际上，我们的刑罚制度仍然存在极大的随意性，并且经常有悖常理。

即便我们认为，现有的刑罚制度不够人性化，也未能体现罪责刑相适应原则的内在要求，但如果它能够让我们更有安全感，就仍然可能存在正当性。

笼统地讲，我们可能都认为刑事司法制度能够减少犯罪：一旦废止现有的法律和刑罚制度，将有更多的人选择醉酒驾驶，扒窃老年妇女，进入超市盗窃各种商品。乍看起来，犯罪数据能够显示出我们的刑罚制度是有效的。在美国，监狱的罪犯数量不断增长，与此同时，犯罪数量却随之显著下降。在过去20多年间，财产犯罪和暴力犯罪的数量都下降了40%以上。纽约市就是一个成功的范例。过去，纽约的游客不会在晚上徒步返回旅馆，而是选择在地铁中过夜，时至今日，曼哈顿已经成为安全的港湾。大家都认为，20世纪70年代全国推行的严打战略已经取得成效：数百万计的罪犯已经被清除出去，长期关押在监狱中，大量潜在的犯罪者已经不敢铤而走险。

但是，实际情况并不那么简单。

第一，关于犯罪数量减少的问题，还存在许多其他可能的解释，包括更为有效的警务战略，人口老龄化，以及因低通货膨胀率导致商场物品价格下跌，等等。如果严厉的刑罚确实能够降低犯罪率，应当会有明确的证据显示，被释放出狱的罪犯不会选择再次犯罪。但是在过去20年间，再犯率始终保持在40%左右，在一些州，约有60%以上的罪犯出狱之后不到3年就再次因犯罪而被判入狱。尤其是所谓的"三振出局"法，看起来对犯罪率根本就没有明显的影响。我们也希望在周边国家发现类似的规律：在监狱罪犯数量没有明显增加的情况下，犯罪率不会大幅降低。不过调查结果事与愿违：尽管加拿大的监禁率一直保持非常稳定，但犯罪率却呈现出与南部邻国相同的波动趋势。同时，尽管欧洲规模较大的 35 个国家加起来的罪犯数量都小于美国，但这些国家并没有出现犯罪肆虐的情况。

第二，这些统计数据经常忽略大量发生在监狱内部的犯罪行为。实际上，一些学者和记者已经注意到，犯罪数量并没有实质性地减少，只不过是转移到了其他领域。监狱内部充斥着毒品交易、人身攻击和强奸犯罪，但是这些犯罪行为发生在高墙之内，由此造成了犯罪总量减少的虚假印象。

第三，为了确定监狱制度能否实际上使公众免受犯罪侵害，我们需要确定如果没有监狱制度，将会面临什么样的局面。针对这一问题，学者们围绕死刑制度进行了广泛的研究。1976 年，最高法院在暂停适用死刑 4 年之后再次恢复死刑，理由就是死刑能够威慑谋杀犯罪。随后开展的大量实证研究都支持最高法院的观点。不过，国家研究委员会于 2011 年召集一批顶级专家组成专门委员会，对过去 35 年间的研究成果进行评估，评估结果认为，以往的研究成果实际上并未表明死刑能够减少谋杀犯罪。为了确定死刑是否存在威慑效应，我们需要比较同一时期的两个数据：一是 X 州适用死刑时的谋杀案件发案率，二是 X 州不适用死刑时的谋杀案件发案率。当然，这种统计是不可能做到的。

因此，为了确定刑罚制度能否实现预期目标，我们需要采取其他研究方法。鉴于我们很难通过研究宏观统计数据找到答案，不妨通过研究那些具体实施犯罪行为的个体来考察现有的刑罚框架，例如，1995年进入卡马特超市行窃的林德罗·安德雷德，看看他们在准备实施犯罪时究竟在想些什么。

加利福尼亚州之所以制定"三振出局"法，主要目的是为了威慑此类犯罪行为。具体言之，如果罪犯想要再次犯罪，就需要均衡考虑再次犯罪取得的收益和加重处罚的巨大成本。由于再次犯罪面临的处罚非常严厉，像林德罗之类有犯罪前科的人就不会再去实施盗窃录像带等犯罪行为。但是这些法律真的能够奏效吗？

法律必须通俗易懂，这是法治的首要问题，但实际上，法律规定通常非常复杂，繁冗琐碎，甚至模棱两可。对于"三振出局"法，林德罗需要认识到，即使商场盗窃通常是轻微犯罪，但是如果你曾经有财产犯罪前科，就将被提级指控为重罪。如果你犯有两项这种类型的重罪，通常将被判处最高3年8个月的监禁刑，但如果你曾经有两次"严重的"或者"暴力性"重罪前科，就将被判处50年监禁并不得假释。实际上，林德罗需要认识到，他在12年前实施的那次非法侵入他人住宅犯罪，尽管在字面上看来并不具有"暴力性"，当时非法侵入的住宅也没有人在家，他也因此而遭到了应有的刑事惩罚，但就是那次犯罪使他陷入了绝境。

即便人们完全理解法律的含义，这实际上也是不够的。为了进行科学的成本——收益分析，林德罗需要认识到，卡马特超市是否安装安全监控摄像？超市店员能否注意到他的盗窃行为，能否快速将他抓住，是否会报警？他也需要进一步判断，检察官是否会决定提起指控？陪审团是否会作出定罪裁决？最终被送交服刑的监狱条件如何？这些都需要他进行长远的前瞻性思考，同样重要的是，他还需要评估，上诉法院是否会以违宪为由撤销对他判处的强制性刑罚？加利福尼亚州的选民们是否会最终通过提案改革"三振出局"法，进而减少他的刑期？最为关键的是，林德罗不得不思考，如何应对再次入狱服刑所带来的痛苦？在入狱后将会丧失哪些机会和经历？

面对这么多的可变因素和未知变量，即便是获得诺贝尔奖的经济学家，也很难计算最终的结果。当然，林德罗根本就不是经济学家。他只是一个瘾君子。

尽管我们大多数人都没有精神疾病，也没有滥用毒品，但是难免会受到认知局限、精神状态或者其他负面因素的影响，以至于难以准确评估犯罪行为的成本。如果说，先入为主式的推理可能导致法官无视那些与他的信念相左的研究成果，那么，这种推理同样也会导致潜在的罪犯无视那些意味着他将被判处重刑的信息。加上对司法制度自身的极度不确定性心存侥幸，人们就可能忽视他所实际面临的威胁，过于乐观地认为自己很可能会逃避法律的惩罚。

近期研究表明，人们实际上很难对刑罚的严重性——这个刑罚制度的基本问题作出判断。对某个犯罪行为，究竟是应当判处750美元罚金，还是应当判处750美元罚金并处2小时的社区服务，这两种处罚究竟哪个更加严厉？让我们来看一项研究：如果人们站在潜在的违法犯罪者立场上进行思考，就会倾向于认为，罚金刑加上社区服务并没有单纯的罚金刑严厉。这个研究成果之所以令人惊讶，原因在于，如果人们从林德罗的角度看问题，就不会采用正确的加法方法来评估刑罚的严厉性，简单地说，他们不会将罚金刑带来的痛苦和社区服务带来的痛苦简单相加。相反，他们采用的是一种奇怪的平均方法：如果你需要同时面临罚金刑带来的痛苦和社区服务带来的痛苦，那么，将两者平均之后，你所面临的惩罚看起来要比单纯的罚金刑更加轻缓。由此可见，立法机关对大额罚金刑或者监禁刑增加社区服务，立法本意是为了增加刑罚的威慑效果，但由于潜在的罪犯并不会按照数学方法看待刑罚，结果导致适得其反，增加额外的社区服务实际上变相起到了鼓励犯罪的作用。

与此同时，我们都不善于预测刑罚对人的情感所产生的影响，科学家们称之为"情感预测"。即使我们能够预测人们入狱第一天看到监室房门关闭时的情感反应，这种瞬间的情感反应也通常只是暂时性的。实际上，当人们逐渐适应羁押环境之后，对监禁的态度也会发生改变。这意味着，10年监禁刑的痛苦与两次5年监禁刑的痛苦并不等同，也与10次

1年监禁刑的痛苦存在差异。许多人生变迁，例如，彩票中奖或者车祸受伤，都会从长远上对我们的生活造成影响，这种影响往往会超出我们的预期。人们能够适应各种环境，即使是监狱也不例外。就像摩根·弗里曼在《肖申克的救赎》中饰演的艾利斯·博伊德·雷丁，因犯谋杀罪被判处无期徒刑，他在剧中不无调侃地说道，"这些高墙真是有趣。最开始你会痛恨它们，然后你会习以为常。很多年过去后，你会依赖上它们。这就是体制化的过程"。罪犯在回归社会之前已经被监狱"体制化"，这是威慑理论面临的主要问题。经过长期监禁之后，罪犯出狱时已经不觉得再次入狱非常痛苦了。

事实上，从心理学角度看来，现有司法制度对威慑功能的认识存在严重偏差。只有当潜在的罪犯认为，他们必将被抓捕归案并立即被判处明确的刑罚，司法制度才能真正发挥威慑作用。但实际上，现有司法制度的破案率很低，诉讼进程很慢，可能判处的刑罚也并不明确。

在美国，警方受理的所有报案中，只有40.3%的强奸案件、28.2%的抢劫案件和12.4%的入室盗窃案件最终被提起指控。对于一名入室盗窃惯犯来说，他可能连续闯入8户住宅行窃后，才因其中一起犯罪被抓获并提起指控。这的确是一个不容回避的问题，因为警方抓获犯罪嫌疑人的概率是影响威慑效应最主要的因素。与此同时，美国刑事案件的定罪率远远低于100%，其中入室盗窃案件的定罪率只有69%，而量刑结果也是非常不确定的。死刑是典型的例证：对于一名被判处死刑的年轻黑人男性，如果他最终实际被执行死刑的概率仅仅略高于他不幸因车祸或者暴力事件遇害的概率，我们难道还能指望死刑发挥比无期徒刑更有效的威慑作用吗？

类似地，尽管我们主张"迟到的正义非正义"，但现有的司法程序通常拖延较长时日。在布鲁克林，案件审判的平均等待时间达243天；在布朗克斯则长达408天。一些案件的审判需要持续3年、4年甚至5年之久。即便最终判处的惩罚是确定无疑的，违法犯罪与判处刑罚之间拖延的时间越长，刑罚的威慑作用越小。

如果我们真的想要威慑犯罪，就不应当再将精力浪费在严厉的强制最低刑、"三振出局"法以及终身监禁不得假释上面，因为这些措施对犯罪几乎没有任何影响。如果我们投入更多资源增加警力，使人们认识到犯罪终将被侦破，而不是制定新法增加刑期，就能取得更好的司法成效。**刑罚需要让人感到痛苦，但不需要旷日持久。**这既有利于威慑潜在的罪犯，也有利于消除监禁的"体制化"效应。刑罚简洁化的额外好处在于，如果被告人所犯的罪行将被判处相对较短的刑期，就更有可能被定罪处罚并实际执行刑罚：研究显示，犯罪将被判处的刑罚越重，陪审员认定被告人有罪的证明标准越高。

有些司法制度信奉以心理学为基础的威慑理论，最终取得了较好的司法成效。多年来，违反缓刑规定的情形在夏威夷一直非常普遍，由于相应的处罚措施非常严厉，法官通常不愿予以处罚，结果导致对违反缓刑规定的情形要么拖延数月之后才予以处罚，要么根本不予理睬。但是在 2004 年，夏威夷出台了一项新政策，确立了更加清晰、明确和快捷的处罚机制。基于夏威夷的缓刑执法考验项目，滥用毒品的缓刑罪犯非常清楚自己应当遵循的行为规范，也非常了解违反有关规定的预期后果。每天早晨，他们需要拨打自动的毒品测试热线，如果他们被随机地选中后，就需要在当天下午早些时候到指定地点接受测试。如果测试结果呈阳性，他们将会在现场被逮捕并投入监狱羁押一段时间。

这项政策的运行情况非常理想：与普通的缓刑人员相比，参与该项目的缓刑人员极少因犯新罪而再次被逮捕，极少被撤销缓刑，极少错过缓刑约见，也极少滥用毒品。目前，已经有 17 个州借鉴经验实行类似的项目，此类成功的缓刑项目试验也为构建更加有效的刑罚制度奠定了基础。

不过，如果我们将目光投向更加广阔的领域，就会发现整个刑事司法领域仍然深陷错误和有害的理念之中，搞不清楚我们应当如何更好地对待罪犯，进而减少犯罪行为发生。进一步讲，仅仅发现现有的做法没有成效是远远不够的。问题不只在于我们的司法制度未能发挥威慑功能；而是在于现有的制度实际上增加了诱发犯罪的可能性。人们通常认为，将大批罪犯抓获归案并对他们进行严密监管，然后将特别危险的人员与社会隔离开来，并对他们实行单独监禁，这种做法应当有助于遏制违法犯罪。但事实真相是，我们的监狱环境实际上诱发了更多的暴力行为。

当你分析一下犯罪统计数据，就会发现这不是危言耸听。在过去数十年间，罪犯数量迅猛增长，监狱已经不堪重负，最终导致没有足够的资金继续开展相应的教育和职业培训项目。将罪犯聚集起来，平时又让他们无所事事，必将导致这些人流露出暴力倾向。我在13岁时，每天早晨7点30分上课前都要和1200多名同学挤在朗费罗中学的自助餐厅里，那时经常会看到餐厅里发生打架、破坏公物和虐待等行为。如果弗吉尼亚州法尔斯彻奇市一所公立学校的孩子们都会闹事，你应当能够想象一群罪犯待在一起将会发生什么？

2013年，当曼哈顿的联邦检察官考察雷克岛关押的男性未成年罪犯时，他发现了"无处不在"并且"根深蒂固的暴力文化"。尽管雷克岛每天平均关押的未成年罪犯只有692人，但这些罪犯之间每天会发生845余次打架行为，还有许多打架行为根本没有报告给狱方。监狱监管人员的严重虐待行为也是司空见惯：44%的罪犯都至少曾经被殴打过一次。许多罪犯都被严重打伤：头部重创，面部骨折或者伤口需要缝合。由于监禁环境非常恶劣，许多罪犯为了逃避困境而请求单独羁押。全国各地的情况相差无几。例如，在佐治亚州，2010年至2014年，州立监狱中发生了34起谋杀犯罪。**刑罚机构已经成为暴力的孵化器。**

更加令人担忧的是，绝大多数被塞进这种糟糕的刑罚机构的罪犯，随后又将被重新投入社会。有人认为，我们的刑罚制度能够剥夺危险分子的犯罪能力，这种想法是不切实际的。就今年来说，约有1350万罪犯被关押在监狱之中,其中将有95%的罪犯最终要复归社会。那些被长期单独羁押的罪犯也是如此:这些罪犯将有一半以上将要重新融入社会。

罪犯回归社会通常不是一个愉快的过程。许多罪犯都有吸毒瘾癖、特殊疾病(例如,乙肝和艾滋病)以及帮派关联,这些问题将伴随他们走出监狱的大门。那些原本没有暴力倾向的罪犯也会变得脾气暴躁。罪犯们也可能会聚集在一起再次图谋不轨。

这些罪犯也失去了很多。在狱中度过数月或者数年时间后,许多罪犯都丧失了能够重新融入社会、为社会作出积极贡献的基本条件,包括他们的家庭纽带、朋友关系、多年积累的职业训练和经验,等等。他们被抛入生活的惊涛骇浪之中,没有锚、舵和航海地图等必要装备,最终难免九死一生。

许多人必须在不具备良好精神状态的情况下,尽快适应出狱之后的新环境。那些被长期单独监禁的罪犯通常在出狱后面临巨大的心理压力,并且不得不与外界建立或者维持人际关系。此外,当你已经无法再参与正常的社交活动时,就很难找到工作,也很难过上安分守己的生活。我们应当能够认识到,过长的单独羁押可能会增加而不是减少再犯率。2006年,国会两党组建一个名为美国监狱安全和虐待问题委员会的专门工作组,该工作组基于上述理由指出,超过10日的单独羁押没有明显的益处,长期单独羁押还将导致严重的损害。

我们坚持认为,监狱生活当然应当有别于日常生活,但没有注意到单独监禁的做法导致罪犯在刑满出狱后很难重新融入社会。剥夺罪犯与他人正常接触的权利，并不能减少犯罪行为；这种做法只是革除了罪犯与他人正常接触的能力。泯灭罪犯工作、娱乐或者社交活动的兴趣，并不能促使他们在将来更加遵纪守法；这种做法只会导致罪犯在刑满释放后无法找到工作或者难以与外界进行沟通。

这种低效率和不公正的刑罚制度会有一种非常奇特的副作用，那就是它可能导致人们不愿遵守法律规则的要求。在许多政策制定者看来，严厉的强制性刑罚有助于督促人们遵守法律规则。但如果刑罚过于严厉，就可能会适得其反，导致不法行为的概率增加，因为人们可能会认为法律并不值得尊重。如果仅仅是在某个夏天闯入几个车库并偷走一辆汽车，就被判处19年监禁刑，人们就很难信任法律制度，很难信仰法律规则，也很难相信法律程序和执法官员。研究表明，只有当人们认为司法机关和法律规则具有正当性时，他们才更加愿意遵守司法机关的判决，更加愿意遵守法律规则的要求。在一项研究中，一组实验对象研读一项在他们看来并不公正的法律草案，因为这项法律草案伤害了某些公民的权益，而另一组实验对象则研读一项看起来非常公正的法律草案。第一组实验对象研读不公正的法律草案后倾向于认为，他们打算以后不再遵守刑法的规定了，尽管这个法律草案与刑法规定毫无关联。

同样的现象在实际生活中屡见不鲜。夏威夷的缓刑项目之所以取得令人瞩目的成功，一个重要原因就是该项目反潮流而动，将程序正义作为刑罚威慑手段的关键要素。夏威夷的罪犯从一开始就认识到，法官和缓刑官员希望他们顺利度过缓刑考验期限。尽管相应的处罚措施执行起来非常严格，但处罚本身并不严厉（如果没有通过测试，只是入狱关押数日而已），因此，被告人认为这种处罚是公正的，也是正当的。这种认知反过来也鼓励被告人更加遵守法律规则的要求。

然而，夏威夷的缓刑项目仅仅是屈指可数的成功实验而已，同时，尽管这个项目独辟蹊径创设了更为有效的威慑方法，我们仍然有理由质疑，威慑是否应当继续作为刑罚制度的主要目标。归结起来，我们不仅要追问现有的刑罚制度能否威慑特定类型的罪犯（或者能否通过改革更好地发挥威慑功能），更要追问刑罚制度的运作效果是否得不偿失。

定罪量刑的成本并不低廉，监狱执行的成本更是如此。现有的刑罚制度每年的总成本高达600亿美元。新泽西监狱每年的支出甚至高于普林斯顿大学。近年来的发展趋势同样不容乐观：在过去20年间，监狱开销的增幅已经超过了高等教育，增幅达到了6倍。大型监狱的建筑成本和管理支出，通常是其他监狱的2倍或者3倍。颇具讽刺意味的是，增加教育投入，特别是防止高中男生辍学，才是更为有效的预防犯罪措施。让学生们在课堂里学习能够减少他们出去惹事的机会，帮助他们树立正确的价值观，培养他们顺利就业的技能，消除犯罪的动机，并且增加他们违法犯罪和入狱服刑的成本。

当然，这些讨论都还没有从宏观层面考虑现有刑罚制度的社会成本问题。美国监狱安全和虐待问题委员会就此指出:"许多入狱服刑的罪犯都来自贫穷的非裔美国人家庭或者拉丁裔社区,这些社区的稳定性对整个城市和国家的健康和安全都具有重要的影响。"

最后,刑罚制度最大的成本当属我们所珍视的价值观。我们原本希望构建一个人性化的制度,但最终却制造了难以想象的痛苦。我们原本希望仅仅惩罚那些罪有应得的罪犯,实现罚当其罪,但最终却随意地进行惩罚,更糟糕的是对那些罪行较轻的罪犯判处最为严厉的惩罚。我们原本希望维护社会安全,改造犯罪分子,但最终却残酷地对待罪犯,也使我们丧失了安全的环境。

如果我们能够换个思路,消除各种认知偏见,就不会设计现在这样的刑罚制度。我们就会忘记东州监狱。我们就会重新开始。

哈尔登监狱是挪威安全级别最高的监狱,关押着大量谋杀犯和强奸犯。但是那里的窗户没有窗栏。你在监狱四周也看不到巨大的高墙,那里只有环绕的树木。

它的目的不是为了恫吓,不是为了威慑,也不是为了隔离。它的目的是改造罪犯。

这家监狱有一种时髦的、极简派的审美观。每个罪犯都有一个房间,里面配有平板电视、马桶、淋浴、冰箱和桌子。每10个或者20个房间共用一个活动区域。

罪犯只是在晚上才被关押在监室里,白天需要进行各种教育、培训和娱乐活动。监狱里有各种工作坊和运动设施，还有图书馆、教堂和学校。罪犯们通常会省钱购买各种食材，包括芥末和咖喱粉，以备进行公共聚餐。餐桌上还会铺有餐布。

监狱看管人员也不像美国同行那样不近人情，他们的职责是帮助罪犯克服犯罪倾向，改变他们的生活方式。监狱会努力强化罪犯的家庭纽带（例如，允许罪犯的家庭成员在监狱旅馆中过夜），并帮助罪犯重新融入社会。

在哈尔登州长看来，这种做法是很有必要的，因为每个人最终都要被释放出狱。**一个恶魔般的监狱必将会制造恶魔**。这难道是我们想要的吗？

哈尔登监狱永远不会被改造成鬼屋，也不会进行灵异事件调查，因为这里与东州监狱不同，它并不恐怖，也不是为了制造痛苦。我们很难想象，世界上居然会存在与我们迥然不同的制度模式。东州监狱的设计师约翰·哈维兰当年在图纸上进行设计时，他头脑中想象的是"在那些想要犯罪的人心中注入恐惧"。他设计的这个阴森城堡留下了一个恐怖的遗产：在美国，我们时至今日仍然坚信，为了维护公共安全，最好的办法就是严厉的惩罚和剥夺犯罪能力。但是时代已经不同了。就像当年欧洲国家结伴前往宾夕法尼亚州考察新型监狱模式一样，美国现在也有必要跨越大洋学习借鉴他国的经验。

2013 年，在托克维尔和狄更斯考察东州监狱 150 多年之后，宾夕法尼亚州的一个代表团前往北欧考察监狱设施，与罪犯们会面，与监狱官员会谈。考察结果让代表团成员十分震惊。在他们访问的德国和荷兰监狱，罪犯们正在做饭，他们穿着自己的衣服，每当外出工作或者学习时就用钥匙锁上房门。女性罪犯可以在专门的母婴监室哺育三岁以下的幼童。罪犯们可以定期请假回家。监狱很少采取单独监禁措施，通常是把它作为最后手段；单独监禁的时间很短（只有几个小时或者几天时间），罪犯可以与他人接触，如果表现好的话还可以提前回到普通监室。为了鼓励罪犯积极改造，监狱通常会采用正面的鼓励措施，很少采用严厉的惩罚。与美国不同，罪犯被释放出狱后，他们不会被永久性地剥夺选举权、接受政府福利的权利或者普通市民的各种权利。他们是自由人。

原因很简单：德国和荷兰与挪威一样，基于回归社会和恢复改造的理念设计本国的刑罚制度。这是这些国家法律的明确要求。例如，德国的监狱法将罪犯恢复改造作为监禁的唯一目的，保护社会仅仅是确保罪犯在刑满释放后顺利复归社会的自然结果。为帮助罪犯顺利实现人生转型，监狱内部的环境尽可能与外部社会环境保持一致。这种矫正模式对那些患有精神疾患的罪犯特别有益。由于在监狱羁押这些罪犯没有实际意义，因此在德国，他们通常会被送往精神病院，在那里获得专业的治疗看护。

有人可能认为，这些可能只是表面功夫，但大量数据显示，北欧国家的矫正模式非常奏效。例如，挪威就是世界上再犯率最低的国家之一，罪犯出狱后 2 年的再犯率仅为 20%。周边国家的再犯率也显著低于北美。罪犯是否会因为刑罚较为宽缓而心存侥幸呢？这种可能性当然存在，但是很少有罪犯会这样做。在德国，只有 1% 的罪犯请假回家后没有返回监狱报到。

美国能否摒弃重刑传统而关注罪犯的矫正呢？许多人可能会认为，美国的文化具有特殊性，这种做法根本就行不通。他们还会警告说，社会公众也不会支持这样做。我们国家的罪犯更加危险。我们是一个不成功就沉沦的国家：人们努力追求成功，或者甘于堕落。没有免费的午餐，没有无谓的同情。毫无疑问，欧洲监狱管理的成功既得益于更加坚韧的社会安全网络，也根植于更加良好的政治环境，社会舆论更加宽容，普遍赞同善待罪犯。实际上，这些困难都是可以克服的。英国当年试图废止 20 世纪 80 年代以来长期形成的单独监禁制度时，面临和美国一样的刑罚传统，守卫经常受到攻击，许多罪犯凶残变态，罪犯群体试图逃脱监管。不过，英国的领导者们勇于改变现状，赋予监狱中的罪犯更多的自由空间，情况不仅没有恶化，反而出现显著的好转。

宾夕法尼亚州和其他各处的实验显示，将精神状态不佳的罪犯转入精神病院治疗，减少单独监禁措施，为罪犯提供便于复归社会的过渡性监室，取得了显著的改造成效，实践证明，美国的刑罚制度是可以改变的。就在过去 5 年间，密西西比和科罗拉多等州大幅减少单独监禁的罪犯数量，结果令人欣喜。

事实上，我们应当利用独特的文化推动改革，而不是阻碍改革。作为一个鼓吹捍卫自由，并且为了保护自由而甘于接受各种风险的国家，却实行极具强迫性和限制性的刑罚制度，这不免让人疑惑，甚至感到有些荒唐。

我们致力于维护每个人的权利，即便他们在大庭广众下散布仇恨言论，私藏大量杀伤性巨大的武器，或者利用新闻媒体混淆视听，但是，我们却不愿为一个仅因盗窃录像带就被定罪的罪犯安装厕所房门，不愿让他有机会和家人共度一晚时光，不愿让他身穿便装准备自己的晚餐。如果我们认为，即便有些人可能伤害我们，权衡利弊之后仍然有必要给予他们自由，那么，如果维护他人的权利能够让我们更加安全，这必然也是合理的选择。

第四部分 变革

第十一章 | 挑战：我们要克服哪些困难

我刚成为法学教授时，就接到了陪审团的遴选通知。我很清楚，法学教授很少被遴选为陪审员，律师们通常会将他们排除在陪审团之外，他们担心法学教授可能会主导陪审团决议的过程。我还听说，没有哪个律师希望自己像当年在法学院学习时一样，听凭教授们对自己的表现评头品足。不过，我仍然希望自己能够通过严格的遴选审查，有幸成为陪审团的一员。

为了成为陪审员，你首先要填写一份陪审员问卷调查表，其中涉及一些个人基本信息，你只需对相关问题回答是或者不是即可。例如，"你是否仅仅因为警察或者其他执法人员的职业身份就更加倾向于相信他们的证言""法庭会向陪审员告知，刑事案件的被告人无需证明自己无罪或者提供证据材料，如果被告人选择保持沉默或者拒绝提供证据，不能因此作出对被告人不利的推论，你对此有疑问吗""你是否存在其他情况影响你成为一名公正的刑事案件陪审员"。

如果你对问卷调查表中的问题作出肯定的答复，法官会接着继续询问你一些与之相关的问题。例如，你表示更加倾向于相信警察的证言时，法官就会告诉你，陪审员的职责要求你要平等对待每一个证人，不能受职位、种族、性别等因素的影响。然后，法官还会接着询问你是否仍然觉得自己无法保持公正审判。所有人在这个时候都会转而回答"不会"。法官对此表示认可后,遴选程序将会继续进行。

许多人都将这个互动过程视为刑事司法系统运行良好的典型范例。在我看来,这种做法就像鸵鸟将头塞进沙子堆里一样,简直就是自欺欺人。大家都很清楚,陪审员经常在法庭上表现出各种偏见,我们也一直在努力消除这些偏见。我们不再回避一些看似尴尬的问题,关键是要把法律对陪审员的要求讲清楚。与此同时,我们还大张旗鼓地宣传,所有刑事案件中的陪审团都要通过严格的遴选程序进行组建。即便一些备选陪审员最终落选,参与陪审团遴选的整个过程也会让他们认识到,公正究竟意味着什么以及如何才能实现公正。这难道不是一个很有意义、非常公平的程序吗?

实际上,陪审员遴选的程序清晰地显示出了我们在努力消除司法不公的过程中出现了哪些偏差。这里,我们将谈到科学地推进变革所面临的第一个挑战,后面笔者还要谈到另外两个严峻的挑战。

关于遴选程序中的提问和指示,问题并不在于我们想要通过中立和客观的方式实现正义,也不在于为实现这一目标而采取的基本路径,即界定偏见、审查偏见、纠正偏见。所有这些看起来都非常契合本书的主旨。问题出在细节方面。

尽管我们声称要消除偏见,但实际上我们并没有准确把握偏见的含义、偏见的来源以及偏见的纠正方式，这使我们在实践中反而强化了对这些问题的错误认识。这导致我们陷入一种非常糟糕的境地，甚至还不如压根不提偏见问题。

让我们来谈谈"反思"问题。大量研究显示，许多偏见无法通过自我反思的方式予以呈现。尽管大家直觉上普遍认为，人们可以通过自我反思来发现所有隐性的内心倾向，但实际上，我们很难通过法律制度来确证这种直觉。令人纠结的是，这恰恰是目前许多法律规则和法律程序的实际做法。

例如，在联邦第三巡回法院，法官需要通过向陪审员提问的方式来确定，陪审员是否"存在可能影响公正裁决的信念、情感、人生经历或者其他因素"。被告人出生于危地马拉这一事实对你是否有影响？你是否会因为某人的肤色而对其产生歧视？作为陪审员，如果你认为自己发自内心地信仰公平公正，那么对此类问题，你会直截了当地回答，"不会，当然不会"。你知道自己并不是种族主义者。提问到此为止，那么得到的结论是：你对西班牙裔被告人并不存在偏见。

这种做法的弊端并不在于陪审员可能错误地认为自己能够保持客观公正，而是在于，第三巡回法院经过权衡后，采用推卸责任的方式放任隐性的种族偏见可能造成的危害。鉴此，为深入推进变革，我们不仅必须要克服人们固有的疑虑，还要摆脱那种自欺欺人地认为偏见并不存在的看法，即如果你知道自己完全是客观公正的你就不会存在歧视。

当我们的法律制度鼓吹"保持公正仅仅是一种选择"时，同样存在类似的问题。在审判过程中，法官反复告诫陪审员，要摒弃自己与案件无关的想法、情绪和信念。例如，在第三巡回法院，陪审员都会被告知：不要让同情心、偏见、恐惧或者民意影响你的裁决。你也不应当受到种族、肤色、宗教、族裔或者性别等因素的影响。与此类似，法官在支持某方当事人的异议时，也会告诉陪审员：你们必须完全忽略这个问题或者这个证据。你们不能思考或者揣测证人可能对这个问题作出的回答。你们不能思考或者揣测这个证据可能证明的内容。当法官决定排除某个证据的时候，也会强调：你们不得考虑这个证据，不得受到这个证据的任何影响。

当我们认识到，大脑对信息的自动处理过程几乎不受外界控制时，前面提到的这些指示看起来简直令人捧腹。但这并不是笑话，这些就是法官在日常审判过程中向陪审员作出的法律指示。第三巡回法院就像变戏法一样，凭空变出一个魔法遥控器，让陪审员根据法官的指示对大脑作出清除、暂停和静音等各种指令。

如同人类精妙的大脑一样，我们的法律规则、制度、解释和指示的实际运行情况也是无比精妙。按照法律的期许，我们简直就是超人和神奇女侠，能够超越所有偏见，慧眼分辨谎言，从水晶球中重现过去发生的事件。在每个案件中，所有的陪审员和证人都被鼓励要充分相信自己的直觉。所有的法官都被告知，只要作出正确的选择，就可以避免司法偏见。所有的警察和检察官都经过系统的训练，能够通过严格自律来实现公正执法，避免渎职情形发生。这样，我们就能消除此前存在的各种疑虑：是的，我们能够摒弃政治信仰的干扰，依法裁决案件。是的，我们能够百分之百地确定被告人就是罪犯。是的，我们能够在履行职责的同时，一视同仁地尊重每一个被害人。

认识到人类的先天不足，虽然并不是解决问题的万能钥匙，但却迈出了关键性的第一步。弗兰克·巴巴罗法官回顾多年前的裁决时说到：**怀疑是公正的朋友**。没有怀疑，你就无法让别人认识到他们的做法并不妥当，也无法让别人认识到变革迫在眉睫。在此基础上，我们要更进一步，克服变革所面临的第二个严峻挑战：重新评估我们已经创建了几个世纪的保护公众免受政府不公正对待的基本制度框架。

毫无疑问，警察、检察官和法官充分行使自由裁量权的方式，对公众能否实现正义具有重要的影响。为了消除这种顾虑，法律强调一种基本理念：警察、检察官和法官应当基于理性和良知作出决定。因此，为确保执法者依法办案，归根结底还是要依赖于严格的法律规则，需要明确规定哪些行为可以实施，哪些行为应当禁止，同时还要为严格执行法律规则的行为设定激励机制。在司法实践中，多数警察、检察官和法官都能够至少遵守法律的底线，少数违反法律的害群之马也能够被清除出司法队伍。美国司法界几十年来都是这种局面。

一旦严重的司法不公被公之于众,我们的本能反应就是找出《人权宣言》,再次确认我们对正当程序的庄严承诺。例如,在20世纪60年代,律师和激进人士非常关注警察虐待犯罪嫌疑人的问题,联邦最高法院颁布了一系列宪法性的执法程序规范。面对刑讯逼供导致错案的问题,大法官们要求,警察在对羁押的犯罪嫌疑人开始讯问之前,必须告知,"他有权保持沉默,他所作的任何陈述都可能成为呈堂证供;他有权要求律师在场,如果他没有能力聘请律师,又想在接受讯问前有律师在场,政府将为他指派一名律师"。这就是所谓的"米兰达规则",时至今日其已经成为警察执法的标准程序。除此之外,还有许多其他以正当程序为宗旨的程序规则,告诉警察、检察官和法官应当如何对待社会公众。

　　最近几十年,法学教授、律师和法官一直针对上述规则的细节进行激烈的争论。举例言之,基于宪法禁止不合理搜查的规定,警察能否搜查客车乘客的包裹,或者经房客同意后查阅房东计算机中的文件?公民能否援引不被强迫自证其罪的特权,拒绝向警察回答自己的姓名?

　　这些争论最终导致法律程序陷入纷繁芜杂的细节之中。例如,就"米兰达规则"而言,现在已经明确的是,犯罪嫌疑人在接受讯问时必须明确主张不被强迫自证其罪的特权。如果警察开始进行讯问,你就必须明确主张自己的权利,否则,你所作的陈述就将被作为不利的呈堂证供。类似地,联邦最高法院指出,如果你没有遭到拘捕,就不能主张不受强迫自证其罪的权利。如果警察通知你前往警察局回答几个问题,你按照要求到达警察局，你就不能再拒绝回答警察提出的问题，否则，你拒绝回答警察提问这一事实，很可能在之后的审判中被用作证明你有罪的证据。

这些繁冗的法律细节能够确保我们的法律制度很好地运转吗？实际上，现有的程序藩篱只是给我们提供一种安全的假象。这些程序规则非但不能实现实质正义的目标，反而可能会损害这一目标的实现。

一方面，许多程序规则并不能真正限制警察、检察官和法官的行为，只是徒具其表而已。联邦最高法院对陪审员无因回避问题的处理就是典型例证。在审判开始之前，双方律师可以对特定数量的候选陪审员提出回避申请，并且无需就此提供理由，这一制度的本意是确保司法制度的公正性，允许律师凭借直觉和经验来审查陪审员是否存在细微、隐性的偏见，从而避免此类偏见影响公正裁决。然而在实际操作中，这一规则却经常会诱发偏见：数十年来，律师一直以性别和肤色为由人为地排除特定的群体成员。针对这一重要的批评意见，最高法院终于下决心去解决这个问题，其禁止律师在无因回避环节仅仅基于陪审员的种族因素而提出回避申请，同时，如果对方提出反对意见，本方律师就需要就回避申请提供除种族因素以外的理由。

很多人为此欢呼雀跃，认为这个判决是禁止歧视原则的重大胜利，有效地维护了公民担任陪审员的基本权利，有效地维护了被告人接受同种族公民审判的基本权利。不幸的是，这个判决并没有发挥出预想中的重要制约作用。首位进入最高法院的黑人大法官瑟古德·马歇尔早就指出:"检察官很容易提出貌似合理的理由申请陪审员回避,法院很难对有关理由提出质疑。"如今,在很多情况下,如果检察官在死刑陪审团组建过程中想要申请黑人陪审员回避,只需提出与种族因素看起来无关的回避理由。例如,"陪审员是一名水管工,被告人也在服务行业工作,我担心他可能因此而偏向被告人";或者"陪审员说他的文化程度只有八年级水平,我担心他无法理解这个复杂的案件";或者"她一直在嚼口香糖,看起来并没有注意我提出的问题"等。申请回避的理由不需要具有说服力,甚至不需要具有可信性。

法官如何去判断哪些理由只是托词呢?实际上,法官通常无法作出判断。一项针对执业律师和学生的实证研究显示,考虑到以种族因素为由申请无因回避会面临质疑,人们通常都会提出与种族因素无关的理由,这导致我们无法判断种族因素究竟是不是排除某个陪审员的真正原因。如果种族偏见不能被摆到台面上来,律师自身也可能意识不到这一问题。

有鉴于此,在全美很多地区,对这个问题的变革都很难见到实质性的进步。2005年至2009年,在阿拉巴马州休斯顿县,检察官在死刑案件中大约排除了80%的黑人陪审员候选者。约有半数的陪审团完全由白人组成,另外一半陪审团平均只有一名黑人。虽然我们已经投入很多精力去构建完善的程序制度,但实际上我们却还没有触及歧视现象的核心问题。

同时，尽管这一问题非常重要，但无因回避制度改革的失败实际上仅仅反映出问题冰山一角：我们投入那么多精力去抗争、去变革，去严格执行程序制度，但却未能认识到，这些问题仅仅是实现目的的手段而已。如果警察未经批准闯入你的家中进行搜查，扣押有关证据，随后指控你涉嫌商场盗窃罪，法官可能会撤销对你的指控；但是，如果有人仅因盗窃几张 DVD 光盘就被判处终身监禁，法院却极少对这种明显的司法不公进行主动干预。同时，即便有人认为，使被告人在监狱中面临罪犯轮奸的威胁，对此放任不管是极其错误的，法院几乎也不会以此为由撤销对被告人的量刑裁决。

假如在讯问过程中，你已经申请律师在场，但警方仍然继续讯问，随后你供认了一起严重的谋杀罪行，此时案件将被如何处理？无论你的供述是否是案件中唯一的证据，也不管这个证据能否确信无疑地证明你就是罪犯，法官都不会让这个证据呈现在陪审团面前。但是，如果你放弃了行使米兰达规则的权利（实际上约有 80% 的犯罪嫌疑人都会放弃这一权利），即便你的供述是虚假的，法官也会认为这一点无关紧要，因为你放弃权利的做法本身表明：你的认罪供述是自愿的和可信的。这一切仿佛表明，只要在形式上符合法定程序，司法制度就是公正的。

如果我们真正关注实质正义，那么我们就会得出这种做法根本就行不通。首先要明确的是：每年约有 100 万件刑事案件（约占全部刑事案件的 10%）的犯罪嫌疑人根本不了解他们的宪法权利。我们还要注意以下事实：约有 1/3 的犯罪嫌疑人错误地认为，如果他在被逮捕后保持沉默，那么沉默本身将在庭审中被用作对其不利的证据。同时，我们也要看到，绝大多数放弃权利的犯罪嫌疑人都是无辜者、年轻人和精神病患者；这些都是我们声称最需要保护的群体。更重要的是，我们应该关注警方宣读米兰达规则之后的实际做法，我们不能任由讯问程序制造虚假供述。

然而，我们似乎忘记了捍卫司法程序的目的究竟是什么。**之所以要时刻遵守司法程序，是为了确保公民的自由、隐私、安全和平等等实质性权利**。我们现在处处都讲程序，但却忘记了程序的实质。我们对待程序的态度仿佛是在梦游，大家所关注的只是法律规则是否已经得到执行。这在实践中可能导致极其荒唐的结果，如在涉及虚假供述问题的"埃迪·乔·劳埃德案"，由于警方对他进行讯问时告知了其有关权利，据此认定他的供述就具有自愿性。但实际上，警方对他的讯问是在精神病院进行的，他的供述是在其神经衰弱的情况下被迫作出的。

更加糟糕的是，一旦遵守规则本身成为唯一的要求，变相规避规则的做法就在所难免，而这些变通的做法实际上严重违背了先前创设规则的初衷。例如，警察机构在教导警察如何宣读米兰达规则时，要求他们尽可能地让犯罪嫌疑人产生误解或者忽视这些权利。通过这种培训，警察故意采用一种漫不经心的方式宣读米兰达规则，并且他们往往故意选择不在逮捕时进行宣读，但此时恰是犯罪嫌疑人最关注自己的权利的时刻。米兰达规则最开始施行时，警察们都担心讯问工作会受到严重影响，但实际上，米兰达规则最终对警察工作的影响甚微，这主要是由于警察很容易对该规则的有关要求进行规避。

联邦最高法院宣布纽约市警察停止拦截搜身做法。然而，这一历史性判决也面临类似的情况：该判决遭到执法部门的强烈反对，激进主义者却为此欢呼雀跃，但是，新的程序规则很容易遭到规避。警察仍然可以随意地在大街上拦住一个黑人，对其进行拍身搜查，来查看这个黑人是否携带武器。警察只需确定他自己遵守了与"合理疑问"相关的程序规则即可。例如，这个人是否处在犯罪率较高的地区？当警察接近他时，他是否选择逃跑？

程序规则的复杂性以及我们致力于完善程序规则的种种努力，营造出了一种公正的错觉。这使我们在解决各种制度问题时面临更加严峻的挑战。颇具讽刺意味的是，由于存在一系列旨在预防虚假供述但却毫无成效的程序规则，这与压根没有任何程序规则相比，进一步增加了解决虚假供述问题的难度。我们构建了精致的程序制度，这看起来已经解决了有关问题。相应地，原有的问题是否真正得到解决就显得无关紧要或者不值一提了，因为一切行为都已被推定具有正当性。令人担忧的是，法院通过禁止对犯罪嫌疑人刑讯逼供，要求对被逮捕的犯罪嫌疑人宣读米兰达规则等程序的设置，使警方欺骗犯罪嫌疑人的做法看起来更加具有正当性。**一旦警方将欺骗作为取证手段，就很难指望他们有效地保护**

公众的安全。

如果我们关注有关虚假供述问题的研究成果，或者关注司法公正的核心原则，就永远不会任由警察对犯罪嫌疑人说谎：他们既不能谎称同案犯已经作出供认，也不能谎称其已经找到证明犯罪嫌疑人与犯罪关联的 DNA 证据。同时，这也显示出，许多人并不知道警察是应该这样做的。当公众认识到，警察的某些惯常做法有失公正，应当予以禁止时，我们就应当竖起赞许的拇指。当强奸犯和杀人犯，这些最不遵守规则的群体，也能认识到这一点时，我们就应当弹冠相庆了。

尽管如此，有些人也知道"真实的"法律制度的一些内幕，包括玩弄司法、制度漏洞、人性的弱点和怪癖等。为了解决法律制度隐藏的不公正问题，我们面临的最后一个挑战就是不平等问题：这主要是指人们很难平等地了解司法人员感知、思考和行为的真实情况。

提到人类的行为，刑事诉讼的参与者要比其他群体更加狡黠。这些很有能量的个体和组织一直在利用司法制度的缺陷谋取私利。我们应当如何看待这一问题呢？具体到司法实践，如果你非常富有又很有人脉，就可以逍遥法外。如果你非常贫穷又缺乏教育，就难免牢狱之灾。

不平等最主要的根源在于知识在社会中的传播方式。研究人员一直在对警察、法官、陪审员等人员的行为规则进行分析，数据库的规模正在不断扩大。但问题在于，对于广大民众而言，他们根本无法有效获取这些信息。

商业出版行业采用固定的经营模式，他们广泛收集这些宝贵的资源，然后将这些资源仅仅留给最精英的消费者。近几十年来，大型出版公司已经吞并了很多以前非盈利性的报纸，出版物的价格一路狂飙。单份期刊的征订价格已经高达每年 4 万美元，普通民众根本无力承担。

如果相关部门能够承担社会责任，为普通民众归纳法院的判决要旨，促使社会各界对有关政策问题展开深入讨论，上述问题也不会产生多大的影响。但是，由于担心这些科学数据"过早地"被透露给社会公众，有关的研究项目被一再搁置。许多研究人员都不愿提到研究成果的实际效用，以免被指责走得太远。同时，当记者对有关研究进行报道时，其也通常容易歪曲研究成果或者忽视一些重要的细节。许多学者还担心，一旦有人将其研究成果与特定的政策建议联系起来，就可能显得自己存在偏见。例如，如果哪个科学家基于自己的研究成果提出制度改革的建议，就通常被认为是在推销自己的数据和分析结论。鉴此，大家最好还是专注于科学自身，专注于追赶其他学者的研究进展，至少在有关研究成果得到确证之前，不要轻易发表言论。

但是，在公众被动地等待信息公布时，其他人已经开始认真查阅初步的研究成果。例如，审判顾问（trial consultants）是一个快速发展的新兴行业，其专注于将社会科学的研究成果和研究方法引入诉讼领域，目前其年均行业收益已达 5 亿美元。在 20 世纪 70 年代之前，还没有陪审团专家或者证人出庭准备专家这些职业，时至今日，已有超过600家这样的事务所存在，他们对刑事和民事法律制度发挥着重要的影响。在重大的诉讼案件中，审判顾问已经不可或缺。

有趣的是，这些顾问多数不是律师：根据一项调查，仅有5%的审判顾问拥有法律博士学位，具有法律教育背景的也只占到11%左右。不过，他们大多是社会科学的专家：约有半数的审判顾问拥有博士学位，约有半数是心理学家（当然，这两个群体之间存在重合交叉）。诚如一位位陪审员专家所言："总体说来，陪审团咨询行业属于应用心理学范畴……我们会阅读《应用心理学杂志》和《法律与人类行为》等杂志的研究成果。作为实务工作者，我们许多人都是半路出家，然后成为一名专家。"

事实上，正是这些专家使这一领域迅速发展起来。涉及咨询专家的案件，最早也是最为著名的案例当属1974年的"琼·利托尔案"。琼是北卡罗来纳州的一名黑人妇女，她被指控谋杀博福特县监狱的一名白人狱警，此前其一直被关押在这所监狱。琼声称，她在狱中遭到该狱警的强奸，于是她用冰锥自卫而刺伤那名狱警。由杜克大学心理学家约翰·麦科纳教授领衔的科学家团队决定为她提供帮助。他们首先调查该县居民对此案的感受，询问他们对黑人妇女是否有暴力倾向等问题的看法。他们的调查结果显示，如果从博福特县居民中遴选陪审员，那么陪审团认定琼有罪的概率要比其他辖区高出一倍。麦科纳和他的同事成功地促使该案被移送到韦克县进行审判，这对于被告人而言是非常有利的。此外,专家团队还收集了大量数据,确定具有哪些性格特征和个人偏好的陪审员可能对被告人更为有利,并基于这些信息排除了那些更为专断的年老居民、共和党居民以及教育程度较低的陪审员。

虽然审判持续了5个星期,但是陪审团仅用一个多小时就作出将琼无罪释放的裁决。有些批评家开始质疑陪审团专家的研究对审判结果的影响力,并声称指控证据的薄弱才是陪审团作出无罪裁决的根本原因。但不容否认的是,麦科纳的专业团队开辟了现代审判顾问制度的先河。

麦科纳团队的研究方法目前仍然被继续使用,其仍然是审判顾问的工作规程标准。在审判开始前,顾问们会收集陪审团备选人员的信息,通过挖掘所有已知的关联,锁定持同情态度的陪审员。他们还对已经选定的陪审员进行综合评估,判断陪审员能够在多大程度上支持控方或者辩方的诉讼主张。

时至今日,审判顾问还提供了许多其他方面的服务,包括设计总体诉讼策略、培训有效答辩技巧、开展陈词准备、处理媒体关系以及协商调解等工作。他们的建议不仅基于已有的心理学和市场学研究成果,还立足于其自身收集的案件信息。

审判顾问可以将目标人群整合起来,对其进行模拟法庭实战演习,以检验特定的方法和理论的有效性,来预测陪审团对证人或者有关证据的反应;他们还会雇佣影子陪审员(shadow juror)去实际观察审判过程,并提供反馈意见;他们也会进行审判后的跟踪访谈,去更好地了解陪审员的决策过程,从而为以后的诉讼设计更加合理的策略。

这些看起来都是有益的做法,是人们追求更加有效和全面的法律代理制度的自然产物。那么,这些做法又存在哪些问题呢?

从经验上来看,最大的担忧就是这些所谓的专家究竟是否为江湖骗子。同时,我们也很难评估审判顾问是否真的对案件审判的结果具有实际的影响。然而,这个行业发展迅速,变得日渐复杂,工作方法也不断升级,未来面临的主要问题将是审判顾问的可获得性:哪些人能享受到顾问的服务?哪些人又只能望洋兴叹?

审判顾问行业的快速扩张,一直与律师们的推动密不可分,在这其中大部分律师代理的都是牵涉上亿或者数十亿资金的复杂民事诉讼。在这种背景下,聘请审判顾问的服务费用是十分昂贵的,平均每小时收费高达250美元甚至更高。当富人和知名人士卷入诉讼时,通常会聘请审判顾问,如O. J. 辛普森、玛莎·斯图尔特、卡尔文·布罗德斯(又名斯诺普·道格)、罗伯特·布拉克和梅嫩德斯兄弟等,都曾在涉案的刑事诉讼中聘请审判顾问。对于高收入的白领群体来说,审判顾问已经成为辩护工作的必备选择。然而那些贫穷的群体却通常只能进行自我辩护。这是一种严重的不公正。法官雨果·布莱克在半个世纪前就精辟地指出:"当审判如何进行要取决于被告人财富的多寡时,就不可能有公平正义。"

不过,富人和穷人之间的沟壑只会越拉越大。对处在社会顶层的人来说，犯罪只不过意味着花钱而已。你赚的钱越多，就越容易获得审判顾问的帮助，审判顾问会想方设法地去帮助你钻法律的空子。你拥有的法律资源越多，政府就越不会调查你、起诉你或者在进行辩诉交易时难为你；因为政府很清楚，自己很难在庭审中赢得诉讼。本书关于不公正问题的探讨之所以并未涉及白领犯罪，一个重要的原因就是，那些在公司中监守自盗、非法制作假账和从事证券欺诈的罪犯通常会在诉讼中占尽便宜。

相比之下，对那些处于社会底层的人而言，由于他们难以获得审判顾问的帮助，其势必会在诉讼中面临灾难性的负面后果。你无法指望咸鱼翻身，每一次入狱的经历都将使你处于更加糟糕的境地，你难以获得所需要的法律帮助。每当你的人生履历上增加一次新的有罪判决，你都会在就业、教育和人际交往中更加举步维艰。你永远都没有机会获得那些对冲基金欺诈者们用来构建他们秘密世界的本钱。你的不幸遭遇还会传递给你的子女：一旦你身陷囹圄，你的子女上大学或者摆脱贫困机会也会变得更加渺茫。整个穷人群体都被囚禁在不平等的围城之内，生活境地每况愈下，而对面的有钱人却能守住财富，让后代继续成功之路。

回想审判顾问行业创立之初，开拓者们的目标是努力捍卫穷人和弱势群体的利益，这与当下的现状形成了鲜明对比。就像曾经帮助过琼·利托尔的专家们一样，社会学家最初涉足现代审判顾问领域也是为了维护最基本的公平正义，而不是为了谋取钱财。当时，7名反战的积极分子

（其中 6 名是天主教牧师或修女）被指控密谋攻击联邦政府办公室、炸毁华盛顿特区的蒸汽机车隧道和绑架亨利·基辛格以结束美国在越南的战争。政府选择将审判地点安排在宾夕法尼亚州的哈里斯堡，那是一个极其保守的城市，天主教徒的比例极低。杰伊·舒尔曼和他的团队认为，当地的陪审员极有可能偏向于指控方，于是他们在审判之前发起了一项调查，试图确定社区成员的一些特征有可能影响预期的裁决结果。他们的目的很简单，就是要抵抗政府试图在审判中占据不公平的优势地位，进而寻求公平的审判。

但是在后来的几十年里，情况发生了巨大的变化。审判顾问已经放弃对社会正义的追求，他们也不再将公正审判视为职业目标。客户们动辄支付数万美元的费用，在一些影响巨大的谋杀案件中，费用甚至高达数十万美元，他们的目标可不只是获得公正的审判。客户们想要获得的满意的裁判结果。在这种情况下，审判顾问的职业目标已经完全与最初背道而驰了。如果说他们最初的目标是将潜在的偏见公之于众，进而消除这些偏见，那么现在，他们的目标则是利用社会科学知识来研究、控制甚至更多地去强化各种偏见。事实上，在审判顾问看来，如果司法制度存在可以预知的不公正，而绝大多数诉讼参与者又对此无法察觉的境况是最好不过的了，因为对于他们来说这意味着绝佳的职业前景。

当然，这个行业仍然有一些致力于实现公平正义的群体，他们帮助律师和专家向陪审员解释复杂的概念，努力消除诉讼参与人可能带到法庭上的偏见，筛选那些怀有潜在偏见的人员。但是即便对于这些品德高尚的人们来说，各种诱惑也很难被克服。当你拥有的科学知识足以扭曲司法程序，让法官、陪审员和证人听由你的安排，你就很难拒绝金钱利益的诱惑。除此之外，各种偏见充斥于法庭，几乎无所不在：我在本书中探讨的各种做法既有助于实现正义，也能被用来阻碍正义的实现。

以目击证人的记忆为例，如今，证人准备工作是审判顾问的一项核心业务。这项业务涉及很广，顾问们首先要进行详细的调查询问，听取律师介绍案件的总体情况，了解证人知晓的所有细节，通过模拟审判过程，从模拟陪审团那里获得反馈信息。这种准备过程有很多益处，律师可以更好地组织自己的陈词，可以更加准确地判断证人的可信度，可以帮助证人更好地克服庭审中的紧张情绪。不过，我们现在都已经认识到，人的记忆具有脆弱性，审判顾问也非常清楚这一点，所以这种准备过程很容易造成证人的记忆的污染，因此这是一种有违职业道德的行为。然而在实际中，这种做法难道不是屡见不鲜的吗？

有关人类记忆的研究成果让顾问和律师认识到，系统的证人准备工作非常有助于促使审判朝着有利于客户的方向进行：通过认真细致的排练之后，证人更有可能将别人告知的事实视为自己的记忆，更有可能对这些不真实的记忆充满确信；到了庭审环节，陪审员也很容易据此认定证人证言是准确可信的。那些无良顾问当然会肆无忌惮地影响证人的证言，其他顾问为了尽量维护雇主的利益，也会实施此类行为。我们对此并没有很好的处置办法：审判顾问并不受任何组织直接监管，美国审判顾问协会设定的职业标准也仅是原则性的，要求很低。

律师不可避免地要为自己聘请的顾问的行为负责，但是吊诡的是，相对于顾问们采用影响证人记忆的方式培训证人，如果律师未能认真地开展证人准备工作，他更有可能因此而遭到制裁。事实上，被告人可以此为由援引联邦宪法第六修正案中的"无效律师帮助"条款提出申诉。尽管这种证人准备工作非常值得质疑，但是，美国律师协会和司法机关非但没有认真予以解决，竟然还认可了某些可能导致证人记忆歪曲的做法。北卡罗来纳州最高法院就此指出："律师帮助证人做好出庭准备，向证人解释案件中的法律适用问题，在开庭前排练律师准备提出的问题和证人需要作出的回答，这种做法并无不当之处。通过这种预备工作，证人能够明确自己的诉讼角色，从而做好出庭准备，能够更加轻松地面对庭审，以更为有效的方式提供证言。这种庭审准备工作是优秀出庭律师的标志，应当予以提倡。"联邦最高法院的一些大法官也认为，"在证人出庭作证之前对证人进行'训练'是必要的"。他们反复强调，交叉询问是应对证人训练弊端的有效途径，但是心理学研究显示，交叉询问实际上收效甚微。

上述情况表明，在绝大多数审判顾问和律师看来，问题丛生的证人准备工作根本不存在任何问题。同时，由于这种准备工作通常是私下进行的，其受到"律师工作特权"的保护，对方当事人无法获得律师为庭审所准备的证据材料,即便证人证言已经遭到污染,局外人也几乎无从知晓。

时至今日,心理学和神经科学针对影响准确性、公平性和公正性的因素已有许多富有洞见的成果,审判顾问和律师很容易在实践中去运用这些成果。宽泛的道德准则和职业约束只反映出某一方面的问题。实际上,许多研究成果一旦得到应用,就能够直接影响审判的结果,根本无需进行推算或者演绎。例如,陪审团遴选程序通常被用于发现和消除偏见,但在近期的一项试验中,科学家们独辟蹊径,试图确定能否利用陪审团遴选程序促使人们产生偏见。在这项试验中,每一位模拟陪审团都会被问及两个中立的问题,但是其中一些人会被追问:如果被告人是一名帮派成员,他们能否保持不偏不倚的态度。即便研究人员已经强调,这仅仅是个假设性的问题,但是却产生了巨大的偏见效应:那些被问及这一问题的参与者,明显比没有被问及该问题的参与者更加倾向于认定被告人有罪。研究者指出,由于帮派成员与犯罪行为有关,一旦实验参与者接触到这个假设性问题,就很容易形成先入为主的负面评价,进而据此认定被告人有罪。

因此,审判顾问不仅可以利用宣誓程序选择有利于当事人的陪审员,还可以据此设计某种先入为主的印象,对陪审员在审判阶段的感知和判断施加影响。我们对此应该没有什么感到奇怪的吧?从某种意义上来说,诸如此类的研究都可以被不良律师记入他们的操作手册。然而,我们也可以发挥这些研究的益处，它们同样非常有助于消除司法制度的各种偏见。不过，为了推动实现这种转变，我们需要努力重塑审判顾问和律师的行为模式。这不是让人们改头换面，而是要重申刑事司法制度的基石性原则。宣誓程序的目的是为了遴选公正的陪审团；**如果我们利用程序玩弄司法，就难免与公正背道而驰。**

我们没有任何理由认为，那些从事审判顾问行业的人们比别人的道德水准更为低下。他们也是职业环境的产物，现有的司法环境促使他们认为，运用自己的心理学知识去影响法律人士不仅没有什么不妥，还是值得提倡的。如果不能为客户谋取额外的利益，就会令客户失望。证人准备和陪审员分析都是现代审判的必要组成部分。因此，这些品行良好的人们，包括科学家、律师和其他专业人士，很少会考虑自己行为的负面影响。我们已经将陪审员和法官的决策纳入市场领域，现在到了深刻反思的时候了。**正义，绝不应被当成为商品。**

第十二章 | 未来：我们将何去何从

100多年前，英国作家吉尔伯特·基斯·切斯特顿受命担任陪审员。宣誓后，切斯特顿坐回自己座位，观察即将上场的各色人等：被指控疏于照管子女的妇女，偷自行车的窃贼，法官以及各方律师。通过近距离观察庭审，他目睹了此前无从了解的事实，"每当提到法律官员，即使是其中的佼佼者，包括法官、治安法官、侦探和警察，真正可怕的事情并不是他们居心险恶（有些人其实品德高尚），也不是他们愚钝不堪（有些人其实精明能干），而仅仅是他们已经对司法习以为常"。

他就此指出，法律制度存在的问题在于，体制内的人们非常熟悉他们的周遭环境，非常拘泥于既定的处事方式和原则，以至于"他们并不关注那些站在被告席上的犯人；他们只是看到同样身份的一些人站在那个熟悉的地方。他们并不关注令人敬畏的审判法庭；他们只是看到自己的工作场所"。在切斯特顿看来，陪审团制度能够解决这个问题，那些和他一样的局外人，那些身为普通民众担任案件陪审员，能够做到"关注法庭和众人，关注警察和惯犯粗糙的脸、纨绔子弟颓废的脸和指手画脚的律师虚伪的脸，他们带着好奇心看待这一切，就好像在欣赏一幅新画作或者新编排的芭蕾舞一样"。

在本书看来，切斯特顿对陪审员的信任很可能并不可靠；如同他所批评的法官、警察和律师一样，陪审员也会受制于各种类似的感知局限，但是，他对刑事司法制度内在问题的诊断却是非常准确的。我们已经对这个制度习以为常了。这个制度看起来是如此熟悉，以至于我们无法看清它的真实属性，无法判断它的驱动力量和问题所在。**正义最大的敌人，并不是存在偏见的警察、愚钝的陪审员或者任性的法官，而是我们每个人的内心。**

任何变革，都要以理解和把握现状为前提。我们需要通过新的视角来审视刑事司法制度。鉴此，注意关注心理学和神经科学的研究成果，是非常重要的。这些研究能够揭示出现行司法制度的缺陷，并为我们指明变革的方向。变革需要坚持和勇气，而我们的司法制度具备很强的灵活性，完全能够应对新科学证据提出的要求。

令人欣慰的是，研究者正在该领域投入越来越多的精力，他们不仅致力于梳理我们存在的偏见，还努力控制甚至消除这些偏见。例如，目前已有证据显示，潜在的种族偏见会使手无寸铁的黑人遭到枪杀的风险显著高于白人；还有证据显示，如果警方在模拟训练时强调不得随意开枪，就能显著减少执法失误。不过，这种训练本身并不能消除潜在的种族偏见。通过这些研究，科学家们提出一系列富有成效的改革建议。让我们先看这样一项举措：通过向人们展示极具正面形象的著名黑人的照片（如马丁·路德·金），以及极具反面形象的著名白人的照片（如查尔斯·曼森），有助于成功地消除种族偏见。另外一项举措是讲述一个生动形象的故事，实验参与者设想自己遭到一名白人罪犯的攻击，身受重伤，随后被一名黑人营救。既然我们了解有效干预措施的核心要素，下一步的挑战就是研究如何消除偏见。本书立足探讨的各种问题，并研究完善相应的解决方案，使之有助于极大地推进改革。

基于这些全新的研究成果，许多重要的改革举措已经付诸实施（前文已经提到相关内容），还有一些改革举措正在探索之中。目前，有些警察机构已经成功实现从第三方视角对所有讯问过程进行录音录像，还开始使用认知访谈技巧询问证人，并废除了暗示性的列队辨认程序，这些事实充分证明改革是行得通的。不过，我们也需要基于科学研究成果，着眼于对刑事司法制度进行更为系统的概念重构，当然，这项工作更多地要着眼于未来，并且不可避免地带有一定的前瞻性。

本书已经探讨了导致不公正的各种因素，但是，如果我们仅仅关注自身的短处，就无法抵达理想的彼岸。人性，尽管在某些方面存在严重瑕疵，也仍然是至善的源泉。我们每个人都怀有一颗善良的同情心。为了实现实质正义，最重要的就是要认识到：何时要克制我们的本能，何时要唤醒我们沉睡的同情心。

人类缔造了刑事司法制度，但这并不意味着，人类能够维持司法制度的有效运转。人类存在一些先天不足，这导致我们难以践行既定的原则，也难以实现预期的目标。有鉴于此，我们有必要减少法律制度对人类感知、记忆和判断的依赖。

在其他一些领域，例如，选举预测、交通规划乃至眼科手术，都经历过类似的反思和变革。例如，棒球队一度依赖球探的直觉来挑选球员，而现在则更多地依靠统计分析来预测获胜队伍。药剂师一度依赖自己和病人的记忆来避免药物相互作用以及过敏反应，而现在则依靠计算机程序来追踪诊疗记录并进行自动预警。

如果你前往宾夕法尼亚州拿撒勒的马丁吉他工厂参观，就会发现，自从1833年以来，该厂一直以其手工木制品为傲，但为了追求产品质量极致，该厂在多年前就已决定投资引进机器人。吉他外表的漆层只有两根头发丝的厚度，这意味着，即使是非常熟练的工人，哪怕只是对抛光垫稍微用力过大，就很容易透过抛光垫烧到原木，一旦出现这样的失误，就必须对整个乐器进行耗时耗力的重新雕琢。但抛光机器人就具有准确测量压力和精准操控的能力，从未出现此类失误。对该公司来说，当然不愿放弃手工工艺模式，但为了实现公司的核心使命，改革势在必行，公司负责人也毅然决然地作出这一选择。公司的终身员工迪克·博克就此指出："因为我们拥有悠久的手工工艺传承，所以总是对新技术心存疑虑。但是，当新技术确实行之有效，能够显著改进产品质量时，我们就需要保持开放的心态，积极应用这些新技术。"

当我们致力于构建更加有效和先进的刑事司法制度时，同样需要保持这种开放的心态。不公正源于人类大脑的局限，因此，要想解决这一问题，最佳的方式就是不再依赖人类的感官。如果我们认识到，目击证人并不十分可靠，法官也往往难以保持客观，我们就需要思考如何完善目击证人辨认程序，如何减少法官的偏见，但是与此同时，我们也应该思考，如何才能不再需要目击证人，如何才能不再需要法庭审判？哪些程序我们可以舍弃不用？

前面已经提到，目前最需要改革的就是法庭上的证人辨认程序。它具有很强的暗示性，经常被早先的辨认过程污染，也很容易被陪审员赋予过高的证明价值。甚至连检察官都意识到，辨认纯粹是在表演。所以，不如首先就拿辨认开刀，废除辨认程序。

另一项可以考虑废除的就是律师申请陪审员无因回避的权利。有证据显示，律师在行使这项权利时，并不是为了淘汰有偏见的陪审员，而是为了组建有利于己方诉讼主张的陪审团。废除这项权利并不会有什么负面影响。为了解决检察官拒绝向辩护方开示证据的问题，我们可以要求犯罪实验室同时将鉴定报告送交控辩双方，也可以要求警方将所有案卷材料输入一个可以公开访问的文档，禁止检察官修改或者增减内容。当控辩双方没有机会弄虚作假时，也就无需担心司法不公了。

在许多案件中，我们都应当意识到，现有的技术能够减少我们对不可靠的人类感官的依赖。我定居在费城，前段时间，我家附近的一个街区发生一起凶杀案，警方很快就宣告案件已经侦破。警方破案的线索不是来自目击证人，而是依靠现场安装的摄像头，这些摄像头直接拍摄到作案人进入被害人家中，随后驾车离开现场。时至今日，安防摄像头已经得到推广应用，智能手机已经成为社会公众的生活必需品，审讯室、巡逻车和监狱内部也已安装大量视频监控设备，我们对人类脆弱记忆的依赖度已经显著降低。我们对证人辨认和证人证言的依赖度越低，就越不需要格外倚重陪审员评估证人可信度的能力。尽管我们已经认识到，视频并不是万能的，但它在防范错误定罪方面具有非常重要的作用：如果视频录像能够显示出作案人车辆的车牌号，就能够尽可能地避免虚假的供述，也能够尽量避免陪审团在血腥的现场照片影响下认定无辜者有罪。

　　法庭科学技术的发展进步，也将在维护司法公正方面扮演重要角色。如果我们面对微量物证或者遭到污染的生物检材，也能够实时进行 DNA 鉴定和微量物证鉴定，我们就无需担心此前讨论的各种问题。大量有助于快速侦破案件的新兴技术早已在实践中展露身手。

　　例如，一些城市正在探索使用一种新型装备，精准定位枪击案件地点，并自动触发摄像头旋转以记录罪犯行踪。如果这种新型装备得到普及应用，就能够使警察无需再受制于证人感知缺陷和模糊记忆的影响，同时也能够确保警察全面掌握所有的枪支暴力事件。

　　类似地，鉴于警察经常在案发后忙乱的侦查过程中忽视关键证据，有关现场的记忆也很容易遭到歪曲或者被快速遗忘，在 2009 年，纽约市警察局开始启用 "Panoscan 现场影像重建系统"，以高精度画面记录 360

度的全方位犯罪现场情况。例如，一名男子被捆绑并刺杀在自家床上，警方在勘查现场时使用了"Panoscan现场影像重建系统"，时隔数月之后，警察仍然可以查阅现场的全景影像，再次审视现场的每个角落，包括通过敞开的衣柜门所看到的衬衫和夹克，以及现场桌子上的5个烟头和可卡因所处的位置以及状态。

纽约市警察局的另一项改革创新是近期推出的智能手机辅助项目，警察在现场执勤过程中可以直接查询许多事项，包括他们正在途经的某个公寓是否曾经发生家庭暴力事件，以及某个住户是否为合法登记的枪支持有者。警察在街面巡逻过程中遇到可疑人员后，可以立即查询其违章记录和违法记录。在这项技术的辅助下，警察可以快速得到准确的信息，无需依赖于可能出错的记忆和并不可靠的直觉。

例如，有市民听到隔壁发出尖叫声后报警，警察随即赶往现场，他隐约记得该处曾经发生过一起吸毒男子的暴力事件。因此，当警察叫开现场住户房门，一名男子对他大声叫骂时，警察就可能认为这名男子存在人身威胁，并随即采取可能对双方都产生危险的处置措施。相比之下，如果警察通过查询智能手机，核对现场住户的门牌号，就会发现这里并不是此前发生暴力事件的现场，那起暴力事件实际上发生在公寓7楼。根据相关的查询记录，警方此前曾经来到该现场执法，该户居民并没有暴力犯罪记录，但患有多动症和精神分裂症。基于这一信息，警察就可以采取适当的处置措施，避免任何人受到伤害。此类技术也引起了民权人士的关注，但如果能够据此避免警察依赖毫无依据的直觉开展执法工作，也是利大于弊的。警察基于直觉所犯的错误往往导致公民的自由遭到剥夺，这将导致更加严重和持久的危害。

  前文已经提到，要想避免刑事司法制度中的各种人性偏见或者可预见的错误，最好的办法可能就是从外部推动变革。每当被问及如何降低谋杀案件发案率之类的问题，我们都会搬出一系列老套的解决方案：增加犯罪高发区的警力、打击毒品犯罪团伙以及研发更加有效的暴力倾向评估标准。除此之外，还有许多更加深层次但却更加富有成效、便于实施的解决方案。例如，市政当局可以投资使用军方为战时疗伤而研发的急救包，并培训警察在紧急情况下如何有效处置可能导致死亡的重大损伤（如肺萎缩、气管堵塞以及肢体大出血），这些紧急情况在驾车枪击案件或者抢劫案件中极为常见。同时，我们也可以要求所有医院和救护车配备常用药凝血栓，该药物一直被用以减缓伤员的失血速度。根据估算，单单这项改革举措，每年在美国就能挽救约 4000 名暴力犯罪被害人的生命。我们习惯于因循传统路径，授权警察采取极具侵犯性且备受质疑的执法行为以减少枪支暴力（例如，"拦截搜身"），或者投入大量时间精力研发无法确保准确性的再犯预测标准，现在有必要换个思路，看看是否还有更加简便的方式能够实现我们最终的目标——挽救生命。

  如果以更加开阔的视野看待这一问题，不难发现，目前已经存在许多富有创意的犯罪控制方法。研究人员近期发现，20 世纪 90 年代抢劫案件之所以大幅减少，与一项看似无关的政策调整密不可分。联邦政府当时要求各州通过电子管理系统发放福利金，社会公众开始普遍使用借记卡，此举极大地减少了街面上流通的现金数量。由于流通环节的现金大幅减少，与现金相关的犯罪数量也随之显著降低。我们从中获得哪些启示呢？有些情况下，那些最接近犯罪问题的人们，包括警察、检察官、法官和陪审员，并不一定最适合解决这一问题。

另一项可行的举措就是限制司法人员的裁量权。前文已经提到，当联邦最高法院的大法官们开展研究时，他们往往带有倾向性地筛选信息，仅仅关注那些符合预期的信息，排斥并忽略相反的数据。法庭之友的报告往往带有偏见和误导性，有时只会使事情变得更糟。鉴此，为什么不创建一个像国会研究处一样的中立机构，向所有大法官提供与特定主题相关的研究报告？这个简单的举措既有助于消除司法偏见，也能够确保所有大法官看到相同的数据，并有效地避免相反的数据遭到忽视。

类似地，既然专家证人往往会提供有利于付费客户的意见，为什么不废除这种极具偏见的专家证人制度呢？我们可以考虑建立中立的专家组制度，由当事双方共同出资作为单项诉讼费用，聘请中立的专家解决专业性问题。同时，为什么不考虑授权此类中立的专家组作出具有约束力的决定呢？我们都知道，陪审员并不了解可能导致记忆扭曲的因素，为什么我们还允许他们判断证人的辨认或证言是否可信呢？如果我们关注证据的准确性，那么，让陪审员自行决定全盘接受还是彻底否定专家意见就没有任何意义。事实上，当被告人提出精神障碍的抗辩时，我们允许心理学家就被告人能否认知犯罪行为的性质这一关键问题提供专家证言，然后又让陪审团（有时是法官）对该问题作出最终的判断，这种做法看起来有些令人难以理解。

  我们还应当考虑制定新的执法规程，以便在无法组建中立的专家组时，仍然能够有效地规范诉讼行为。即便建立刚性有效的执法规程，警察、检察官和法官仍然可能会偏离规范的要求，但他们都会认识到，事后必须为自己的行为提供正当的理由。例如，警方在处置校园枪击事件现场过程中，可能会偏离执法规程的要求，让证人对现场抓获的犯罪嫌疑人进行辨认，但他们在这样做时应当知道，事后必须要对此提供正当的理由（例如，"我们需要立即确认，枪手是否还在校园里活动"），如果警方提供的理由并不充分（例如，犯罪现场已经绝对安全），这个辨认证据将不会被提交给陪审团。通常情况下，人们之所以会偏离规范的要求，例如，使用极具暗示性的指认而不是现场辨认，仅仅是贪图方便而已。我们需要摒弃那些容易导致错误的惯常做法，促使人们反思传统的执法观念。

  计算机程序在这个领域也大有用武之地，对于容易产生偏见或者发生错误的场合，它们可以有效地替代司法人员进行"思考"。例如，智能手机的 App 程序可以引导巡警按照既定的执法规程保护犯罪现场，并在容易出错的环节给予必要的提示，这非常类似于驾驶员借助 GPS 定位系统驾车前往陌生城市某个特定的地点。鉴于现场工作头绪繁多，职责范围难以明确，智能手机可以帮助巡警确认哪些警察在现场履行其他重要的职责（例如，记录现场证人的身份，保护现场证据，等待侦查人员勘查现场，等等），同时还能够实时在手机上显示其他警察的具体职责。相应地，智能手机会提示负责收集证人信息的警察开展相应的工作，拍摄证人面部照片，记录证人的原始陈述，录入证人的姓名和手机号码。负责救助被害人的警察需要按照规程要求，开展一系列的快速检查，排除危及生命的症状，避免戴维·罗森鲍姆事件再次发生。

尽管听起来很玄幻，但这绝不是科幻小说。面对同样严重的威胁，航空业制定了严格的操作规程和自动化程序，努力避免飞行员的错误。时至今日，喷气式飞机的机长在面临紧急情况需要手动驾驶时，可以关闭自动飞行的部分功能以及有关的警报设备。但在通常情况下，他们都是按照既定的程序来控制飞行，这可以极大地降低空难的风险。是的，航空业的自动化程度越来越高——许多飞机都是在无需飞行员操作的情况下沿着既定的航线飞行，不过，很少有人会对这种发展趋势提出质疑。事实上，当错误的后果非常严重时，如果我们仍然在担忧此类技术的影响，似乎有些吹毛求疵。举例言之，当我们发送电子邮件时忘记粘贴附件，邮件系统就会自动进行提示，如果我们对此感到满意的话，那么，当现代技术有助于避免空难、意外枪击事件和错误定罪时，为什么还要心存顾虑呢？

在未来几十年甚至几个世纪中，关于减少对人类认知的依赖这一问题，我们需要确定朝着这个方向究竟能走多远。我们可能会取消法庭审判，尽管这听起来有些激进，但并非完全不可能。

既然陪审员和法官容易受到证人外貌、被告人肤色或者检察官言行举止的影响，那么在将来的某个时候，我们能否将诉讼置于虚拟环境之中，让诉讼参与者通过阿凡达之类的虚拟化身进行交流，从而消除上述各种偏见？在大多数审判中，陪审员通常认为，没有必要对被告人、证人或者律师的外表形象进行审查。在司法实践中，防止陪审员以貌取人，可能会对案件审判大有裨益。

前文已经指出，为避免陪审员基于不可靠的标准（例如，转移视线或者抖动膝盖）来评估证人的可信度，可以不再指示他们关注证人的行为举止。不过相比之下，如果能够禁止陪审员观察证人的行为举止，可能会取得更好的效果。当陪审员或者法官看不到证人眨眼的细节时，就只能关注证人当庭提供的证言本身。当你压根不知道被告人是黑人还是白人，苗条还是肥胖，年老还是年轻，貌美还是丑陋，这些与个人体貌特征有关的偏见就很难产生影响。如果你压根听不到某人慢吞吞的南方口音时，你就不太可能认定这个人智力低下，也不会对非裔美国人产生偏见。

无论检察官在法庭上颐指气使还是举行优雅,无论被告人言语沉闷还是形色各异,都不应当成为影响公正审判的因素。有鉴于此,我们应当积极转变观念,采取更加有效的措施解决上述严峻的问题。

与此同时,虚拟审判①也有助于消除律师和法官存在的偏见。如果他们不了解陪审员的背景情况,就不太可能先入为主,不会对陪审员区别对待。如果陪审团与控辩双方隔离开来,看不到控辩双方的行为举止,检察官和辩护律师将集中精力论证本方的诉讼主张,更加深入地挖掘证人证言的矛盾之处,而不再刻意通过肢体语言、音调变化和行头装饰来力求体现最佳的出庭效果。

虚拟审判的引入,也有助于确保法庭的安全,既能避免被告人、证人、律师和旁听群众产生暴力冲突,又能减少证人出庭或者陪审团庭审过程中面临的心理压力。当我在费城出庭担任陪审员时,当庭聆听到犯罪的细节情况,那是一起严重的暴力伤害事件,被害人遭受严重的头部损伤,这不禁使我担心起自身的安全。一旦被告人的同伙随后对我进行尾随跟踪,我将如何是好?我随即想到了被害人和证人,他们不得不和严重暴力犯罪的被告人当庭对质,与他们所面临的心理恐惧相比,我这点儿心理不适简直微不足道。检察官通常会告诉你,强奸犯罪之所以难

---

① 虚拟审判(virtual trial),是指以虚拟现实技术为支撑的一种理想的审判模式。其中的虚拟现实技术,是一种可以创建和体验虚拟世界的计算机仿真系统,它利用计算机生成一种模拟环境,是一种多源信息融合的、交互式的三维动态视景和实体行为的系统仿真,使用户沉浸到该环境中。

以提起指控，一个重要原因就是被害人拒绝出庭作证，因为她们不愿再与罪犯同处一室。如果通过虚拟影像提供证言，那些原本不愿出庭的证人就不会再有不舒服的感觉，从而愿意协助检察官指控犯罪，依法惩罚那些危险的罪犯。与此同时，如果所有证人都不再感到那么恐惧或者紧张，也就无需再对他们进行严格的出庭排练，相应地，我们也就不用担心此类出庭排练可能会扭曲证人的记忆。

通过建立标准化的虚拟审判环境，陪审员、法官、证人和律师的舒适感将会显著增强。每次审判的虚拟环境，包括陪审团观察证人的有利位置、法庭墙壁的颜色、法庭内部的光照和法官席的高度等，都将整齐划一，所有的庭审参与者都很清楚自身的角色。除了午餐时间外，还有许多因素会影响法庭的定罪量刑裁决，但我们目前尚未识别出这些影响因素。有鉴于此，我们的改革目标就是消除审判过程中的所有变量，聚焦特定的事实和法律，确保法庭审判集中于实质性问题。

所有的虚拟审判都可以记录在案，这非常有助于上诉法官准确地审查陪审员当庭看到和听到的事实。目前，上诉法官通常只能调取下级法院庭审过程的书面记录，仅凭这些记录，实际上很难了解庭审过程中的关键细节。基于庭审记录，我们还可以考虑建立相应的被告人权利保障机制，例如，选择将案件交给其他陪审团审判（将之作为与上诉程序并行的救济机制）。从社会的视角看，为了判断司法审判能否得出一致性的结论，这种做法将是绝佳的选择。此外，这种审判模式还可以让更多公众实时地观察庭审,进一步提升庭审的社会参与度和透明度。事实上,刑事审判甚至还可以通过法院网站进行直播,通过社会公众的广泛监督,帮助律师和法官减少司法偏见和失误。

进一步讲,为有效地控制陪审团的偏见,我们可以在控辩双方举证和庭审直播之间设置一定的审查期间。这样,如果对方律师对特定的证言或者供述提出异议,且该异议得到支持,那么,有关证据就不得提交给陪审团。通过设置审查期间,法官也能够更加审慎地审查有关争议,减少当庭裁决错误,避免案件裁决被上级法院撤销并发回重审。

虚拟审判面临的困难远远低于人们的预期。一方面,与长期收益相比,初期启动成本并不成为问题。在虚拟审判模式下,此前一些重要的庭审支出,例如,交通和安保费用,将会显著地降低。例如,当宾夕法尼亚州司法机构决定通过视频会议进行初步聆讯、签发令状和举行假释、量刑听证后,他们发现,每月由此节省的开支高达170万美元。一旦摆脱了实体法庭审判的后勤局限,法庭每天可以审理更多的案件,相应地,那些贫穷的被告人羁押候审的时间将大大缩短,监管机构也不再需要投入巨额资金用于被告人的审前羁押。

类似的技术早已在会议领域得到应用,虚拟交互技术正在变得更加常见。随着时代发展,人们可以在千里之外实时进行大宗交易的谈判、处理国际事务以及协调军事行动。这种虚拟交流的复杂性和流动性程度简直令人震惊。一名士兵可以在内华达州通过操作电脑,帮助海军巡逻队在阿富汗山区寻找掩护，借助红外线制服衣标监控他们的一举一动，并立即指令盘旋在1万5千英尺上空的捕食者无人机发射导弹击毁附近的一辆皮卡车。往小处讲，外科医生可以远程遥控机器人进行心脏手术，心理学家每天都在通过skype软件接诊病人。

鉴此，我们有必要扪心自问，既然连医生都不再需要与病人同处一室，为什么非要强调强奸、枪击或者抢劫案件的被告人与被害人同处一室呢？传统的制度基础，特别是认为法官和陪审员需要仔细观察证人的所有言行，在现代科学面前已经站不住脚了。如果现行的法律规则妨碍我们借助现代科技来避免司法不公，就应当重新审视这些规则。

诚然，虚拟法庭将会在一定程度上削弱审判的剧场性和新奇性，但这正是问题的关键：那些具有视觉冲击效果的因素，例如，夸夸其谈的律师、无所适从的证人以及对被害人的含泪控诉无动于衷的被告人，往往会导致司法不公。

一旦推行这种改革，除了虚拟法庭，整个刑事司法制度都将从中受益。讯问工作也可以采用虚拟方式进行，从而更好地控制那些可能导致虚假供述的因素，并促使被告人作出真实的供述。证人的询问工作也是如此。立足虚拟技术，无论证人身处何方，都可以快速有效地对其进行询问。

随着虚拟辨认程序的引入，一些虚拟空间已经处于研发之中。辨认程序是司法偏见的主要来源之一，通过计算机来创建、选择和操作列队辨认过程，能够消除这一程序存在的偏见。同时，我们还可以在其他领域探索突破性的改革。设想，如果取消现实的监狱，创造一个虚拟的矫正环境，情况将会怎样？罪犯们可以继续生活在自己家中，从事自己的工作，只是每天都要花两个小时的时间呆在为他们量身定做的虚拟空间，以便实现预期的威慑、康复或者其他的刑罚目标。这种做法将会取得巨大的收益。一方面，我们不再需要为大多数罪犯提供衣食和住所，这将极大地减少矫正支出。更重要的是，与现有的刑罚模式相比，只有罪犯自身会体验到惩罚，他的子女、配偶、父母和朋友不会因此受到牵连，同时，罪犯仅仅会受到刑罚自身的影响，不会遭到现代监狱中肆虐的人身攻击。进一步讲，如果我们允许社会公众进入悬案的虚拟犯罪现场，鼓励大家为案件的侦破贡献智慧，情况将会怎样？尽管我们基于战略性考虑，有必要对某些事情保密，但为什么不调动成千上万美国民众的积极性，充分发挥他们创造性地解决问题的能力呢？与之相比，仅仅让某个警察承担侦破案件的职责，这种做法看起来似乎有些荒唐。如果我们想要对现有的制度进行实质性的改革，就需要探索创新的路径。我们面临的局限仅仅是缺乏想象力，以及僵化地固守传统的行为模式而已。

如果我们想要让刑事司法制度变得更加公正，就不仅要减少对容易出错的人工流程的依赖，还要更加富有同情心。我们不能再将那些被逮捕、起诉、定罪和关押的人群视为罪恶或者低等的群体，因为正是这种观念驱使我们产生仇恨、伤害他人，使那些残忍的做法看起来理所当然，但却不能给我们更加安全的生活。我们必须改变现有的体制，因为正是这种体制让我们看不到彼此的共同点，蒙蔽了我们共同的目标，并削弱了我们对同胞的同情心。我们必须建立全新的制度，从而更好地理解他人的想法和境遇。

我们的刑事司法制度涉及不同的利益群体，具有鲜明的对抗关系：罪犯与警察，检察官与辩护律师，罪犯与狱警，被羁押者与社会公众。这些对抗关系是司法制度存在严重不公的重要原因。当警察将犯罪嫌疑人视为敌人，认为他们拥有截然相反的价值观时，就更加容易虐待他们；无独有偶，监狱的狱警也是采用一种非人道的方式看待罪犯。类似地，尽管对抗式审判制度有种种所谓益处，但同时也助长了控辩双方对抗的心理，这可能导致辩护律师不择手段、违背道德准则。此外，我们的监狱系统自身也有很强的影响力，促使我们认为罪犯是与正常人截然不同的群体，并由此陷入一种永恒的纷争之中：正确与错误，善与恶，秩序与失序。

此种情况下，当立法机关设定一项新的更加严厉的强制性刑罚，或者研究显示监狱内强奸盛行、生活条件恶劣，或者立法禁止假释对象在城市的特定区域生活、剥夺他们的选举权或者给他们贴上永久性的耻辱标签时，社会公众将会变得无动于衷。尽管这种局面不值得大惊小怪，但确实非常令人担忧。如果我们冷静地思考一下共同的人性和命运，就会意识到，这些做法与我们的价值观是格格不入的，我们不能再继续这样下去了。

我们如何才能减少对抗式司法制度内在的对抗性呢？

首先，我们可以促使警察反思他们的职责使命：警察的职责不是"拘捕民众"，而是"维护社区安全"。一些都市警察机构早已认识到，将警察的角色从执法者塑造为社会安全维护者，社会公众将更加愿意协助警方的工作。同时，通过倡导理解和共享等理念，不仅有助于侦破犯罪，还有助于从源头上预防犯罪发生。

让我们来看看近期的一个成功案例。华兹是洛杉矶南部的一个贫穷社区，因帮派纷争和警民对抗激烈而臭名昭著，警察和社区的敌视情绪一度达到了极点。为了扭转这种不利局面，纽约市警察局2011年推出"公共安全伙伴关系"计划，促进当地居民代表（包括此前一些帮派头目）和警察领导层之间的沟通交流。双方代表每周一召开例行会议，一起商讨帮派争斗、案件侦查以及其他影响社区的安全事项。这种做法增进了理解、信任和尊重，带来了实实在在的益处，不仅缓和了当地的冲突，还减少了暴力犯罪数量。据统计，在2013年，洛杉矶的凶杀案发案率降至1966年以来的最低水平。当然，这是多方面因素综合作用的结果，不过，执法机构与社会公众的良性互动至关重要：待民以诚、待民以公，确实能够促使公众更加尊重法律。

接下来，我们有必要采取一些革新的措施，促使警察从所在社区公众的角度看待各种问题。我们还应当反思那些初衷虽好，但实际上却加剧了社区和警察之间固有分歧的政策措施，包括禁止警察在自己生活或者成长的社区提供服务的执法规则（该规则的目的是为了避免因警察对熟人采取执法措施而引发冲突）。

我们可以基于类似的思路，重新塑造侦查人员与犯罪嫌疑人之间的关系。大家都知道，目前普遍应用的雷德讯问方法将两者设定为对抗双方。相应的讯问过程往往对抗激烈，特别体现为通过殴打迫使犯罪嫌疑人顺从，或者伺机对犯罪嫌疑人说谎，直至犯罪嫌疑人供认为止，这种做法极大地增加了虚假供述的可能性。鉴此，如果我们重新定位侦查人员的目标，使之从获取有罪供述转变为收集可靠信息，情况是否会有所改观？罗斯认为，现状恰恰与此相反，当前的侦查工作强调的不是准确查明案件事实真相。这导致现有体制下，允许侦查人员向犯罪嫌疑人灌输警方所认为的犯罪动机和犯罪行为（尽管这些可能并不完全是捏造的产物），促使犯罪嫌疑人在心理上更容易自认罪责。为了让犯罪嫌疑人认罪，这种方法很有效；但要想准确查明事实真相，这却是个馊主意。

我们需要将目光重新聚焦到准确性这个问题上来。在讯问的初始阶段，侦查人员应当确保犯罪嫌疑人全面陈述案件事实。即使犯罪嫌疑人所说的情况听起来并不可信，侦查人员也不应当打断他的陈述，更不能试图逼取口供，而是应当指出犯罪嫌疑人供述中的矛盾之处，努力获取尽可能多的案件信息。对于那些极易受到暗示和强迫的群体，例如，未成年人、精神病患者和智力低下者,应当在讯问时予以特殊的关照。通过建立警察和心理学家的合作机制,英国按照上述思路对侦查讯问程序进行了系统的改革。相关改革举措不仅降低了无辜的犯罪嫌疑人违心认罪的可能性,还增加了有罪的犯罪嫌疑人披露的有用信息的数量。

现有的对抗式审判制度已经根深蒂固,很难从根本上予以改变,但仍然有优化完善的空间。首先,我们有必要重申现有的诉讼原则,即:律师不仅要为当事人服务,也要为司法制度服务。检察官和辩护律师实际上追求的是同一个目标,那就是避免无罪的人受到刑事追究。有罪的人应当受到惩罚,但也要确保量刑公正。所有的被告人都应当享有尽可能公正和人道的待遇。不过,我们经常忘记一个重要的目标,即查明案件事实真相,并通过程序公正实现实体公正。在对抗式审判的喧嚣中,检察官忘记了被告人也是活生生的人,辩护律师则往往忽视被害人遭受的严重伤害。这种诉讼制度鼓励控辩双方诉诸不诚信的行为,并且利用专家误导众人而非查明事实,凡此种种,都将导致灾难性的后果。

为了解决上述问题,可以考虑改革现有的取证制度,不再由带有偏见的控辩双方收集和调取证据,而是由更为客观中立的机构履行这项职责。这方面,一些国家的经验可资借鉴。例如,在德国,检察官需要全面收集证明被告人有罪和无罪的证据,准备案卷材料;主审法官负责收集和整理审判阶段的事实材料,包括询问证人。对于一个公正的法律制度而言,对抗制并非不可或缺,我们也不应当忘记:律师们激烈对抗的场面，包括大声提出异议、反对对方的动议以及激烈的言辞，实际上都是盎格鲁-美利坚刑事程序在晚近时期才出现的新事物。这项制度的引入是为了维护司法公正，但在许多方面却事与愿违。

更加值得关注的是，在刑事审判程序由快捷和相对高效的模式向冗长和极度复杂的模式转变过程中，对抗制发挥了举足轻重的作用。律师们经常围绕程序规则纠缠不休，那些被指控犯罪的被告人，现在已经很难接受常规的审判。司法资源也已捉襟见肘，导致我们严重依赖辩诉交易制度，现阶段在十分之九的案件中，被告人都选择放弃接受审判的权利，以求获得较轻的刑罚。这意味着，只有十分之一的被告人获得了独立公正的审判，只有十分之一的被告人享受无罪推定原则和交叉询问权利的法律保障，只有十分之一的被告人享有不被强迫自证其罪的特权。

宪法的程序保护机制并不适用于辩诉交易，这一点至关重要，因为在辩诉交易情形下，检察官享有极大的自由裁量权，集所有关键角色于一身：既是指控者又是调查者，既是裁判者又是量刑者。一旦权力高度集中，必将导致不平等和不公正。与白人相比，黑人作出认罪答辩后，往往面临更为严厉的刑罚。公民在某个辖区犯罪可能被判处缓刑，然而在距离仅几英里远的其他辖区，对于同样的罪行，就可能判处监禁。同时在司法实践中，如果无辜者认为接受审判面临的风险太大，就可能被迫作出认罪答辩。一旦出现这种情况，我们不仅将无辜者送进监狱，还将就此结案，这意味着警方不再继续调查真正的罪犯。

由此可见，**辩诉交易与其是说一条司法捷径，毋宁说是宪法正当程序的制度漏洞**。这真是一个绝妙的讽刺：对抗制的引入原本是为了保护被告人，但由于其极度耗费司法资源，最终却促使司法制度选择了辩诉交易，这比非对抗制审判的权利保障还要大打折扣。

许多人此前都认为，控辩双方借助法定权利、法律规则和诉讼程序，通过激烈的对抗交锋，最有助于查明事实真相，但立足司法现状，我们有必要摒弃这种司法定见。控辩对抗的过程激动人心，但并不必然导向正义。考虑到对抗制诉讼代价高昂，经常导致当事人诉诸丑恶的幕后交易，这一点更加值得我们反思。在许多实行非对抗制的国家，辩诉交易十分罕见，这并非偶然现象。

为了消除对抗式程序的负面影响，我们不仅要倡导既有的法律执业准则，鼓励律师们维护公共利益，也要研究制定新的职业规范，并旗帜鲜明地主张，赢得诉讼并非检察官或者辩护律师的最终目标。对无辜者定罪当然是错误和可耻的，不过，帮助有罪的人逃避惩罚同样错误和可耻。控辩双方应当将避免这些后果发生作为首要的法律职责。实际上，如果检察官发现能够证明被告人无罪的证据并予以披露，这种做法应当是值得庆祝和赞扬的。就这一点来说，德国的诉讼制度可能有一定参考价值。在德国，检察官被视为"法律的守护者"，肩负着客观地调查案件事实的职责。

关于狱警和囚犯的关系，我们可以在大西洋彼岸寻找灵感。在美国，狱警的职责与犬舍或者动物园的看守类似。管理者与被管理者之间界限分明，管理者的职责非常明确：确保动物们待在笼子里。得克萨斯州刑事司法部曾经指出，狱警的"基本职责"包括清点人数、提供饮食和监管罪犯；管束好斗分子，必要时可以使用武力；处理紧急情况，例如，越狱和受伤等。相比之下，在北欧国家，狱警更像是社会工作者。他们学习教育理论、伦理学、心理学和冲突管理课程，从而更好地担任导师和榜样的角色。他们并不反对与犯人接触，而是积极与犯人互动：狱警与犯人一起参加体育运动和演奏乐器；他们还向犯人提供咨询，并提供学习机会。更为重要的是，他们尊重这些犯人。我们需要在美国塑造类似的管理模式：狱警和犯人团结在一起，共同帮助犯人补救其所造成的损害，消除犯罪行为的根本诱因，帮助犯人重新融入社会。我们在招录狱警时，应当选择那些适合矫正工作的人员，而不是生性好斗的严酷管教。

我们还应当填补公众与罪犯之间原本难以逾越的鸿沟。尽管某些类型的罪犯很有必要与公众相隔离，但多数罪犯都能通过与外界社会的紧密接触而受益良多。我们这些人也将从中受益。如果这些曾经的罪犯将来要回归社会，我们必须提早做好准备。我们需要帮助罪犯与家庭保持联系，允许他们经常会见亲人，以便他们日后回归社会时有所依靠。那些冷酷而又短视的政策，例如，仅仅允许罪犯每两周与孩子通一次电话，毫无正当性可言。摧毁家庭纽带，非但不利于预防犯罪，还会诱发犯罪。

我们也应当建立罪犯与雇主之间的联系，以便多数罪犯出狱再就业时能够找到工作。大量证据显示，预防再犯最有效的办法之一就是保证稳定的就业：如果罪犯出狱后拥有稳定的工作，其再次锒铛入狱的可能性将降低40%左右。就业不仅使人自给自足，不必再次犯罪，还能促使其结交一些行为正派、遵纪守法的朋友。在政府补贴或者保险资助下，让罪犯在当地企业中务工，确保工作安全并有所收益，非常有助于罪犯出狱后获得稳定的职业，这种设想是现实可行的。

此外，我们应当努力促使每一个罪犯都能重新获得所有的公民权利。目前，即便罪犯已经向社会赎罪，他的犯罪记录仍然无时无刻不在阻止他回归社会。雇主在决定录用雇员之前，十有八九会审查雇员的犯罪记录。同时，一旦身负犯罪记录，就会被剥夺公共福利、房屋租赁、申请贷款和投票等权利。问题是，尽管犯罪记录永远伴随着罪犯，但是其预测再犯的有效性实际上与日俱减。专家们对许多类型的犯罪进行跟踪分析后，发现了所谓的"救赎点"，即，通常在犯罪后3年至7年这个时间段，尽管某人具有犯罪记录，其再犯的可能性也不再高于普通公众。如果我们将锚绑在人的腰部，并将其推入深水之中，就不能再指望他们游泳求生。如果我们真心希望罪犯出狱后成为对社会有益的公民，就需要给予他们比其他人更多的帮助。

我们主张消除刑事司法制度内生的激烈对抗，培养相互之间的同情理解，这引出一些有趣的问题：为什么不一并革除"归责"这个基本的司法理念呢？为什么不像对待公共卫生问题一样（由大家齐心协力地对抗传染疾病）对待犯罪问题呢？

遗传和环境等因素对犯罪具有重要影响，对该问题的认识越深入，就越觉得犯罪像是一种疾病，越觉得当前对犯罪进行道德谴责的制度缺乏合理性。我们一直认为，犯罪行为既反映出罪犯的邪恶品性，也是罪犯主动作出的罪恶选择。我们也一直认为，罪犯遭到谴责是咎由自取，因为他们为了满足邪恶的欲望而故意违反规则。但是，这些观念与我们对人类行为的正确认识并不契合。

美国约有三分之一乃至半数的罪犯患有严重的精神疾病，这并非巧合。这些罪犯大多缺乏教育、生活贫困并在童年遭到虐待遗弃，这也并非巧合。尽管我们都知道，有些伤害行为并非基于主观故意，例如，某人因突发疾病而将怀抱的孩子摔落在地，我们不能说他故意伤害自己的孩子，但是，我们对被迫行为与故意行为所作的区分可能仅仅是权宜之计。这只能反映出，对人类行为而言，在已经得到确认的影响因素，以及潜在的决定因素之间，存在着内在的逻辑区分。当我们难以确定行为人扣动扳机、踢破后门或者签空头支票的具体原因时，这一事实本身并不意味着他是故意选择实施犯罪行为。

试图弄清楚究竟哪些人是罪有应得，不过是在浪费时间，我们应当放弃这种徒劳之举。但是我们究竟该怎么办呢？由于现有的法律、惯例和信念将理性和善恶视为必然的存在，因此，改革注定难以一帆风顺。

首先要认识到，将"归责"从现有的刑事司法制度中革除，并不意味着危害行为突然变得可以接受，也不意味着犯罪行为人突然可以免受惩罚。如果有人认为，一旦停止对罪犯的非难，就需要对强奸案件被害人和强奸犯一视同仁，这种想法是完全错误的。即使不存在以个人意志和罪责为基础的法律制度，系列强奸犯一旦实施严重犯罪行为，我们仍然要义正辞严地予以谴责，并且很可能由此切断其与社会的联系。不过，我们将不再认为这些人是罪有应得的坏人，以免他们遭受不公正的待遇和轻视。我们不再着眼于因果报应，而是致力于弥补伤害，改造罪犯，防止其他人实施类似行为，并且率先考虑解决犯罪的诱因问题。

这种理念可能听起来有些新奇，但实际上与处理流行病爆发的做法相差无几。当某种危险的病毒在当地肆虐时，我们最关心的是查明疾病的致因，而不是追究谁的责任。我们不会把感染埃博拉病毒或者登革热的病人当作罪人。我们所要做的是努力让病人恢复健康，防止感染人数增加，并且设法消除病源。

如我们所见，有些国家已经开始采用这种司法模式。创新型监狱，如哈尔登监狱，为我们展示了成功的范例。美国也可以考虑将监狱视为医院，致力于"治疗"那些导致犯罪的潜在因素，并将严重威胁社会公众且难以治愈的群体隔离起来。

事实上，美国也有过将"归责"从刑事司法制度中革除的著名先例。20世纪20年代初期，美国设立了少年法庭，其基本理念是，国家不应成为对违法少年实施报复的惩罚者，而是应当作为少年权益的保护者。儿童的道德责任并非司法考量的因素，相反，如何矫正不法行为才是关注的重点。可惜，在随后的几十年间，少年司法失去了这种人性化的关怀，逐渐变得与成人司法并无二致。

不过，现在也有一些好的迹象，我们有可能再次弱化"归责"对司法的影响。鉴于现有的法律制度未能有效解决毒瘾复发、精神疾病和再犯率高等问题，一些辖区已经开始尝试立足于社区的改革方案，不再奉行以严格追诉和严厉惩罚为重点的矫正模式。在过去 20 年，最显著的改革成果当属问题解决型法庭的兴起，这种新机制将罪犯由监狱转移到专业法庭，在那里根据罪犯的精神病史、吸毒史或者卖淫史进行针对性的处置。其理论基础在于，只有深入了解并解决犯罪行为的真正原因，例如，各种瘾癖或者精神分裂症，才能有效预防再犯发生。所以，检察官、辩护律师和法官不再演对手戏，不再刻意保持距离，而是彼此通力合作，共同研究提出有效的处置措施和监管方案。罪犯也不再被视为罪有应得的恶人，而是被视为长期受严重疾患困扰的病人，需要给予合理的期望和同情。例如，毒品法庭就将吸毒成瘾视为一种疾病，并且认识到，沉迷于毒品的人很容易再次复吸。鉴此，监狱内部实行的零容忍政策和严酷的惩戒制度（现已嵌入常规的假释程序），实际上收效甚微。相比之下，问题解决型法庭采用的是得到实证确证的矫正方法，如对一再违反监管要求的行为，给予累加性的轻微惩罚（包括社区服务、更频繁的毒品测试、缴纳费用、家庭作业和短暂的监禁等），并采取一些简便的强化措施。

这种做法非常有效。研究显示，问题解决型法庭不基于罪刑相适应原则对罪犯施加惩罚，而是根据罪犯的需求给予帮助，这种更为人性化的处理方式，比严厉的惩罚更加奏效。

精神疾病法庭处理的案件，被告人很少再犯，即使再犯也很少实施更加严重的罪行，并且在精神健康方面更有改观。毒品法庭在减少再犯、遏制毒品滥用和成本收益方面也同样成效显著。

目前，美国各地已有3000多个问题解决型法庭，牙买加、巴西、新西兰和英国等国也已建立类似的法庭，前景非常光明。然而，此类法庭仅能处理极少数罪犯，这在整个刑事司法系统中只是冰山一角。更主要的问题是，为什么不能让所有罪犯都享受类似的待遇呢？我们需要继续呼吁、全面推行这项改革。

将"归责"从刑事司法制度中革除，一项重大的收益就是促使我们关注此前一直忽视的问题，例如，为犯罪侵害的对象提供康复治疗，包括被害人及其家人、证人以及社区成员。被害人不应被搁置一旁，仅仅被视为证据载体，他们理应得到应有的尊重，并被视为诉讼的重要主体。美国宪法如此关注被告人和罪犯的权利，却对被害人疏于保护，这毫无道理可言。在刑事诉讼的各个阶段，从首次聆讯到辩诉交易，再到量刑直至定罪后，都应当允许被害人积极参与。法律制度应当关注被害人的诉讼请求,并努力满足这些要求。在一些案件中,这可能意味着促使罪犯认罪道歉,并鼓励被害人对犯罪行为人予以谅解。近期研究显示,这种做法比严惩罪犯更有助于弥补被害人遭到的伤害。事实上,被害人作出谅解后,更能感受到公平正义,更有助于其心理康复。在另外一些案件中,为了满足被害人的需求,可能需要促使罪犯提供必要的补偿。即使罪犯不再遭受谴责,他们也应当减少所作所为造成的影响。如果你在朋友家不小心打碎一个玻璃杯,这当然不是什么大事;尽管如此,你还是会帮助收拾玻璃碎片,如果玻璃杯比较贵重,你可能还会主动提出赔偿。

刑事司法制度摒弃"归责"本位的传统模式,最显著的影响就是将社会资源由惩罚犯罪转向预防犯罪。摒弃"归责"本位的司法理念,可以促使我们将资源由监狱和法院转向学校、社区优化项目和精神卫生保健等领域。以一起死刑案件为例,从逮捕到执行死刑,州政府要花费100至300万美元。在超级监狱,关押一个罪犯年均成本高达75000美元。司法资源是有限的:我们只有这么多钱、这么多时间、这么多同情心。我们难道应该将大部分宝贵的司法资源投入到审判和惩罚上来吗?尽管我们投入巨大,仍然不能避免错案发生,这一点充分证明,我们应当在犯罪发生之前进行主动的干预。

如果我们能够预防犯罪发生,就能够避免本书中所讲的所有问题。然而,我们往往是在犯罪发生后才想到刑事司法。我们总是等到枪案发生后才想到有所作为。我们总是等到警察暴力或者检察官不法行为发生后才想到有所作为。我们总是自欺欺人地认为，事后的救济措施是得力的：通过处决罪犯，能够为不幸遇害的被害人实现正义；通过上诉程序，能够确保侦查和审判期间发生的任何错误得以纠正。但是，这种想法通常是错误的。仅仅关注事后救济，我们的刑事司法制度往往力有不逮。无论是哪个谋杀案，被害人的父母都会说：任何惩罚都不能弥补痛失家人的损失。同时，许多罪犯还一直都在逍遥法外。

此外，尽管我们认真审视警察、法官、陪审员等人在工作中的错误、偏见和欺诈行为，但也只能发现很少一部分而已。许多遭遇司法不公的人都对此毫不知情。即便他们发现了一些问题，也很难解决相关问题：人们通常没有足够的权利意识，有能力代理申诉或者控告的律师数量十分有限，并且通常没有过硬的证据说服法官作出有利的裁决。例如，在所有的刑事案件中，只有5%~10%的案件存在可供DNA鉴定的生物检材。当被告人已经入狱服刑20余年后，即使法官排除万难，确认目击证人辨认具有暗示性或者讯问具有强迫性，进而推翻了量刑裁决，我们也很难称之为实现正义，因为无辜者已经在监狱中度过20多年的时光。

我们主张将资源投向犯罪预防，最有力的理由就是为了实现公正：虽然我们宣称非常重视公平，但总有些人更容易沦为罪犯或者被害人。这些事情并非不可避免。如果有人说，犯罪率居高不下是在所难免，我们只能接受成千上万的民众遭遇枪杀、抢劫和强奸的社会现状，这无疑是非常荒唐的。问题在于，我们究竟是否真正关心那些不幸的人？我们是否愿意增加资源投入，改变滋生犯罪的环境？将"归责"从现有的刑事司法制度中革除，将会推动改革朝着正确的方向迈进，因为我们通常以"归责"为借口停滞不前。

我所提出的这些改革建议只是抛砖引玉而已，至于我们是否愿意推进改革，与人类的先天不足并没有多大关系，更主要的是我们是否愿意致力于实现法律的公平正义。尽管一些方案需要审慎设计和长期规划，但有关警察执法准则、程序规则、法庭设计和法律规范等方面的改革创新，绝对是现在力所能及的举措。

然而，一旦涉及法律，我们往往强烈抵制变革，并且认为现有的法律已经十分发达，并不容易出错。我们非常崇拜建国元勋和先世博学的法学家。我们认为他们建立的法律制度非常完美，臻于完善，并因此而拒绝进行任何改革。但如果他们现在仍然在世，这些昔日的有识之士必定会有不同的视野。与建筑设计、医学和交通等科学领域一样，法律制度和司法实践也要顺应时代发展，与时俱进。我们都知道，如果亨利·福特在世，他绝对不会再去设计当年同款的 T 型车。但是我们却深信，如果詹姆斯·麦迪逊在世，他仍然会起草一模一样的《权利法案》；同时还认为，如果先前的刑事司法制度改革者在世，他们不会关注有关人类行为的最新研究成果。为什么会出现这种情况？难道法律就应当与众不同吗？

1965 年，在亚拉巴马州蒙哥马利市，马丁·路德·金断言："道德世界的弧线很长，但它终将导向正义。"我们有理由相信，随着社会不断发展进步，本书所探讨的各种不公正现象终将消亡。万年之前，并不存在法庭或者审判，无法确保被控谋杀的人获得正当程序的保护，正义存在于长矛之尖。千年之前，被告人的手被烙铁烫伤后溃烂，就会被认定有罪。100 年之前，因为肤色，黑人不能担任陪审员、律师和法官。10 年之前，根据美国法律规定，未满 18 周岁的被告人实施犯罪可以被判处死刑。法治在进步，这一点毋庸置疑，但整个过程并非一帆风顺。如同一次坎坷之旅，山高水远，狂风肆虐。时而走些弯路，时而倒退而行，目前的境遇很大程度上要归功于机缘巧合。我们接下来将何去何从，唯有历史才能决定。

神明裁判之所以没落，并不是由于人们突然意识到，将被告人丢入水中看其是否浮起，并非判断无辜与否的有效途径；而是由于天主教高层认为，劳驾上帝为人类司法制度昭示神迹，有悖圣经原则。同时，取代神明裁判的并不是证据裁判和理性司法制度，而是更加容易出错、更加不人道的酷刑制度。在接下来的数百年间，如果某人高度涉嫌犯有严重罪行，并且没有证人，他将被送上刑架施以酷刑，或者遭受拇指夹刑罚，迫使其认罪。和主持神明裁判的官员一样，施加酷刑的官员并不认为自己是残酷的或者不公正的。和我们一样，他们精心构建起看似客观的法律规则和程序制度,使他们看起来是在实现公平正义。

然而,我们与前人毕竟有所不同。之所以存在差异,并不是基于现行法律固有的美德——以辩诉交易制度为例,该制度给无辜被告人的"选择"与酷刑制度下的选择并无二致,而是由于现有法律制度存在拥抱美德的潜质。

在法国苏瓦松教堂前,目睹克莱门特被抛入神判池中时,只有天赋异禀的人才会认为这是非正义。究竟是哪些因素可能使他产生怀疑?哪些因素可能助长他的怀疑并宣扬这种怀疑?他必须要掌握哪些证据?谁又会倾听他的怀疑?在没有大众传播或中央政府的时代,即使是最激情昂扬、坚定不移的改革家,也无法期望他的言论能够产生多大的影响力。

在研究如何解决司法不公方面,我们比前人具备更多的有利条件。与他们相比,我们更加了解人类行为;我们拥有更加高端的技术,以及更加有效地追踪、解决和预防有关问题的方法;我们具有更强的组织协调能力,能够统筹协调各方面的利益关系。

但是,只有采取行动,这些优势才有用武之地。

历史的弧线不会自动导向正义,要想实现正义,还要靠我们自己的努力。

鸣谢

除了理论家和惯犯,没有人关心刑法。

——亨利·梅因爵士

如果你愿意翻一翻20世纪的新闻故事、小说和电影,你就会发现,亨利爵士的这一评论可以和1962年笛卡唱片公司的论断"披头士的演艺事业没有未来"相提并论。但亨利爵士在某种程度上还是正确的:尽管人们也许会对刑法产生兴趣,但他们实际上对此并不在意。在我们的重大事项清单上,刑事司法系统显然难以入围。原因十分简单,绝大多数人根本就不知道它是如何运作的。

我之所以写这本书,是因为我开始确信,法律制度的真相不能局限于研究它的学者或者那些卷入诉讼的不幸的人;公众也需要直面隐藏在制度内部的不公正。

我的研究之路得到许多科学家和学者的大力协助,他们的工作为这本书打下坚实的基础。在这个杰出的群体中,我要特别感谢乔恩·汉森:他将我引入法律和神经科学领域,并让我注意到一系列我从未考虑过的问题。他的善良、聪明和慷慨改变了我职业生涯的轨迹——没有他,我不可能成为法学教授。

我也非常感谢我的编辑阿曼达·库克。没人能够像她那样专注地、不知疲倦地、周到地守护着本书的写作项目。她和她明星助理编辑艾玛·贝瑞的不懈努力使得这本书更加犀利、通透和引人入胜。卡佳·赖斯凭借巧妙的触觉和敏锐的本能，让我明白了一个高级校对人员的重要价值。将这本书推向市场的整个皇冠团队也对我提供了很大的帮助。

感谢我的代理人兼好友威尔·利平科特，他始终支持着我，在本书出版过程中积极推进各项工作，同时还提出很多有益的建议，使我得以在出版界顺利遨游。利平科特·梅西·麦奎尔金公司的整个团队都付出了很多心血，确保出版项目有条不紊。

我还要对我的研究助理们致以崇高的谢意，他们是：杰西卡·艾奇森、贾斯汀·巴克曼、凯瑟琳·比克纳、路易斯·卡萨迪亚、约翰·科科伦、纳撒尼尔·克里德、安德鲁·戴维斯、马洛里·德奥多夫、都铎·法卡斯、凯尔·格雷、克劳迪娅·哈格、塞思·海恩斯、威廉·荷兰、瑞秋·霍顿、帕特里克·马尔奎恩、亚历山德拉·罗金和帕特里克·沃尔福德。我的研究内容和参考文献随着写作的进展不断增多，面对堆积如山的资料，他们用热情和辛勤的工作帮助我坚持下来。此外，我还要感谢参加我的刑法课程和法律与神经科学研讨班的学生，他们促使我重新考虑各种假设，并用新的眼光审视旧的资料。

感谢德雷克塞尔法律研究中心的图书管理员和工作人员的辛勤劳动，包括苏尼塔·巴丽杰、约翰·卡农、史提芬·索普，特别是林赛·思度锡，她帮助我快速高效地找到大量研究材料。杰里·阿里森也值得特别赞扬，他的帮助使我实现了一直以来想要在线完成尾注的梦想。

感谢我在德雷克塞尔大学和布鲁克林法学院的同事以及阅读部分提纲和草稿的朋友，他们帮助我找到许多有用的资源，并提出非常宝贵的意见，特别是亚当·阿尔特、彼得·莱克曼、凯瑟琳·普利斯、多米尼克·蒂尔尼和本杰明·华莱士－威尔斯。我的合作者杰夫·古德温在我确定本书核心主题的过程中发挥了特别突出的作用，他是我见过的最为严谨而聪明的科学家。我从他那里学到很多东西，倒不是因为我们总是意见一致，而是因为我们往往意见不合。我们关于刑罚的研究得到了国家科学基金会的慷慨资助，对此我非常感激。

关于犯罪行为的生物和环境原因的讨论让我们认识到，我们的积极行动也得益于家庭的重要影响。这本书也不例外。我知道我是多么的幸运，出生在如此美好、充满鼓励和爱的家庭里。简、贝丝和内特，如果我的生活中没有你们的存在，我不会有如此这般的兴趣、勇气和智慧来写这本书。我还要感谢我的大家庭的支持，包括我的祖母丽诺尔，她是一位诗人，直到九十岁高龄仍然每周都给我写信：无论是遗传还是后天习得，她对书面文字的激情都在我的血脉中奔涌。

这本书献给我妻子布鲁克和我女儿米拉。布鲁克,你是一个了不起的女人,你是我最伟大的拥护者,我最大的安慰。米拉,你是我见过的最美妙的人。我对你们的爱比你们了解的还要多。遗憾的是,我写作这本书所付出的牺牲也落在你们的肩上。但这些也是为你们所作出的牺牲:我希望你们都能拥有一个比我们更美好的世界。

关于资料来源的说明

非小说类著作的作者考虑一般读者需要，把脚注和参考文献放在一起时，都会面临着一个困难：究竟是应该保持简洁（对于那些喜欢看到更多分析的人而言，这样做可能缺乏完整性和实用性），还是应该保持完整（但是，过多的额外篇幅可能会吓倒读者，并推高书的价格）？绝大多数作者都选择了简洁，但是对这个问题深思熟虑之后，我意识到自己根本没有必要选择。

我创建了一组在线可用的详细尾注。这些注释旨在提供准确的资料来源以及附加的细节说明，包括补充事实、反证和相关研究。我尽可能地收入有效的链接，以便读者可以轻松访问有关资源。

我认为透明是科学和法律的重要价值。有的学术书籍为了面向更广的受众，就需要提供更多的信息，因此，读者在阅读时需要在正文和尾注之间频繁翻来翻去，而本书希望能够通过在线阅读来为读者提供更多的信息和资源。

更多注释，见 www.adambenforado.com/unfair。

图书在版编目（CIP）数据

公正何以难行：阻碍正义的心理之源／（美）亚当·本福拉多（Adam Benforado）著；刘静坤译.—北京：中国民主法制出版社，2019.2
ISBN 978-7-5162-1979-9

Ⅰ.①公… Ⅱ.①亚…②刘… Ⅲ.①正义-社会心理学-研究
Ⅳ.①B82

中国版本图书馆 CIP 数据核字（2019）第 032021 号

Unfair：The New Science of Criminal Injustice
Copyright @ 2015 by Adam Benforado
Published in agreement with Lippincott Massie McQuilkin, through The Grayhawk Agency
本书中文简体版经过版权所有人授权北京麦读文化有限责任公司，由中国民主法制出版社出版。

图书出品人／刘海涛
出版统筹／乔先彪
图书策划／曾　健
责任编辑／逯卫光　柳承旭

书名／公正何以难行：阻碍正义的心理之源
作者／【美】亚当·本福拉多（Adam Benforado）
译者／刘静坤

出版·发行／中国民主法制出版社
地址／北京市丰台区右安门外玉林里7号（100069）
电话／（010）63055259（总编室）　63057714（发行部）
传真／（010）63056975　63056983
http：／／www.npcpub.com
E-mail：mzfz@npcpub.com
经销／新华书店
开本／32 开　880 毫米×1230 毫米
印张／11.625　字数／233 千字
版本／2019 年 3 月第 1 版　2020 年 11 月第 4 次印刷
版权登记号：图字 01-2019-0331
印刷／北京天宇万达印刷有限公司

书号／ISBN 978-7-5162-1979-9
定价／69.00 元
出版声明／版权所有，侵权必究

（如有缺页或倒装，本社负责退换）